EL LLIBRE DE FADES D'ARTHUR RACKHAM

EL LLIBRE DE FADES D'ARTHUR

RACKHAM

CONTES·VELLS·AMB NOVES·IL·LUSTRACIONS

BARCELONA: EDITORIAL JOVENTUT·

Traducció de Marià Manent i Josep Carner
Segona edició, 1989
Dipòsit Legal, B. 23.895-89
ISBN 84-261-2435-6
Núm. de edició d'E. J.: 8.154
Imprès a Espanya - Printed in Spain
Diarts, S.A., Sant Jaume, 20. Ripollet

ÍNDEX

IL·LUSTRACIONS EN EL TEXT

PÀGS.

ÍNDEX D'IL·LUSTRACIONS

PRÒLEG DE L'IL·LUSTRADOR

Hem aplegat en aquest llibre les antigues contalles predilectes dels infants, talment endinsades en els nostres afectes, que els seus incidents, personatges i fins i tot les seves frases han arribat a formar part dels nostres pensaments i expressions de cada dia, i àdhuc influeixen el nostre caràcter.

No hi ha cap mena de dubte que seríem diferents si Bonica no hagués estimat mai el seu monstre, o si Sir Richard Whittington no hagués fet cas de les campanes. O bé si Anna no hagués vist venir els seus germans, al bell instant en què Barba Blava es disposava a matar la seva dona o si les paraules "Obre't, ajonjolí" no haguessin tingut l'eficàcia que tingueren, ni Sindbad no s'hagués mogut mai de casa.

Anomenem "contes de fades" totes les rondalles aplegades en aquest llibre, per bé que algunes d'elles no tinguin gran cosa de màgiques ni tan sols de fantàstiques. La major part de les contalles que llegireu ací foren trameses de viva veu durant moltes generacions, abans que algú que sabés escriure les pogués caçar al vol per fixar-les en el fred llenguatge escrit. I sempre hi ha hagut qui les ha barrejades l'una amb l'altra, o qui hi ha afegit alguna cosa de la seva collita. Algunes d'aquestes rondalles han estat tan bellament contades i hi queden tan ben dibuixades les creacions del rondallaire que ningú no ha sentit mai la necessitat de canviar-ne un sol mot d'ençà que foren escrites per primera vegada. Això ha passat amb les rondalles d'Andersen. Els contes populars anglesos, com "En Jack Matagegants", per exemple, han tingut molt sovint, a l'hora d'ésser escrits, la dissort d'anar a raure a mans de gent poc inspirada. Altrament, són tan bons com els millors que puguem trobar en altres contrades.

De tant en tant una rondalla que altre temps féu forrolla, es perd tot d'un plegat. Cert que "la bossa de Fortunat" és encara avui una expressió coneguda; però ja ningú no es recorda de la història que tingué i m'ha semblat que "la bossa i el seu vell amo que tenia per nom Loch-Fitty, natural d'Escòcia" podien ésser esborrats de la meva llista. Ara, tractant-se de l'excèntric Barmecida que es comportà tan generosament envers Schacabac, ja és tota una altra cosa. Si a Bagdad s'ha extingit la nissaga de l'honorable família Barmecida, creieu que per a la ciutat ha d'ésser una pèrdua ben dolorosa.

En els nostres dies, tenim bons rondallaires que enriqueixen amb noves figures la vella col·lecció — una Alícia, un Peter Pan, un Mr. Toad. Ja podem estar segurs que sobre aquests personatges, tan coneguts i estimats a hores d'ara, es teixiran moltes llegendes, perquè, plens de vida com són, han de créixer per força. I encara avui dia es perfecciona una altra mena de contalla, inspirada en rondalles populars no pas inconegudes, sovint d'un interès principalment arqueològic o etnològic, però tan sublimada en la manera de contar-les de bell nou, que és pot ben bé considerar com una alta creació literària. Així, les aventures del vell Germà Conill no es poden pas concebre contades amb mots que no siguin els del nostre admiradíssim Oncle Remus.

Sempre que ens ha estat possible hem procurat indicar a la taula del present volum la font d'on prové cada rondalla, però cal tenir en compte que algunes d'elles procedeixen ensems de diverses contrades, i que les versions que més ens han plagut poden molt ben ésser "varietats", com diria un jardiner, producte de la nostra terra i del nostre clima.

Les il·lustracions que hi he posat no han estat mai publicades abans d'ara, per bé que en els trenta anys ben complerts que el meu ofici m'obliga a visitar països encantats, més d'una vegada he tingut ocasió de fer dibuixos per il·lustrar algun dels contes que trobareu en aquestes pàgines.

A. R.

EN PATUFET

UNA vegada vivien en un poblet un llenyataire i la seva dona que tenien set fills, tots nois, dels quals el més gran no passava dels deu anys i el més petit només en tenia set. Era realment una mica estrany d'haver tingut tantes criatures en tan poc temps; però la veritat és que la dona en solia tenir dues o tres cada vegada. Això els feia ésser molt pobres, perquè cap d'aquells nois no era prou gran per a guanyar-se la vida; i, cosa encara pitjor, el més petit era una criatureta dèbil que rarament deia una paraula. Això, en realitat, era una prova del seu bon seny, però feia que el seu pare i la seva mare el tinguessin per poca cosa, i estaven convençuts que acabaria per ser del tot beneitó. Era el noi més petit que s'hagi vist mai: quan va néixer no tenia pas més grandària que el dit gros d'una persona, i per això li van posar el nom de Patufet. El pobrissó era el cap d'esquila de casa seva i sempre tenia la culpa de tot el que els altres esguerraven. Malgrat això, en Patufet era força més llest que cap dels seus germans; i encara que parlés tan poc, sentia i sabia més coses del que la gent es pensava. Va passar en certa escaiença, que, per manca de pluja, els camps havien donat només la meitat del blat i de les patates que solien llevar, i, per tant, el llenyataire i la seva dona no podien donar als nois el que menjaven abans, que sempre era o bé pa o bé patates.

Després d'haver-se lamentat un quant temps, el pare i la mare van veure que, no podent trobar una altra manera de viure, havien de treure's, fos com fos, els infants del damunt. Un vespre, quan els nois ja eren al llit, i el llenyataire i la seva dona seien vora una mica de llenya encesa per escalfar-se, el marit féu un gran sospir i digué així:

— Ja veus, muller meva, que no podem mantenir més temps els nostres fills, i, francament, no tinc pas cor de veure'ls morir de gana al meu davant. Així, doncs, demà al matí me'ls emportaré al bosc i els deixaré a l'indret més espès perquè no puguin trobar el camí de tornada. Tot plegat serà molt fàcil; perquè mentre ells estaran distrets lligant els feixos no hem de fer sinó esmunyir-nos quan mirin a un altre cantó.

— Ah, marit meu! — exclamà la pobre muller, — no és possible que vulguis ser la mort dels teus propis fills.

El marit li deia en va que pensés en llur extrema pobresa.

La muller responia que, pobra i tot com era, no deixava pas d'ésser llur mare, i plorava com si el cor se li hagués d'esberlar. Per fi, va pensar que fóra horrible de veure'ls morir de gana davant seu; accedí al que el seu marit proposava, i se'n va anar al llit, plorant a llàgrima viva.

En Patufet encara no dormia, i quan sentí que el seu pare parlava amb vehemència es va escórrer del costat del seu germà, i s'arrosegà fins a sota el llit del llenyataire, per escoltar-ho tot sense ésser vist.

Quan els seus pares callaren, en Patufet tornà al seu llit, i es passà tota la nit rumiant què faria l'endemà.

Es llevà a la matinada i corregué a la vora del riu, on s'omplí les butxaques de còdols blancs, i després tornà a casa seva. Van marxar tots quan clarejava, tal com el pare i la mare havien convingut; i en Patufet no digué una paraula del que havia sentit a cap dels seus germans. Després de fer un bell tros de camí, arribaren a un bosc tan espès que, a poques passes, no es veien l'un a l'altre. El lle-

ELS NENS FEREN VIA DARRERA EN PATUFET, QUI ELS GUIÀ FINS A CASA

nyataire es posà a tallar llenya; i els infants començaren a arreplegar branquillons per fer-ne feixos.

Quan el pare i la mare veieren tots els menuts ben enfeinats, se'n van anar sense ésser vistos. Els infants aviat s'adonaren que els havien deixat sols i es posaren a plorar tan fort com podien. En Patufet els deixà plorar una estoneta; sabia prou bé com els havia de tornar, sans i bons, a casa seva, perquè havia tingut cura de deixar caure les pedretes blanques que duia a la butxaca tot al llarg del camí. Només va dir-los:

— No tingueu por, minyons. El pare i la mare ens han deixat sols, però seguiu-me, que jo us tornaré a casa.

En sentir això, llur plor va estroncar-se i feren via darrera en Patufet, qui els guià fins a casa pel mateix camí d'abans. De primer, no gosaven entrar; romangueren plantats a la porta per escoltar què deien els seus pares. Així que el llenyataire i la seva dona havien arribat a casa sense els seus fills, un senyor del poble envià a pagar-los dues guinees que els devia, de feina que havien fet per a ell, i com que ja feia tant de temps que els les devia, el llenyataire i la seva dona havien perdut tota esperança de veure'n mai més ni un cèntim. Aquells diners els van venir d'allò més bé; perquè, pobra gent, tenien molta gana, i no veien pas manera de trobar un mos enlloc.

Tot seguit el llenyataire envià la seva dona a comprar carn, i feia tant de temps que no havia fet un bon àpat, que comprà carn ben bé per a sis o vuit persones. La veritat era que mentre calculava quanta en caldria per dinar no es recordà que els seus fills no eren a casa; però tan aviat com marit i muller van haver dinat, la dona exclamà:

— Ai! On deuen ser els nostres pobres fills? ¡Que contents estarien amb el que hem deixat nosaltres! Tota la culpa és teva, veus? Ja t'ho vaig dir, que ens en penediríem, de deixar-los morir de gana al mig del bosc! ¡Potser a hores d'ara els llops famolencs ja els han devorat!

La pobra dona no es cansava de plorar.

— Pobra de mi! Pobra de mi! — repetia ara i adés: — ¿on deuen ser els meus pobres fills?

— AI, POBRISSONS! NO SABEU PAS ON HEU ANAT A RAURE! — DIGUÉ LA DAMA

Llavors els nens, que encara eren al portal es posaren a cridar tots alhora:

— Som ací, mare, som ací!

La mare, corrent com un llamp, els anà a obrir, i els abraçà un per un.

El llenyataire i la seva dona estaven contentíssims de tornar a tenir els seus fills, i llur joia durà fins que els diners s'acabaren, i llavors es van trobar en la mateixa misèria d'abans. A mesura que el temps passava, de bell nou va acudir-se'ls la pensada de deixar-los abandonats al mig del bosc; i perquè els menuts no poguessin tornar per segon cop, van convenir que els portarien un bon tros més lluny que l'altra vegada. Però no en van parlar prou d'amagat i en Patufet trobà manera d'escoltar-los. El xicarró s'hi amoïnà ben poc, pensant que seria cosa fàcil de fer el mateix d'abans. Prou es llevà que encara era nit per anar a la vora del riu a cercar els còdols, però un obstacle imprevist el deturà: la porta era tancada i barrada. En Patufet no sabia què fer; però, poc després, la seva mare va donar a cadascun dels infants un tros de pa perquè esmorzessin. Llavors se li acudí que podria fer servir la seva part talment com havien servit les pedretes: deixant caure engrunes tot al llarg del camí. Així, doncs, en lloc de menjar-se l'esmorzar, se'l ficà a la butxaca.

Això passava un xic abans de sortir tots plegats i els seus pares van tenir cura de portar-los a l'indret més espès i ombrívol de la brolla. Després pare i mare s'esmunyiren, com abans, per una drecera desviada i altre cop van deixar els infants tot sols. Però això no anguniejava gens en Patufet, perquè estava ben segur que tornaria a casa, només seguint les engrunes que havia deixat caure pel camí; però, quan començà a buscar-les, es trobà que no n'hi havia cap, perquè els ocells se les havien menjat totes.

Pobra xicalla; estaven ben perduts! I com més caminaven més difícil se'ls feia eixir de la brolla. A la fi es va fer vespre, i el remoreig del vent entre el brancatge els semblà que era l'udolar del llop, i a cada moment es creien que els devoraria. Amb prou feines gosaven dir una paraula ni moure un dit, esfereïts com estaven. Poc després, caigué una forta pluja que els calà la roba fins a la pell i deixà la terra tan relliscosa que queien es pot dir a cada pas, i s'embrutaren de cap a peus amb el fanguer que hi havia.

Abans que fos ben bé de nit, en Patufet s'enfilà al bell cim d'un arbre, i va mirar a tot voltant per veure si podia trobar auxili. Veié una llumeneta, com d'un flam de candela, però molt lluny, i a l'altra banda del bosc. Llavors baixà de l'arbre, per cercar el camí que els menés cap a la llumeneta; però de terra estant no es veia i no sabia pas què fer. A tot atzar caminaren cap a l'indret on havia vist la llumeneta, i, per fi, arribaren al capdamunt del bosc i llavors la van tornar a veure. Ara caminaven més de pressa; i després de moltes fatigues i contrarietats (perquè la llum se'ls amagava cada cop que entraven en terreny més baix) van arribar a la casa on hi havia la llum encesa. Trucaren, i els obrí la porta una dama de posat bondadós, la qual els preguntà què volien. En Patufet li va respondre que eren uns pobres nens que s'havien perdut al mig del bosc, i li pregaven que els donés acolliment fins a l'endemà. Quan la dama veié les carones boniques dels infants es posà a plorar i digué:

— Ai, pobrissons! No sabeu pas on heu anat a raure! Aquesta casa és la d'un Ogre que menja nens i nenes.

— Senyora — contestà en Patufet, tremolant de cap a peus: — Doncs què hem de fer? Si ara tornem al bosc és segur que els llops ens faran a trossos; ça com lla, val més que se'ns mengi el senyor d'aquesta casa: quan ens vegi, qui sap?, potser li farem llàstima i ens perdonarà la vida.

La dona de l'Ogre cregué que podria amagar-los fins a l'endemà, i els deixà entrar i escalfar-se vora la llar ben encesa, on en aquell moment es rostia un be sencer, que era el sopar de l'Ogre.

Tot just feia una estoneta que eren prop del foc, algú trucà molt fort a la porta: era l'Ogre que arribava. La seva dona cuità a amagar la quitxalla sota el llit i els digué que no es moguessin gens ni mica. Després anà a obrir la porta.

L'Ogre preguntà si el sopar ja era a punt, i si havia anat a buscar el vi al celler, i després s'assegué a taula. El be no era ben rostit, encara, però ell preferia la carn més aviat crua. Al cap de poc començà a flairar d'ací d'allà dient que sentia olor de carn de criatura.

—Deu ser aquesta vedella que han acabat de matar—digué la seva dona.

—Et torno a dir que sento olor de criatura—cridà l'Ogre, mirant arreu de la cambra.—No falla: això és olor de carn d'infant. Em deus amagar alguna cosa.

LES PETITES OGRESSES TENIEN UNS ULLS GRISOS, MENUTS I LA BOCA MOLT AMPLA

I havent dit això, s'alçà de la cadira i anà cap al llit.

—Vaja, vaja, missenyora! — digué amb veu horrible. — ¿Volies enganyar-me, oi? Mala negada! ¡Ja tens sort d'ésser vella i dura, si no, et devoraria ara mateix! Però, ben mirat, he tingut sort; aquests minyons seran un plat de primera per a tres amics meus que demà han de dinar amb mi.

Llavors, un per un, tragué els infants de sota el llit. Ells se li agenollaren als peus, i li demanaren perdó tan humilment com podien, d'una manera que trencava el cor; però aquell Ogre era el més cruel dels Ogres de què ens parlen les rondalles, i, en lloc de compadir-se'n, no feia sinó pensar com seria dolça i tendra aquella carneta; i digué a la seva dona que foren uns talls riquíssims si els servia amb força suc. Després anà a cercar un gran ganivet, i començà a esmolar-lo amb una llarga pedra esmoladora que aguantava amb l'altra mà; i, mentrestant, anava acostant-se al llit de mica en mica. A la fi, l'Ogre agafà un dels infants, i es disposava a fer-lo a trossos; però la seva dona li digué:

AQUELL VESPRE LES OGRESSES S'HAVIEN FICAT AL LLIT MOLT D'HORA

— Per què diantre t'has d'amoïnar matant-los aquest vespre? No tindràs temps de sobres demà al matí?

— Fes el favor de callar, si et plau! — contestà l'Ogre. — Seran més tendres si els guardem una mica bo i morts.

— Però — digué la seva dona, — si ja tens tanta carn a casa! Al rebost hi ha una vedella, dos bens i mig porc.

— És veritat — digué l'Ogre, — dóna'ls a tots un bon sopar, que no s'amagreixin, i porta'ls a dormir.

La bona dona estava d'allò més contenta. Els donà un sopar abundós, però els angelets de Déu estaven tan esglaiats, que no es pogueren empassar ni una queixalada.

L'Ogre s'assegué amb un gran got de vi al davant, molt content de pensar que oferiria als seus amics tan bona menja: la mateixa satisfacció féu que begués un xic més que els altres dies, i aviat li calgué també ficar-se al llit. Ara bé: aquell Ogre tenia set filles, totes molt jovenetes, com en Patufet i els seus germans. Les petites ogresses eren de pell molt fina, perquè vivien de carn crua com el seu pare; però tenien uns ulls grisos, menuts, rodonets, i enfonsats a la cara, el nas ganxut, la boca grossa i molt ampla, les dents punxegudes i separades com una mena de xerrac. Encara eren massa petites per fer mal de bo de bo; però prou deixaven entreveure que, si arribaven a l'edat del seu pare, foren tan cruels com ell, perquè ja trobaven gust a mossegar criaturetes, i a xuclar-ne la sang. Aquella nit, havien portat les ogresses al llit molt d'hora: dormien totes al mateix llit, un llit molt ample, i cadascuna d'elles portava una corona d'or al cap. A aquella cambra hi havia un altre llit de la mateixa mida, i la dona de l'Ogre hi ficà els set noiets, i després anà a colgar-se amb el marit.

Però en Patufet es temia que l'Ogre, despertant-se tot d'una en plena nit, no tingués la pensada de matar-los mentre dormien. Pels volts de mitja nit, baixà del llit tan suaument com sabia, tragué als seus germans els estrenyecaps i es tragué també el seu, i portant-los tots a la mà s'arrossegà fins al llit on dormien les filles de l'Ogre; llavors els tragué les corones, i en lloc d'elles els posà els estrenyecaps. Després posà les corones al cap dels seus germans i ell també se'n posà una, i es tornà a ficar al llit, refiat que així, si se li acudís de matar-los, l'Ogre els prendria, ell i els seus germans, per les seves pròpies filles. Tot va passar tal com ell desitjava. L'Ogre es despertà poc després de mitja nit, i començà a sentir recança d'haver deixat la feina de matar els nois per l'endemà; al capdavall, saltà del llit, i agafà el seu coltell enorme. "Deixa'm anar a veure què fan aquells galifardeus i enllestir la feina de seguida!" S'encaminà a poc a poc cap a la cambra on dormien i s'atansà al llit on eren els nois, tots adormits, fora d'en Patufet, que estava despert com una llebre. Va tocar els caps un per un, i, palpant les corones d'or, es digué:

—Valga'm Sant Nin i Sant Non! He estat a punt de cometre una terrible errada. Aquest vespre dec haver begut massa vi.

Després anà cap al llit on hi havia les petites ogresses, i quan palpà els estrenyecaps digué:

— Oh, ara sí que us tinc, menudalla!

I en un tancar i obrir d'ulls tallà el coll de totes les seves filles.

Després, content com unes pasqües, se'n tornà al seu llit. Així que en Patufet el sentí que roncava, despertà els seus germans i els digué que es vestissin ben de pressa i el seguissin. Baixaren al jardí sense fer gens de soroll i saltaren de la paret estant cap al camí: corrien cames ajudeu-me, però estaven tan esfereïts que no sabien quina direcció els calia prendre. Quan al matí es despertà l'Ogre, tot sorneguer, digué a la seva dona:

— Muller, vés a vestir els minyons que ahir vaig descobrir-te.

La muller es quedà tota sorpresa de sentir-lo parlar tan gentilment, i no sospità poc ni molt l'horrible sentit de les seves paraules. Va creure de bo de bo que volia que ella els ajudés a posar-se la roba; pujà, doncs, al pis de dalt, i la primera cosa que veié foren les set filles degollades i una gran escampadissa de sang. Llavors caigué desmaiada. L'Ogre trobà que la seva dona ja feia massa estona que era a dalt i se n'anà a veure què feia; però en veient l'horrible espectacle de les seves filles cobertes de sang s'afectà com la seva dona.

— Oh! Què he fet? què he fet? — exclamà. — Però aquells petits bergants me la pagaran, els ho asseguro.

Primer de tot tirà una mica d'aigua a la cara de la seva muller, i així que tornà en si va dir-li:

— Porta'm de pressa les meves botes de set llegües; vull atrapar aquells maleïts escorçons.

L'Ogre es posà les botes i marxà com un llampec. Resseguí molts indrets d'aquella contrada, i per fi, anà a parar al mateix camí per on els pobres infants feien via cap a la cabana del llenyataire, on estaven a punt d'arribar. Però tot d'una s'adonaren de l'Ogre, que anava d'una muntanya a l'altra amb una sola passa, i que travessava els rius com si fossin minúsculs rierols. Llavors en Patufet rumià una estona què faria, i, havent descobert una caverna sota una gran roca, hi féu entrar els seus germans. Després també ell va ficar-s'hi, però no deixà de sotjar l'Ogre per veure què caldria fer.

Les botes de set llegües cansen molt la persona que les duu; al cap d'una estoneta l'Ogre ja començava a tenir ganes de reposar una mica, i anà a asseure's precisament a la mateixa roca sota la qual s'arraulien els pobres nens. Com que estava tan cansat i feia un dia molt xafogós, l'Ogre s'adormí, i aviat començà a roncar tan fort que els infants estaven morts de basarda.

Quan en Patufet ho veié, digué als seus germans:

—Coratge, minyons! No tingueu cap por! No heu de fer sinó esmunyir-vos cap enfora i córrer cap a casa mentre l'Ogre ronca com un liró; a mi deixeu-me tot sol, que ja m'arreglaré.

Els seus germans l'obeïren de bon grat, i aviat van arribar a casa. Mentrestant, en Patufet, sense fer gens de soroll, s'atansà cap a l'Ogre, li tragué molt suaument les botes de set llegües i se les posà ell; perquè, encara que aquelles botes fossin molt grosses, com que eren de mena màgiques, s'encongien, si calia, per adaptar-se a la mida de qualsevol peu.

Després, corrent tant com podia, tornà a casa de l'Ogre, on trobà la muller plorant amargament la pèrdua de les seves filles. En Patufet li contà una faula d'allò més llarga, que s'empescà llavors mateix. Li digué que l'Ogre havia estat sorprès i segrestat per un escamot de lladres, els quals havien jurat llevar-li la vida si no els donava tot l'or i l'argent que posseís. La bona dona tingué un espant de mort i fàcilment va accedir a donar a en Patufet tot el que tenia, perquè s'ho emportés i pogués rescatar l'Ogre: ja que aquell Ogre, heu de saber-ho, era molt bon marit, encara que tingués el mal costum de menjar criatures. En Patufet, havent-se apoderat de totes les riqueses de l'Ogre, arribà a casa seva, on fou rebut amb gran alegria pels pares i els germans.

DICK WHITTINGTON

DURANT el regnat del rei Eduard III hi havia al comtat de Somerset un noi que es quedà, de molt petit, orfe de pare i mare, i que es deia Dick Whittington. La gent amb qui vivia eren molt pobres, i havia de passar bastanta gana. Un dia sentí parlar de Londres, d'una ciutat tan rica i formosa que tots els seus habitants eren belles dames i grans senyors, i que tenia tots els carrers empedrats amb lloses daurades. I quan fou un xic més gran es posà al cap que d'una manera o altra havia d'anar a Londres, on podria fer fortuna. Un dia va passar pel poblet un gran carro, tirat per nombrosos cavalls, que es dirigia a Londres, i ell, fent el cor fort, demanà al carreter que el deixés pujar. El carreter, en saber la trista situació en què es trobava el pobre Dick, li digué, enternit, que el deixava pujar de bona gana.

Un cop a Londres, el noi s'acomiadà del carreter, que li féu present d'uns quants penics, i, sense altra riquesa, en Dick començà a vagar d'ací d'allà, rumiant què podria fer i molt decebut de no trobar sinó fang i brutícia pels carrers que havia imaginat empedrats d'or.

Quan hagué gastat la seva misèria, i després de passar dos dies sense menjar, s'assegué a reposar als graons que s'esqueien davant l'entrada de la casa d'un comerciant, al carrer de Leadenhall. La cuinera, que tenia d'allò més mal geni, tot seguit s'adonà d'ell i l'amenaçà de treure'l a empentes.

En aquel precís moment l'amo de la casa, el senyor Fitzwarren, arribà de la Borsa. Quan veié aquell noi, volgué saber què feia allí, i després li manà que se n'anés de seguida. En Dick volgué obeir-lo, però es trobava tan atuït per falta d'aliment que provà d'alçar-se i no pogué. Llavors digué al senyor Fitzwarren que era un pobre noi, vingut de fora, i que faria qualsevol feina que li manessin, àdhuc sense jornal de cap mena, només a canvi del menjar. El comerciant va apiadar-se'n, i com que li faltava un noi per ajudar als quefers de la cuina, manà a una de les seves serventes que el fes entrar, i li digué quin treball caldria donar a aquell minyó. Llavors van servir a Dick un bon àpat, i ja podeu comptar que no es féu pas pregar dues vegades.

EL SENYOR FITZWARREN MANÀ A DICK QUE SE N'ANÉS DE SEGUIDA

Però, en el seu nou ofici, no cregueu pas que tot li fos fàcil i agradable. Era la riota del servei, i aquella cuinera geniüda li feia fer un bell munt de feines a la cuina, amenaçant-lo sempre de trencar-li el cap a cops de llossa si no s'hi afanyava prou.

Cal dir, però, que tenia tot el menjar que li calia i això ja era un bon canvi. I la senyoreta Alícia, la filla del seu amo, veient-lo un dia a la cuina, li proporcionà roba vella, que era millor que els seus pobres parracs, i donà entenent a la cuinera i a les altres criades que l'havien de tractar més bé.

Així fou decidit que se'l quedaven, i li van donar un llit a les golfes.

Però es trobà que les rates i els ratolins de les golfes eren tan amoïnosos de nits com la cuinera de dies. Li feien corredisses al mig del rostre, i tant i tant l'importunaven amb llurs xiscles i rosecs, que

LA CUINERA L'AMENAÇAVA DE TRENCAR-LI EL CAP A COPS DE LLOSSA SI NO S'HI AFANYAVA PROU

el minyó començava a tenir temptacions d'escapar-se altra vegada.

Poc temps després, tingueren un comerciant a sopar, i com sigui que es posà a ploure molt fort, el convidaren a passar la nit a la casa. L'endemà al matí en Dick li va enllustrar les sabates, i quan les portà al comerciant, aquest li donà un penic per la molèstia. Al cap d'una estona, mentre en Dick anava pel carrer a fer un encàrrec, veié una dona amb un gat sota el braç i li preguntà si l'hi voldria vendre. Ella li contestà que com que aquell gat era molt ratador, no l'hi donaria pas per menys de sis penics. Però quan en Dick li hagué dit que no tenia sinó un penic la dona li cedí el gat per aquest preu.

En Dick se l'emportà a casa, i el guardà amagat tot el dia a les golfes, perquè tenia por que la cuinera no el matés si el trobava a la cuina. Sempre arreconava alguna cosa del seu dinar, per donar-ho al gat, i de nits la bestiola es guanyava tan bé la vida que en Dick Whittington no es va veure més molestat per rates ni ratolins.

DE NITS, EL GAT D'EN DICK ES GUANYAVA MOLT BÉ LA VIDA

Ara bé: quan el senyor Fitzwarren feia sortir un vaixell, tenia per costum de reunir els seus servents i preguntar-los si volien aventurar alguna cosa pel seu compte. Com que estava per fer-ne sortir un, tothom, fora d'en Dick Whittington, va portar-hi el que pogué. La senyoreta Alícia notà la seva absència, i el féu cridar, però ell s'excusà dient que com a béns propis no posseïa sinó un pobre gat comprat amb un penic que li van donar per la feina d'enllustrar unes sabates. Quan la senyoreta Alícia s'assabentà d'això s'oferí a posar al vaixell alguna cosa a nom d'ell, però el seu pare li digué que era costum que tothom hi posés només cosa pròpia. I amb aquest argument, digué a en Dick que portés el seu gat, cosa que el noi va fer de ben mala gana, perquè li dolia separar-se del seu millor amic. Tenia els ulls plens de llàgrimes en donar-lo al patró del vaixell, de

MENTRE S'ESTAVA ASSEGUT, SENTÍ REPICAR ALEGREMENT LES CAMPANES GROSSES DE LONDRES

l'*Unicorn,* que de seguida arrencà riu avall, començant la seva ruta.

Després d'això, la cuinera es mofava molt sovint de la "gran empresa d'en Dick Whittington" i el renyava i el mortificava tant que el noi decidí fugir perquè no el turmentessin.

Va fer el farcell, i es llevà a punta de dia, amb intenció d'esmunyir-se cap al camp. Travessà el suburbi de Moorfields, i arribà fins a Holloway, on s'assegué a dalt de la carena, sobre una pedra que encara avui s'anomena "Pedra d'en Whittington". Mentre s'estava allí assegut, sentí repicar alegrement les campanes grosses de Londres. Li semblà que li parlaven dient-li:

Dick: gira cua; què fas?
Batlle de Londres seràs.

Això li semblà una ocurrència tan bona que pensà: "Al capdavall, valdrà més que no marxi." Com que encara era d'hora, calculà que potser podria arribar a casa abans que l'haguessin trobat a faltar. I així fou. Entrà, doncs, ràpidament i començà la seva feina habitual sense que ningú hagués notat la seva absència.

Mentrestant, el vaixell que duia el gat d'en Whittington, després de veure's malmenat per vents contraris, havia cercat refugi a les costes de Barbaria, habitades per uns moros que els anglesos no coneixien gens ni mica. Com que, malgrat això, semblaven animats de sentiments amistosos, el capità del vaixell va decidir de mercadejar en aquella regió. Féu portar les mercaderies a coberta i les va anar estenent perquè tothom pogués examinar-les bé. Tant i tant els van plaure, que els moros ho anaren a contar al Rei, i aquest es féu portar mostres, i després convidà el patró a fer-li una visita al palau.

Com és costum d'aquell país, tothom s'assegué en terra, damunt esplèndides catifes, i allí mateix serviren abundosos plats. Però, en escampar-se la bona olor de les menges, van comparèixer rates i ratolins en gran nombre i en un tancar i obrir d'ulls ho van devorar tot. El capità del navili, molt estranyat, preguntà a algú si no feien res per treure's aquella plaga de sobre.

— Oh — li van respondre, — ens desplauen d'allò més, aquestes rates. Sa Majestat donaria de bon grat la meitat de les seves riqueses per veure-se'n lliure.

El capità es recordà llavors del gat d'en Whittington i cuità a dir al Rei que ell duia al vaixell un animal que amb un no res destruiria aquella pesta.

El Rei acollí la nova amb mostres d'alegria i digué que desitjava veure tot seguit la meravellosa bestiola.

— Si és tal com tu dius i vols fer-me'n present — afegí, — t'ompliré el vaixell de pedres precioses.

EL GAT AMB POCS INSTANTS HAGUÉ ENLLESTIT ELS RATOLINS I LES RATES

El patró contestà:

— És realment un animal extraordinari, però no en puc prescindir, perquè em neteja el vaixell de rates i ratolins, i impedeix així que siguin destroçades les meves mercaderies.

El Rei, però, digué que estava disposat a pagar qualsevol cosa per un animal de tanta vàlua, i no volgué escoltar cap objecció.

Van portar, doncs, el gat i quan van tenir els plats distribuïts per terra, les rates i els ratolins comparegueren apressadament com l'altra vegada. Però el gat aviat els tingué llestos i després de llepar-se els bigotis s'atansà al Rei, bo i fent un ronc suau, com si demanés el premi. No cal dir que el Rei es quedà tot meravellat i pagà deu vegades més pel gat que per tot el carregament del navili.

Llavors el vaixell, vent en popa, féu vela cap a Anglaterra, i arribà feliçment a Blackwall i el patró, que portà en terra l'arca plena de joiells, presentà el balanç del viatge al senyor Fitzwarren que, naturalment, va estar contentíssim d'una eixida tan fruitosa.

Quan aplegà els seus servents per donar a cadascun la part que li pertocava, el patró li ensenyà l'arqueta plena de gemmes, i li digué que tot allò ho havien donat com a preu del gat d'en Whittington. El senyor Fitzwarren envià a buscar tot seguit el minyó, qui en aquell moment era a la cuina, fregant olles i cassoles. Quan, després de dubtar una mica, es decidí a entrar, el comerciant manà que el fessin seure. El pobre Dick, creient que tots volien mofar-se d'ell, s'agenollà davant del seu amo, i amb llàgrimes als ulls li demanà que no es divertís amb un pobre noi que no tenia pas intenció de fer mal a ningú.

El senyor Fitzwarren, ajudant-lo a alçar-se, li donà el tractament de "Senyor Whittington" i li digué:

— Ens trobem ben perplexos. Ara sou més ric que jo.

Llavors li donà l'arqueta dels joiells, el valor dels quals pujava ben bé al tres-cents milers de lliures.

Quan s'arribà a convèncer que tot allò era realment veritat, en Dick Whittington avançà cap el seu amo i li posà la seva riquesa als peus, però el senyor Fitzwarren digué:

— No, senyor Whittington; de cap manera no podria acceptar

ni la més petita part del que és ben vostre. ¡Que tot sigui per la vostra felicitat!

Whittington s'adreçà després a la senyoreta Alícia, però ella tampoc no volgué acceptar res, i llavors repartí una part d'aquelles riqueses entre els seus companys de servei, sense oblidar la seva vella

AVIAT LA BODA D'EN DICK I LA SENYORETA ALÍCIA FOU COSA FETA

enemiga, la cuinera, i recompensà generosament tota la tripulació del vaixell.

Després es vestí com corresponia a la seva nova posició, i llavors tothom es donà compte que era un jove molt presentable; tant, que la senyoreta Alícia començà a enamorar-se d'ell. El seu pare, veient-ho, va pensar que fóra una bona idea de casar-los. I aviat la boda fou cosa feta, i fins i tot el senyor alcalde i els regidors van anar al casament.

A les acaballes de la lluna de mel, el senyor Fitzwarren preguntà al seu gendre quina ocupació pensava escollir, i Whittington, sense vacil·lar, manifestà que volia ésser comerciant. En vista d'això es van associar i tots dos van fer-se extraordinàriament rics.

La seva excel·lent fortuna no féu tornar Ricard Whittington ni orgullós ni exigent. En veritat, era de tan bon tracte que tothom trobava gust d'estar amb ell, i es mostrava especialment amable amb els pobres. L'any 1393 va ser nomenat magistrat de la ciutat de Londres, mentre n'era alcalde Sir Joan Hadley.

Quatre anys després, ell també fou elegit alcalde, i el Rei el féu cavaller. I complí les obligacions del seu càrrec amb tanta prudència i distinció que en dues altres ocasions el van tornar a elegir per alcalde.

EL DARRER ANY QUE ERA ALCALDE TINGUÉ L'ALTA HONOR D'ALLOTJAR EL REI ENRIC V

El darrer any que ocupava aquest càrrec tingué l'alta honor d'allotjar el rei Enric V, quan tornava de les seves conquestes per terres de França. El Rei i la Reina van ser festejats tan esplèndidament a Casa la Ciutat que el Rei digué:

— ¡No hi ha hagut mai cap príncep que hagi tingut un súbdit semblant!

I Whittington li contestà:

— ¡No hi ha hagut mai cap súbdit que hagi tingut un príncep com vós!

Fins a l'any 1780 la figura de Sir Ricard Whittington amb el seu gat als braços podia veure's esculpida a l'arcada que s'esqueia al carrer de vora la presó de Newgate.

JACK I LA MONGETERA

Una vegada hi havia una pobra vídua amb un sol fill que es deia Jack, un noi gandulàs com ell sol, i no hi havia qui li tragués la son de les orelles. I per a viure no tenien altra cosa sinó la llet de llur única vaca, que es venien al mercat. Un dia la vaca no tingué llet, i no saberen què fer. La vídua tirà en cara al seu fill la seva gandulería, però ell no sabia veure altra sortida que procurar vendre la vaca al poble veí, i tant i tant importunà la seva mare amb aquesta idea que a la fi ella va consentir-hi. Mentre feia camí cap al poble, va trobar un drapaire vell, que li preguntà on menava la vaca i Jack li digué que la portava a vendre. El drapaire duia unes mongetes ben estranyes a la mà; eren de diferents colors, i van cridar l'atenció de Jack. Això no passà inadvertit al vell, que preguntà el preu de la vaca, i a canvi d'ella oferí totes les mongetes que duia. L'estúpid xicot no va poder amagar l'alegria que li feia aquella oferta que ell creia tan avantatjosa; van cloure els tractes de seguida i la vaca fou baratada per unes miserables mongetes.

Quan Jack tornà a casa seva i ensenyà les mongetes a la seva mare, la pobra dona va perdre la paciència.

— Té — es posà a cridar, — heus ací el que cal fer d'aquestes mongetes tan precioses!

I les llençà al jardí per la finestra. Llavors es cobrí la cara amb el davantal i va plorar amargament. El seu fill provà inútilment d'aconsolar-la i tots dos van ficar-se al llit sense sopar. Jack es despertà l'endemà a punta de dia i veient que quelcom li tapava la llum de la finestra, baixà corrent al jardí, on es trobà que algunes d'aquelles mongetes havien posat arrel i crescut d'una manera extraordinària: les tiges eren d'allò més gruixudes i havien pujat entortolligades les unes amb les altres fins a perdre's entre els núvols. Jack era emprenedor; se li acudí de pujar fins a dalt i s'hi posà de seguida. Després de quatre hores d'enfilar-se va arribar al cim de la mongetera, completament atuït. Mirant pels volts es veié en una terra molt estranya on no hi havia cap ésser vivent.

Jack començà a caminar, amb l'esperança de veure algú a qui pogués demanar menjar i beure. Fins a posta de sol va anar caminant i llavors, amb gran alegria seva, veié allí prop un casal. Una dona de posat bondadós s'estava a la porta: el noi li demanà un tros de pa i un recó per passar la nit. Ella li digué que trobava molt estrany de veure un ésser humà prop de casa seva; perquè tothom sabia prou bé que el seu marit era un gegant poderós, que no menjava sinó carn humana sempre que podia proveir-se'n; i que caminava de bon grat cinquanta milles per abastar-ne, poca o molta, talment que es passava tot el dia fora de casa a l'encalç del seu menjar preferit.

Això esglaià Jack en gran manera, però tingué esperança de no veure el gegant, i tornà a pregar a la dona que li deixés passar la nit sota teulada i que el tingués amagat. Per fi, la dona es deixà convèncer, perquè era de natural dolça i bona, i el deixà entrar.

El féu seure, i li serví menjar i beure en abundor; i ell, no veient res que pogués inspirar-li temences, oblidà aviat la seva por, però quan ja començava a trobar-se bé en aquell indret, el va sobresaltar un gran tust a la porta d'entrada, que féu trontollar tota la casa.

— Sant Marc, Santa Creu! És el gegant, i si et veu et matarà a tu i a mi també! — exclamà la pobra dona tremolant com la fulla a l'arbre. — Què faré, Déu meu, què faré?

— Amagueu-me al forn — digué Jack.

I es ficà dins el forn que en aquell moment no era encès, i sentí ben bé la veuassa i el pas feixuc del gegant que entrava a la casa.

— Dona! — cridà amb veu terrible, així que fou dins. — Dona, de què és aquesta olor que sento?

Un, dos, tres!
Sento olor de carn d'anglès.
Prou l'hauré d'esmicolar
i dels ossos fer-ne pa.

— No, home — li digué la seva dona. — No ha passat cap home per ací. Deus sentir l'olor de les dues vedelles que has portat.

Al capdavall s'assegué a taula, i Jack, que espiava per una escletxa del forn, es meravellà del bell munt de minestra que engolia. Semblava que no hagués d'acabar mai de menjar i beure; per fi, però, va acabar i recolzant-se al respatller de la cadira cridà a la seva dona amb veu de tro:

— Porta'm la meva gallina.

Ella obeí, posà sobre la taula una gallina viva i molt bonica.

— Pon! — bramulà el gegant, i la gallina a l'instant pongué un ou d'or massís.

— Pon-ne un altre!

I cada cop que el gegant deia aquestes paraules la gallina ponia un ou cada vegada més gros.

Es divertí una bona estona amb la seva gallina, i després d'enviar la dona al llit s'adormí vora el foc, i començà a roncar amb un renou de canonada.

Així que el veié adormit, Jack sortí del forn, agafà la gallina i fugí emportant-se-la. Arribà a l'entrada de la casa sense entrebancs, i seguint un camí, anà a parar al cim de la mongetera, i la baixà també sense contratemps.

La seva mare tingué una gran alegria de tornar-lo a veure. S'havia temut que el seu fill no hagués trobat una tràgica fi.

— No res d'això, mare meva! Mireu què he portat. — I li ensenyà la gallina. — Pon! — cridà, i la gallina l'obeí tan dòcilment com al gegant, i pongué tants ous d'or com el noi va voler.

Després de vendre aquells ous, Jack i la seva mare van tenir força diners, i durant uns quants mesos van viure tots dos molt feliços, fins que Jack sentí un gran daler d'enfilar-se per la mongetera i d'anar a buscar més riqueses a casa del gegant. Jack, que havia contat a la seva mare l'estranya aventura, cada dos per tres pensava en el seu viatge, però, ben convençut que ella no el deixaria marxar de cap manera, no gosava dir-li el seu pensament. No obstant, un dia li digué, ben decidit, que li calia fer un altre viatge mongetera amunt; ella li pregà i suplicà que ho deixés córrer i féu tot el que pogué per treure-li-ho del cap. Li digué que la dona del gegant pla bé que el coneixeria, i que el gegant no devia desitjar altra cosa sinó tenir-lo entre les urpes per occir-lo amb mort cruel, i venjar-se així de la pèrdua de la seva gallina. Jack, veient que les raons que donava eren inútils, no digué paraula, però estava ben decidit a anar-se'n fos com fos. Tenia a punt un vestit per disfressar-se, i una potinga per tenyir-se la pell; estava convençut que d'aquella manera ningú no el coneixeria.

Alguns dies després, s'aixecà molt de matí, i sense ésser vist de ningú, s'enfilà per segona vegada mongetera amunt. Quan arribà al bell cim estava molt cansat, però continuà el viatge cap a la casa del gegant, on arribà ben tard aquell vespre; la dona era a la porta com l'altra vegada. Jack s'adreçà de dret cap a ella i li demanà menjar i allotjament per a la nit.

La dona li digué (cosa que Jack sabia prou i massa) que el seu marit era un gegant poderós i cruel, i afegí que ella, una nit, havia admès un pobre noi, mort de fam i abandonat, i que, el desagraït, havia robat un dels tresors del gegant, el qual, després d'aquella feta, s'era encara tornat més sanguinari. Jack va fer tot el que sabia per convèncer-la que l'allotgés aquella nit, però li costà qui-sap-lo. Al capdavall la dona accedí, i el féu entrar a la cuina, i quan Jack hagué menjat i begut, l'amagà entre els malendreços. El gegant tornà a l'hora que solia, i caminava tan feixugament que la casa trontollava de dalt a baix. S'assegué vora del foc i cridà:

—PON! —BRAMULÀ EL GEGANT, I TOT SEGUIT LA GALLINA PONGUÉ UN OU D'OR MASSÍS

—Un, dos, tres! Sento olor de carn d'anglès! Dona, ¿què significa aquesta flaire?

La muller contestà que els corbs havien portat un tros de carn crua damunt la teulada de la casa, i que l'havien deixada allí. Mentre es preparava el sopar, el gegant estava d'allò més malhumorat i neguitós, i molt sovint s'alçava i pataquejava de valent la seva dona perquè no anava prou de pressa.

Per fi, havent acabat de sopar, cridà:

—Dóna'm els meus sacs de diner.

Ella els portà, fent tentines a causa d'aquella feixuga càrrega: eren dos sacs, l'un, ple de guinees noves, i l'altre, ple de xelings, també nous; els buidà sobre la taula; i el gegant els començà a comptar amb gran joia:

—Ara ja pots anar-te'n al llit—va dir, i la seva dona eixí de la cambra.

Jack, del seu amagatall estant, veia com el gegant anava comptant la moneda, i desitjà que allò fos seu; aquelles peces dringants li evitarien el mal de cap d'anar a vendre els ous d'or. El gegant, ben lluny de pensar que l'espiaven de tan a la vora, acabà de comptar tota la moneda, i la tornà a ficar als dos sacs, els lligà amb molt de compte, se'ls posà al peu de la cadira i féu venir el seu gosset a guardar-los.

A la fi, va adormir-se com l'altra vegada, i roncava tan fort que Jack es decidí a sortir per emportar-se'n els dos sacs de diner; però així que plantà la mà sobre un dels sacs, el gosset, del qual ell no s'havia adonat, s'alçà de sota la cadira i es posà a lladrar tan fort com podia. Massa esglaiat per poder fugir, Jack es quedà immòbil, esperant que el gegant es despertés d'un moment a l'altre. Però, amb gran sorpresa seva, el gegant seguí profundament adormit, i veient el noi un tall de carn, el tirà al gos, que a l'instant parà de lladrar i es posà a devorar-lo. D'aquesta manera Jack s'emportà els sacs, un a cada espatlla. Baixà cames ajudeu-me, i trobà la seva mare que l'esperava al peu de la mongetera, i no hi veia d'alegria en tornar-lo a tenir bo i sà.

Durant tres anys no tornà a pujar dalt la mongetera, per no fer sofrir la seva mare. Feia tots els possibles per vèncer el seu gran daler d'emprendre una altra aventura. Sentint, però, que la seva dèria era més forta que ell, començà una nova disfressa, més bona que la d'abans; i quan arribà el dia més llarg de l'estiu, es despertà a trenc d'alba, i, sense dir res a la seva mare, s'enfilà mongetera amunt. Arribà a casa del gegant cap a la vesprada, i trobà la dona a la porta, com sempre. Jack s'havia disfressat tan bé que la dona no demostrà recordar-lo gens ni mica; però quan al·legà la seva fam i pobresa per ésser admès, li fou molt difícil de convèncer-la. Per fi, se sortí amb la seva, i la dona del gegant l'amagà dins la caldera més grossa. Quan el gegant va tornar digué, ple de ràbia:

—Un, dos, tres! Sento olor de carn d'anglès! —i sense fer cas del que la seva dona li deia, començà de seguida a buscar per tota la sala.

Mentrestant, Jack estava esglaiadíssim; hauria donat qualsevol cosa per poder trobar-se a casa seva; i quan el gegant s'acostà a la caldera i tocà la tapadora, Jack es veié a dos dits de la mort. No obstant, no va passar res; perquè el gegant no es molestà a alçar la tapadora, sinó que aviat s'assegué prop del foc i començà el seu enorme sopar. Quan hagué acabat, va fer anar la muller a buscar la seva arpa. Jack mirà per sota la tapadora, i veié que era una arpa preciosa. El gegant la posà sobre la taula, digué: "Toca!", i, sense que ningú la polsés, començà a brollar-ne la música més exquisida que es pugui imaginar. Al so de l'arpa, el gegant s'adormí més aviat que de costum. Quant a la seva muller, se n'havia anat al llit de seguida.

Així que va creure que no l'amenaçava cap perill, Jack sortí de la caldera i agafant l'arpa, arrencà a córrer. Però aquella arpa era encantada, i tot d'una que es trobà en mans forasteres cridà molt fort, talment com si fos viva:

—Amo! Amo meu!

El gegant es despertà, sobresaltat, i veié Jack allunyant-se tan rabent com podia.

—Ah, miserable! Ets tu qui m'ha robat la meva gallina, els meus sacs de diners, i ara m'estàs prenent l'arpa! Ja et dic jo que si t'arreplego t'engoliré de viu en viu!

—Bé, home, bé! Prova-ho! —li cridà Jack, que no tenia gens de por, perquè veia que el gegant era vell i no podia córrer gaire, mentre que ell tenia les cames joves i a més portava un bon avantatge al gegant. Arribà primer al cim de la mongetera, i s'hi agafà sense abandonar l'arpa, que no parava un moment de tocar una música tristíssima, ni de cridar:

—Amo! Amo meu!

Jack s'esmunyia avall, tant de pressa com podia, i darrera seu s'afanyava el gegant, però no el pogué pas atrapar. Jack arribà primer a terra, i cridà a la seva mare que era a la porta de casa seva:

—Mare! Mare! Porteu-me una destral! Cuiteu, mare, cuiteu!

Perquè sabia prou bé que no calia perdre un moment. Però encara tingué temps d'agafar la destral i de tallar la mongetera ran de terra; el gegant caigué de cap al jardí i es quedà mort a l'acte.

Així, doncs, tot va acabar bé. Jack i la seva mare tenien ara un bell munt de moneda, i no havien de témer res. Jack esdevingué un galant jove i, naturalment, va casar-se amb una princesa i, el que encara és millor, va portar-se amb la seva mare com un bon fill, i la va fer feliç tota la vida.

Quant a la meravellosa mongetera, un cop tallada es podrí tota: arrels, fulles i tiges, i com que ningú no n'havia guardat llavors, no n'ha crescut mai més cap de semblant.

BONICA I EL MONSTRE

Una vegada hi havia un mercader molt ric, que tenia sis fills, tres nois i tres noies, i, obrant amb molt d'encert, no regatejava cap esforç per a la seva educació. Les filles eren molt belles, totes tres, però d'una manera especial la més petita, i n'era tant que, de menuda, tothom l'anomenava Bonica.

Com que de gran fou igualment bonica, ningú no li donà altre nom, i això va fer enveja a les seves germanes. I la filla petita no solament era més bella que les seves germanes, sinó que també tenia més bon cor.

Les altres s'envanien de la seva riquesa i del seu prestigi. Es donaven molts fums, i no volien visitar les filles dels altres comerciants; només volien fer-se amb gent de nissaga. Se les veia a tots els balls, espectacles i llocs públics, i sempre es mofaven de llur germana petita, la qual passava els seus lleures llegint o bé ocupant-se en treballs útils. Com que era cosa prou sabuda que aquelles noies tindrien bon dot, molts mercaders les haurien volgudes per muller, però les dues grans sempre donaven per resposta que, per la seva part, no pensaven casar-se amb ningú que no fos duc o, si més no, comte.

Bonica tenia tants pretendents com les seves germanes, però sempre els deia amb molta delicadesa que, encara que els estava molt agraïda, preferia viure alguns anys mes amb el seu pare, perquè es considerava massa jove per casar-se.

S'escaigué que, per una malaventura, el mercader perdé sobtadament tota la fortuna, i no li'n quedà sinó una caseta de pagès. I digué a les seves filles, amb llàgrimes als ulls:

—Filles meves, hem d'anar-nos-en a la nostra casa de fora, i mirar de mantenir-nos del nostre treball, perquè no tenim cap altre mitjà de vida.

Les dues grans van contestar que no sabien treballar, i que no se n'anirien de ciutat de cap manera, perquè tenien prous pretendents que s'alegrarien de poder-se casar amb elles, encara que no posseïssin res.

Però en això s'equivocaven, perquè quan els pretendents van saber què havia passat, van dir-se que no els sabia gens de greu de veure humiliades unes noies tan orgulloses i de mal caràcter. Al poblet, ara podrien exhibir-se davant de bens i vaques. Però tothom s'apiadà de la pobra Bonica, perquè era tan dolça de caràcter i tan gentil amb tothom, i més d'un la va demanar encara que no tingués ni un cèntim. Però ella tampoc no acceptà cap dels seus pretendents, i digué que no podria pas deixar el seu pare, ara que era un home dissortat. Els primers temps no es podia estar de plorar, quan ningú no la veia, per les privacions que havia de sofrir, però aviat va dir-se entre ella:

—Totes les llàgrimes del món no em servirien de res; miraré, doncs, d'ésser feliç sense fortuna.

Un cop installats a la casa de pagès, el mercader i els seus fills esmerçaren el dia a llaurar i sembrar les terres i a cultivar l'hort. Bonica també treballava. Es llevava a les quatre del matí, encenia el foc, endreçava la casa i feia l'esmorzar de tota la família. De primer trobava aquesta feina molt dura, però aviat s'hi avesà i no la trobà tan feixuga. En realiat, el treball li donà més salut, i la féu tornar encara més bella, i quan tenia llesta la feina es distreia llegint o fent música o bé cantava tot filant. Però les seves dues germanes no sabien com matar el temps. Es feien portar l'esmorzar al llit i no es llevaven fins a les deu ben tocades. Llavors solien sortir a passejar, però es cansaven de seguida i s'asseien a l'ombra d'algun arbre a lamentar-se de la pèrdua del seu cotxe i dels vestits bonics, i es deien l'una a l'altra:

—¡Que vulgar i poca cosa ha d'ésser la nostra pobra germana per poder acontentar-se d'una vida tan ensopida!

Però el seu pare no pensava pas així, i cada dia estimava i admirava més la seva filla petita.

Quan feia prop d'un any que duien aquella nova vida, el mercader rebé una carta en què li notificaven que un dels seus vaixells més ben carregats i que ell creia perdut, acabava d'arribar a port. Les dues germanes es tornaven boges d'alegria en escoltar aquesta nova; ja es veien deixant la casa camperola i recobrant la vida refinada d'altre temps. Quan van saber que el seu pare havia d'anar a veure el vaixell, li demanaren que quan tornés no deixés de portar-los vestits nous, capells i tota mena d'ornaments vistosos. Però Bonica, convençuda que tot el que valia el vaixell vindria bastant just per comprar les coses que les seves germanes volien, no demanava res.

— Bonica — li digué el seu pare. — ¿Com és que no em demanes res? Què vols que et porti, filleta meva?

— Ja que ets tan bo que et recordes de mi, estimat pare — contestà la filla, — m'agradaria molt que em portessis una rosa. Al jardí no en tenim cap.

En realitat no desitjava res, ni tan sols la rosa, però la demanà per no ofendre les seves germanes, altrament haurien dit que volia fer-se lloar del seu pare per no haver demanat res.

El mercader s'acomiadà de tothom i emprengué el seu viatge; però un cop arribà al vaixell es trobà que li discutien el carregament amb els ets i uts de la justícia, i després de molts mals de cap, passats alguns mesos, se'n tornà cap a casa seva tan pobre com abans de sortir-ne. Quan li faltaven unes trenta milles de camí per arribar-hi, malgrat la joia que sentia de tornar a veure els seus fills, s'entristí tot d'una en recordar-se dels presents que havia promès a les noies, i molt especialment de la rosa de la més petita, que de totes maneres no hauria pogut trobar enlloc, essent com era al bell cor de l'hivern. Plovia molt i després començà a nevar i al cap de poc el mercader es va perdre.

A més, va fer-se fosc ben de pressa i el pobre vianant temia morir de fam o de fred o bé esbocinat pels llops que ja sentia udolar massa a la vora. Tot d'un plegat, s'adonà d'una llarga avinguda, il·luminada al bell fons per una resplendor, però a molta distància d'ell.

S'hi encaminà passant per on podia, i veié que aquella claror eixia de les finestres d'un magnífic palau, esplèndidament il·luminat. Va veure unes grans reixes de bronze obertes de bat a bat i decidí d'entrar-hi. Travessà patis molt bonics, però no trobà enlloc ànima vivent. Allí prop hi havia també uns estables i el pobre cavall del mercader, que feia hores que no menjava, hi entrà tot seguit i s'atipà de fenc i d'ordi. Llavors el seu amo el deixà lligat i s'encaminà al vestíbul, que també era desert. Entrà a un gran menjador on hi havia un bon foc encès i sobre la taula diversos plats exquisits, però només un sol cobert a punt. Com que anava amarat fins a la pell de pluja i neu, s'atansà al foc per eixugar-se.

— Confio — va dir-se — que l'amo de la casa o els seus servents m'excusaran; perquè és de suposar que deuran comparèixer d'un moment a l'altre.

S'esperà una estona, però no comparegué ningú; per fi el rellotge tocà les onze, i el mercader, sentint-se defallir de mal de cor, començà a menjar un pollastre i es begué alguns vasos de vi, però tremolant sempre de basarda. No s'alçà de taula fins que van tocar les dotze, i llavors, ja més valent, començà a pensar que bé podria tafanejar una mica; obrí una porta del capdavall del menjador, i entrà en una estança espaiosa on hi havia un llit esplèndid, i com que estava molt cansat, tancà la porta, es despullà i es colgà dins el llit.

No es despertà fins després de les deu de l'endemà i, meravellat, trobà, en lloc de la seva roba vella i estripada, un conjunt d'indumentària nova, d'allò més elegant.

— És evident — pensà — que aquesta casa pertany a una fada bondadosa que s'ha apiadat de la meva desgràcia.

Mirà per la finestra, i observà que, per bé que les carenes i els boscos desolats per on s'havia perdut la nit abans apareixien colgats de neu fins a la llunyania, als patis del palau hi havia emparrats coberts de tota mena de flors estiuenques que lluïen al sol amb mil colors.

El mercader se'n tornà al menjador on havia sopat, i trobà un esmorzar ben preparat sobre una tauleta.

— Oh bona fada! — digué en veu alta el comerciant. — T'estic agraïdíssim per tantes gentileses.

En acabat d'esmorzar, agafà el barret i s'encaminà a l'estable a veure el seu cavall; però en passar sota un dels emparrats ple de roses, es recordà del prec de la seva filla Bonica i començà a collir un ram de roses per emportar-se'l a casa seva. En aquell bell instant s'oí un gran renou, i el comerciant veié, esblaimat, que s'atansava cap a ell un monstre horrible.

— Ah, desagraït! — digué el monstre amb una veu esgarrifosa. — T'he salvat la vida deixant-te entrar al meu palau, i com a paga em prens les meves roses que són el que més estimo de tot el que posseeixo. Però prou que expiaràs la teva falta: d'ací a un quart d'hora seràs mort.

El mercader caigué genolls en terra, i retorçant-se les mans, digué:

— Missenyor: imploro humilment la vostra gràcia. No em creia pas ofendre-us collint un pom de roses per a una filla meva, que em tenia demanada una d'aquestes flors. ¡No em mateu, missenyor, no em mateu!

— No sóc pas cap noble perquè em diguis "missenyor" — contestà el monstre. — No puc sofrir les adulacions i t'erres si et penses ablanir-me amb mots de mel i sucre. Dius que tens filles, oi? Doncs et perdonaré la vida si una d'elles vol morir en lloc teu. Si no, promet-me que tornaràs a ací abans de tres mesos, perquè jo faci el que vulgui de tu.

El mercader, que estimava moltíssim les seves filles, no tenia la més lleu intenció de deixar-ne morir cap en lloc seu; però pensà que si feia semblant d'acceptar les condicions del monstre, podria tenir el goig de veure-les altre cop. Va donar la paraula que el monstre li demanava i obtingué així el permís d'anar-se'n quan volgués.

— Però — li digué el monstre, — no vull pas que tornis a casa teva amb les mans buides. Vés-te'n a la cambra on has dormit, i hi trobaràs un bagul; emplena'l del que més t'agradi, sigui el que sigui, i jo te'l faré dur a casa teva.

Dit això, el monstre se n'anà. El bon comerciant, quan es trobà sol, començà a considerar que, havent de morir — perquè no pensava pas faltar a la paraula donada, encara que fos a un monstre — el millor fóra tenir el consol de deixar els seus fills ben proveïts.

Tornà a la sala on havia dormit, i hi trobà munts de monedes d'or per terra. N'omplí el bagul fins a dalt de tot, el tancà, i muntant a cavall s'allunyà del palau i del jardí ple de flors, tan trist com content havia estat en veure'l per primera vegada.

El cavall, sense que el seu amo l'hi dirigís, agafà un corriol dintre del bosc, i en poques hores van arribar a la casa del comerciant. Els seus fills sortiren a rebre'l, però en lloc d'abraçar-los amb alegria, el pobre pare no es pogué estar de plorar tot contemplant-los. Portava a les mans el ram de roses i el donà a la seva filla petita, bo i dient-li:

— Té aquestes roses, Bonica; ¡però si sabessis quant han costat al teu pobre pare!

I llavors els contà el que havia vist i sentit en el palau del monstre.

Les dues germanes grans van començar a plorar, i a culpar la germana petita, que, segons deien elles, fóra la causa de la mort del seu pare.

— Ara vegeu — deien — què ens ha portat l'orgull d'aquesta malaurada. ¿Per què no havia de demanar alguna cosa per l'estil de les que nosaltres demanàvem? És clar, ella no ha de fer com l'altra gent, i ara, encara que el seu pare haurà de morir per culpa seva, no tingueu por que vessi ni una sola llàgrima.

— Fóra inútil que plorés — digué la pobra Bonica, — perquè el meu pare no morirà. Ja que el monstre accepta una de les seves filles, jo m'ofereixo, i em tinc per molt feliç de poder demostrar el meu amor al millor dels pares.

— No, germaneta nostra — van dir tots tres germans alhora, — això no pot pas ésser; anirem a trobar el monstre, i o bé morirà ell o bé morirem nosaltres.

— No tingueu l'esperança de matar-lo — intervengué el comerciant, — és massa poderós. Però no vull, Bonica, que la teva tendra vida sigui sacrificada. Jo, ja sóc vell, i no puc esperar de viure gaires anys. Sacrificaré només uns pocs anys de la meva vida; l'única cosa que em sabrà greu és deixar-vos.

— No, no, pare! — exclamà Bonica. — Si tornes al palau no pots pas privar-me d'anar-hi darrera teu. Encara que sigui jove, no estimo pas massa la vida. i mil vegades prefereixo ésser devorada pel monstre que morir de la pena d'haver-te perdut.

El comerciant s'esforçà inútilment de convèncer-la. La filla petita s'obstinava en el seu determini, que, en realitat, omplia de satisfacció les seves germanes, geloses d'ella perquè tothom l'estimava.

El comerciant estava tan apesarat de la idea de perdre la seva filla, que ni un instant no es recordà del bagul ple d'or; però en ésser al vespre amb gran sorpresa seva, se'l trobà al costat del llit. No digué res d'aquella riquesa a les filles grans, perquè sabia que voldrien tornar a la ciutat de seguida; però en parlà a la petita, i llavors ella li contà que mentre havia estat fora dos joves les havien visitades i s'havien enamorat de les seves dues germanes. Després pregà el seu pare que donés dot a les dues grans, per tal que es poguessin casar; tenia tan bon cor que només desitjava veure-les felices.

Van anar passant els tres mesos, ai, massa de pressa; i un dia el comerciant i la seva filla Bonica es disposaren a anar al palau del monstre. Mentre marxaven, les dues germanes semblava que ploressin, perquè s'havien fregat els ulls amb ceba per fer-ho veure millor; però el mercader i els fills ploraven amb aflicció ben sincera.

Només la petita Bonica s'aguantava el plor. Van arribar al palau poques hores després, i el cavall, sense que l'hi haguessin de menar, entrà a l'estable, com la primera vegada.

Pare i fills s'encaminaren junts al vestíbul i després al menjador, on van trobar taula parada amb dos coberts i tota mena de menges exquisides. El comerciant tenia ben poca gana, però la seva filla, per amagar el seu sentiment, es posà a taula i serví el seu pare. Mentre menjaven s'anava dient que el monstre la devia voler engreixar abans de devorar-la, i per això li havia preparat un menjar tan bo. Quan hagueren sopat, se sentí un gran renou, i el bon home del mercader començà a acomiadar-se de la seva filla, perquè sabia que el monstre s'atansava. En veure aquella horrible figura, de primer la noia sentí un gran esglai, però provà de dissimular la seva por mentre el monstre s'adreçava cap a ella, se la mirava de cap a peus, i li preguntava amb una veu esborronadora si era ben bé per pròpia voluntat que havia anat a veure'l.

—Sí—pogué contestar ella, dominant la seva basarda.

—Doncs t'he de dir que ets molt bona minyona i que t'estic d'allò més agraït.

Era tan poc d'esperar aquella gentilesa, que la noia va sentir-se més animosa; però tornà a atuir-se quan el monstre, adreçant-se al mercader, li ordenà que marxés del palau l'endemà al matí i no tornés mai més. I tot seguit afegí:

—I ara bona nit, mercader. Bona nit, Bonica.

—Bona nit, monstre—féu ella, mentre l'horrible amo del palau eixia de la sala.

—Ai, filleta meva!—digué el comerciant, besant la seva filla.—Em mata la idea de deixar-te amb aquest monstre horripilant. Vés-te'n tu, i jo romandré en lloc teu.

—No, de cap manera!—contestà amb fermesa la noia.—No hi consentiré mai de la vida; marxareu vós demà al matí.

Es donaren la bona nit i es colgaren entre els llençols, convençuts que en tota la nit no podrien cloure les parpelles; però, passà ben d'altra manera: tot seguit s'adormiren profundament i no van despertar-se fins a l'endemà al matí.

La filla veié en somnis que una dama se li apropava i li deia:

—Estic molt contenta, Bonica, de veure que has volgut donar la vida per salvar la del teu pare. No tinguis cap temença; no ha pas de mancar-te el premi merescut.

Així que es despertà, corregué a contar aquell somni al seu pare; però el mercader, per bé que vagament esperançat en escoltar la seva filla, no podia decidir-se a abandonar el palau. Per fi, Bonica el va convèncer, i quan l'hagué perdut de vista, es posà a plorar amb desconsol. Però, valenta com era, no volgué deixar-se abatre per la tristesa i esperà pacientment. Després de seure una estona, es passejà per les cambres del palau i s'encantà de llur bellesa.

Però tot d'una li féu un salt el cor: a una porta hi havia escrits aquests mots amb lletres argentades: "Cambra de Bonica".

Obrí aquella porta, i es meravellà del bon gust i la riquesa de tota la cambra. Però el que més va sorprendre-la fou un gran armari ple de llibres, un clavicordi i moltes peces de música.

—El monstre no deu voler devorar-me de seguida—es digué,—des del moment que em procura tantes distraccions.

Obrí l'armari i veié escrit amb lletres d'or al llom d'un llibre:

Res de sospirs, donzella clara,
no mulli el plor la teva cara:
mana el que et plagui i, ben lleuger,
el que comandis jo faré.

—Pobra de mi! —digué sospirant. —¡Tant de bo pogués manar de veure el meu pare! Així sabria què fa en aquest moment! I en aquell mateix instant, havent parat els seus ulls en un mirall que tenia a prop, hi veié la seva casa i el seu pare que hi arribava, ple de tristesa. També veié com les seves germanes sortien a rebre'l, i com, encara que s'esforcessin a semblar afligides, se'ls endevinava que interiorment estaven molt contentes. Al cap de poc totes aquelles imatges van desaparèixer, però Bonica es digué entre ella que el monstre, a més d'ésser molt poderós, era també molt amable.

Vers el migdia trobà la taula parada, i mentre dinava s'oí una música molt dolça, però no veié ningú enlloc. Al vespre, quan anava a asseure's a taula per sopar, sentí el soroll que solia fer el monstre en apropar-se i li vingué un gran tremolor.

—Bonica —li digué el monstre: —¿em dónes permís d'estarmeací mentre sopes?

—Feu com us plagui —li respongué ella, tota esporuguida.

—No, no —digué el monstre. —Ets tu que manes, ara. Si no et plau la meva companyia, no has de fer sinó dir-m'ho i me n'aniré a l'instant. Però, digue'm, Bonica, oi que em trobes lletgíssim?

—No puc pas contestar-vos una mentida —féu ella: —sí que us trobo molt lleig, però també he vist que sou molt bo.

—Vols dir? —va dir el monstre, d'allò més trist. —A més de lleig també sóc molt estúpid; prou sé que, al capdavall, no sóc sinó un monstre.

—Les persones estúpides de bo de bo no s'ho coneixen —observà Bonica.

El monstre se sentí tot afalagat d'aquests mots tan gentils, i digué amb una polidesa una mica estranya:

—No t'estiguis pas de sopar per mi, i no dubtis que seràs ben atesa. Tot el que veus és teu, i em sabria molt de greu que et faltés res.

— Sou molt gentil, tanmateix; sou tan gentil que quasi m'oblido de la vostra lletgesa — digué Bonica de tot cor.

— Sí — contestà el monstre amb un gran sospir, — potser tinc bon cor, però no deixo d'ésser un monstre.

— Pel món hi ha més d'un monstre amb cara d'home. I, al capdavall, val més tenir cor d'home i cara de monstre.

— Et voldria donar les gràcies per tot el que m'has dit, Bonica, però, estúpid com sóc, no sé pas com posar-m'hi — digué el monstre amb melangia, i semblava tan malaurat que la noia sentí que la por s'anava esvaint del seu cor, ple de tendresa.

Sopà amb bona gana, tot parlant-li d'una manera aconhortadora i suau. A la fi el monstre s'alçà per anar-se'n i la donzella s'esglaià més que mai quan sentí que li deia bruscament amb la seva veu ronca:

— Bonica: vols casar-te amb mi?

Ella esglaiada i tot, no volia pas mentir-li: el seu pare li havia fet present que el que plaïa més al monstre és que li diguessin sempre la veritat. I per això respongué amb fermesa:

— No, monstre.

El monstre no s'arborà pas de quimera; féu un pregon sospir i se n'anà.

Quan va tornar a estar sola, Bonica començà a apiadar-se del pobre monstre.

— Oh! — es deia, — ¡quina llàstima que sigui tan esfereïdor, essent bo com és!

Bonica visqué tres mesos, molt ben atesa, en aquell palau. El monstre l'anava a veure cada vespre i parlava amb ella mentre sopava, i encara que les coses que deia no delataven pas un esperit gaire despert, cada dia ella li descobria alguna nova bonesa. I així fou com, en lloc de témer l'hora de la seva vinguda, Bonica solia mirar sovint el rellotge per veure si ja eren les nou, l'hora en què, sense oblidar-se'n mai, el monstre l'anava a veure. Només l'amoïnava una cosa: que el monstre s'havia pres com una obligació de preguntar-li cada nit, abans d'anar-se'n, si voldria casar-se amb ell i es posava molt trist quan ella s'hi negava amb fermesa. Per fi, una nit, la noia li va dir:

—Em fas sofrir molt, monstre, obligant-me a refusar-te tan sovint; jo prou voldria que em poguessis agradar fins al punt que m'enamorés de tu; però, en bona veritat, t'he de dir que no podrà ser mai. Això sí: pots tenir per segur que sempre seré la teva bona amiga; tant de bo que això pogués aconsolar-te.

—Quin remei em tocarà! —sospirà el monstre. —Prou sé que no inspiro sinó basarda; però t'estimo més que a mi mateix, i em considero ben feliç quan veig que viure amb mi no et desagrada. Però cal que em prometis, Bonica, que no em deixaràs mai.

Bonica gairebé ho hauria promès, de tanta llàstima que li feia el monstre, però aquell mateix dia havia vist en el seu mirall encantat (el qual consultava cada matí sense oblidar-se'n ni un sol dia), que el seu pare es moria de la tristor d'haver-la perduda.

— Ai! —digué. —Enyoro tant el meu pare que si no em deixes anar a veure'l, ben cert que em moriré.

—M'estimo més morir jo, Bonica —respongué el monstre.— Et deixaré anar a casa del teu pare: viuràs allí, i el teu pobre monstre es morirà de pena.

—No, no —digué Bonica, plorant. —T'estimo massa per ésser la causa de la teva mort; et prometo que tornaré d'ací a una setmana. M'has deixat veure que les meves germanes són casades; que els meus germans a hores d'ara són soldats i que el meu pobre pare està tot sol. Deixa'm anar a fer-li una setmana de companyia.

—Demà al matí seràs al seu costat —li digué el monstre; — però no t'oblidis pas de la promesa que acabes de fer-me. Quan vulguis tornar no has de fer sinó deixar el teu anell sobre una taula quan te'n vagis a dormir. Adéu, Bonica!

El monstre sortí i Bonica es ficà al llit molt entristida de veure'l tan apesarat. En despertar-se l'endemà, ja es trobà a casa del seu pare.

Tocà la campaneta del capçal del llit i entrà una serventa; però així que veié la filla petita del seu amo, féu un gran xiscle. Llavors el mercader pujà a la cambra, i en veure la seva filla va córrer a abraçar-la.

Llavors Bonica es recordà que no havia portat roba per vestir-se; però la serventa li digué que acabava de trobar a la cambra un bagul ple de vestits tots brodats d'or i ornats amb pedres precioses.

Bonica, cor endins, donà les gràcies al monstre per aquella finesa, i es posà el vestit més senzill que pogué trobar dins el bagul. Després manà a la serventa que guardés tots els altres, per fer-ne present a les seves germanes; però encara no havia acabat de dir aquestes paraules que el bagul s'esvaí. El seu pare observà que potser el monstre volia que tots aquells vestits fossin només per a ella; i en haver dit ell això, el bagul tornà a aparèixer al bell indret d'abans. Mentre Bonica s'arreglava, una serventa li entrà a dir que les seves germanes eren allí per veure-la, acompanyades dels marits. Ni l'una ni l'altra no havien estat sortoses en la noça. El marit de la més gran era gentil i ben plantat, però estava tan envanit de la seva bella figura, que no pensava en altra cosa del matí al vespre, i no parava gens d'esment en la beutat de la muller. La segona de les germanes, s'havia casat amb un home que havia llegit un munt de llibres, però aquella saviesa només li servia per humiliar els amics i més que ningú la seva dona. En veure la germana petita tan bonica i vestida com una princesa, les dues grans no van poder dissimular llur despit. Per més afecte que Bonica els demostrés, no els passava l'enrabiada que havien tingut en saber la vida agradable que duia al palau en companyia del monstre. Les geloses s'amagaren al jardí, i allí feren una gran plorada perquè la petita havia tingut tan bell encert.

—Per què ha de tenir més sort que nosaltres? —es deien.— Tanmateix, nosaltres fem molt més goig que ella!

—Germana meva —va dir la més gran: —ara em ve al magí una gran pensada. Fem-la romandre ací més d'una setmana, que és el temps que el monstre li ha fixat per estar-se a casa; i així, quan la nostra germana torni al palau, estarà tan enutjat que la devorarà de seguida.

—És una bona pensada —li respongué l'altra, —però no es quedarà pas si no aconseguim guanyar-li el cor amb un tracte ben gentil.

I llavors mateix van anar a trobar-la, i li donaren tals mostres d'afecte que Bonica, de tan contenta, tenia els ulls plens de llàgrimes.

Quan s'hagué escolat la setmana, totes dues van aparentar una aflicció tan viva de veure-la marxar, que Bonica accedí a passar una setmana més a casa seva; però sempre estava anguniosa de pensar que la seva absència feia sofrir el pobre monstre. Començava a estimar-lo d'allò més. Observava totes les persones de seny preclar i de belles maneres que tenia ocasió de tractar i no en trobava cap de tan sensible, afectuosa, servicial i amable com el monstre. La nit desena que passava a casa del seu pare va somniar que era al jardí del palau, on el monstre agonitzava estès sobre l'herba. Amb mots planyívols li recordava la promesa que li féu abans d'anar-se'n i atribuïa la seva pròxima mort a la poca fidelitat d'ella. Bonica es despertà molt esglaiada i esclatà en un gran plor.

— ¡Quin mal cor tinc — es deia — de portar-me tan malament amb qui ha mostrat envers mi tanta bonesa! ¿Per què no m'hi he de casar? Estic certa que fóra més feliç amb ell que les meves germanes amb els seus marits. No vull que pateixi més per culpa meva; en tindria remordiment tota la vida.

S'alçà a deixar el seu anell sobre la taula, es tornà a ficar al llit i s'adormí molt aviat. L'endemà al matí, amb gran alegria seva, es trobà de bell nou al palau del monstre. Es vestí amb molta cura per ser-li més agradable, i esperà el vespre tot pensant que mai no havia trobat el dia tan llarg. A la fi, tocaren les nou, però el monstre no va comparèixer. Tement d'haver causat de bo de bo la mort del monstre, Bonica anava cridant d'un cap del palau a l'altre: "Monstre!, monstre estimat!", però ningú no li responia. A l'últim, recordant-se del somni, va córrer cap al jardí, i el veié, talment mort, prop de la font, en el mateix indret on en somnis l'havia vist que agonitzava. Sense pensar poc ni molt en la seva lletjor, va abraçar-lo tot d'una, i sentint que el cor li bategava encara, li abocà aigua al rostre per revifar-lo, plorant i sanglotant sempre.

Al cap de poc, el monstre obrí els ulls i li digué amb veu feble:

— Ai, Bonica! Has oblidat el que em vas prometre, i penso que val més morir-me, perquè no podria pas viure sense tu. No he tastat menja, aquests dies, i em vull morir de fam, però em moriré content d'haver pogut contemplar per últim cop el teu rostre.

— No, oh, no, estimat monstre — exclamà Bonica amb vehemència; — no et moriràs pas: has de viure per ser meu, el meu marit. Pensava, cor endins, que no m'inspiraves sinó amistat, però ara veig ben clar que t'estimo.

Al bell instant d'haver dit aquestes paraules tot el palau s'il·luminà, i va sentir-se arreu un remoreig de joia. Però Bonica no es donava compte de res, i seguia contemplant el monstre amb gran tendresa. Per fi, no podent resistir més, es cobrí la cara amb les mans, plorant de goig, i quan tornà a alçar els ulls el monstre ja no hi era. En compte d'ell, agenollat als seus peus hi havia un príncep graciós i gentil, que, amb ulls amorosos li donava les gràcies d'haver-lo alliberat del seu encanteri.

— Però on és el meu pobre monstre? Jo no vull ningú sinó ell — sanglotà Bonica.

— El monstre era jo — digué el príncep. — Una fada malèvola m'imposà aquella horrible aparença, i em prohibí de donar cap mostra de bell seny fins que una donzella bonica em volgués per marit. Tu ets l'única, oh Bonica!, que no m'has judicat ni pel meu aspecte ni pel meu seny obtús, sinó esguardant només el cor. Ara el meu cor serà teu, i amb ell totes les meves coses.

Bonica, d'allò més sorpresa, però molt feliç, deixà que el príncep la menés al palau, on trobà el seu pare i les seves germanes, que la fada del primer somni que tingué en aquell palau havia dut allí.

— Bonica — li digué la fada: — prou has fet bona tria i un bell guardó n'obtens, perquè un cor generós val mil vegades més que una bella figura o que un seny preclar. I pel que fa a vosaltres — digué dirigint-se a les dues germanes grans, — ja sé totes les vostres malifetes, però no sabria imaginar pitjor càstig per vosaltres que el de fer-vos presenciar la felicitat de la vostra germana.

"Pel meu voler, us convertireu en estàtues a la porta del seu palau, i quan estareu penedides i haureu expiat les vostres faltes, tornareu a ésser dones. Però, si voleu que us sigui franca, molt em temo que us caldrà ser estàtues sempre més.

LA GALLINA LINA

Un dia la gallina Lina buscava grans de blat entre la palla, quan —*xap!*—alguna cosa li caigué al caparró.

—Ai, pobres de nosaltres!—exclamà la gallina Lina.—¡El cel cau a bocins! Cal que vagi a avisar el rei de seguida!

Es posa a caminar i al cap d'una estona troba el gall Brivall.

—Bon dia, gall Brivall—li diu ella.

—Bon dia, gallina Lina—diu el gall Brivall.—¿On vas tan d'hora?

—Oh!—diu la gallina Lina,—vaig a avisar el rei que el cel cau a bocins.

—Em deixes venir?

—És clar que sí.

I la gallina Lina i el gall Brivall se'n van junts a avisar el rei que el cel està caient a trossos. Camina que caminaràs, heus ací que troben l'ànec Bellmànec.

—On aneu, el gall Brivall i la gallina Lina?

—Oh!, anem a avisar el rei que el cel cau a bocins—diuen la gallina Lina i el gall Brivall.

EL GALL DINDI GUINDI, L'OCA BADOCA, L'ÀNEC BELLMÀNEC...

—Em deixeu venir amb vosaltres?

—És clar que sí.

I la gallina Lina, el gall Brivall i l'ànec Bellmànec se'n van junts a avisar el rei que el cel està caient a trossos. Camina que caminaràs, heus ací que troben l'oca Badoca.

—On aneu, l'ànec Bellmànec, el gall Brivall i la gallina Lina? —diu l'oca Badoca.

—Oh!, anem a avisar el rei que el cel cau a bocins—diuen la gallina Lina, el gall Brivall i l'ànec Bellmànec.

—Em deixeu venir amb vosaltres?

—És clar que sí.

I la gallina Lina, el gall Brivall, l'ànec Bellmànec i l'oca Badoca se'n van junts a avisar el rei que el cel està caient a trossos. Camina que caminaràs, heus ací que troben el gall dindi Guindi.

— ¿On aneu l'oca Badoca, l'ànec Bellmànec, el gall Brivall i la gallina Lina?

— Oh!, anem a avisar el rei que el cel cau a bocins — diuen la gallina Lina, el gall Brivall, l'ànec Bellmànec i l'oca Badoca.

...AMB EL GALL BRIVALL I LA GALLINA LINA SEGUEIXEN LA GUINEU NYEU-NYEU

— Em deixeu venir amb vosaltres?

— És clar que sí.

I la gallina Lina, el gall Brivall, l'ànec Bellmànec, l'oca Badoca i el gall dindi Guindi se'n van junts a avisar el rei que el cel cau a bocins. Camina que caminaràs, heus ací que troben la guineu Nyeu-nyeu.

— ¿On aneu tan d'hora, el gall dindi Guindi, l'oca Badoca, l'ànec Bellmànec, el gall Brivall i la gallina Lina? — diu la guineu Nyeu-nyeu.

I la gallina Lina, el gall Brivall, l'ànec Bellmànec, l'oca Badoca i el gall dindi Guindi diuen a la guineu Nyeu-nyeu que van a avisar el rei que el cel està caient a trossos.

—Oh! —diu la guineu Nyeu-nyeu, —no és pas aquest el bon camí per anar a trobar el rei. Jo el sé de cor: voleu que us l'ensenyi?

—Oh, sí, ensenya'ns-el! —diuen la gallina Lina, el gall Brivall, l'ànec Bellmànec, l'oca Badoca i el gall dindi Guindi.

I se'n van tots plegats amb la guineu Nyeu-nyeu a avisar el rei que el cel està caient a trossos. Camina que caminaràs, arriben a la boca d'un forat estret i ombrívol.

Aquell forat era l'entrada del cau de la guineu Nyeu-nyeu.

Però no fou pas això el que la guineu Nyeu-nyeu digué a la gallina Lina, al gall Brivall, a l'ànec Bellmànec, a l'oca Badoca i al gall dindi Guindi. Els digué:

—Per ací s'entra a una drecera que porta al mateix palau del rei; hi arribareu ben aviat si seguiu els meus passos. Jo faré via al davant i vosaltres m'anireu seguint, ¿oi, gall dindi Guindi, oca Badoca, ànec Bellmànec, gall Brivall i gallina Lina?

—Oh!, de bon grat! —diuen la gallina Lina, el gall Brivall, l'ànec Bellmànec, l'oca Badoca i el gall dindi Guindi.

I la guineu Nyeu-nyeu entrà al seu cau, però al cap de poques passes es girà i esperà que anessin arribant el gall dindi Guindi, l'oca Badoca, l'ànec Bellmànec, el gall Brivall i la gallina Lina. I com que el gall dindi Guindi era el que anava al davant, no havia fet vint passes quan —*nyac!* —la guineu Nyeu-nyeu l'escapçà d'una queixalada. Llavors ve l'oca Badoca i —*nyac!* —li talla també el coll i me la tira al costat del gall dindi Guindi. Llavors ve l'ànec Bellmànec i —*nyac!* —ja me'l té degollat i l'avia al costat del gall dindi Guindi i de l'oca Badoca. Després arriba el gall Brivall i —*nyac!* —fa la guineu Nyeu-nyeu, però llavors li calen dues queixalades per a tallar-li el coll, i després de la primera mossegada el gall Brivall té temps de fer un crit a la gallina Lina, que es gira en rodó i es posa a córrer cames ajudeu-me; i el cert és que mai no va arribar a avisar el rei que el cel estava caient a trossos.

HISTÒRIA DE SINDBAD EL MARINER

Durant el regnat del califa Harun Al Rasxid vivia a Bagdad un pobre camàlic que es deia Hindbad.

Una vegada traginava un fardell molt pesant i entre la càrrega i la xafogor d'aquell dia, que era molt calorós, estava tan atuït que cada pas que donava li costava qui-sap-lo.

Així fatigat, va escaure's de passar per davant d'una casa molt bonica, a l'ombra de la qual donava bo d'estar, perquè, com que havien escombrat i regat el carrer, les pedres exhalaven una frescor delitosa. De la porta eixia un perfum exquisit. El camàlic, encantat, s'assegué a un banc que hi havia al costat de la porta i es posà a escoltar les dolces melodies dels instruments que algú feia sonar dins la casa i les joioses veus de la gent que cantava i que reia. També sentia el refilar de rossinyols que lloaven Alà, el nom del qual sigui enaltit ara i sempre.

El camàlic, d'allò més encuriosit, mirà cap a dintre la casa i hi veié un jardí d'ensomni, per on s'afanyaven esclaus i servidors. Lligant aquella visió amb la delitosa música i la flaire de menjars saborosos, es digué que allí celebraven una gran festa. Preguntà el nom de l'amo de la casa i en saber que el propietari era Sindbad, el famós viatger, alçà els ulls al cel i exclamà:

— Oh, Alà! ¡Tu dónes la riquesa a qui vols donar-la i condemnes a pobresa el que vols miseriós! ¡Has vessat l'abundor damunt l'amo d'aquesta casa, mentre que jo he de passar la vida traginant fardells dels altres, dissortat sempre i ple de fatiga!

Amb prou feines Hindbad havia acabat de lamentar-se quan s'avançà cap a ell un servent que li digué, agafant-li la mà:

— Entra! El meu amo et demana.

El camàlic entrà a la casa guiat pel servent, i es veié en una gran sala, plena de nobles i grans senyors. Hi havia a punt una bella estesa de menges exquisides i de deliciosos beuratges. Unes esclaves bellíssimes feien música i presidia la festa un ancià venerable que pregà Hindbad d'asseure's i li oferí una saborosa menja. Hindbad avançà, i havent dit: "¡En el nom d'Alà, el Compassiu, el Misericordiós!", menjà fins que el cor li digué prou i llavors féu la breu pregària: "Lloat sia Alà!", es rentà les mans, i donà les gràcies al seu amfitrió.

— Benvingut siguis — li digué l'amo de la casa. — ¿Com et dius, i quin ofici tens?

— Oh, missenyor! — digué Hindbad. — Em dic Hindbad i faig de camàlic.

Llavors l'amo de la casa li va dir somrient:

— He sentit com et lamentaves davant de casa meva, i et vull contar tot el que he passat i sofert abans d'assolir aquesta abundor. La meva història és ben bé meravellosa, plena de fatigues, de sofriments i de grans angoixes. He portat a cap set viatges, i cadascun d'ells és una meravellosa contalla.

I Sindbad es posà a contar el seu primer viatge.

Primer viatge: L'illa que era un peix

— Heu de saber, missenyors, que el meu pare era un gran mercader que posseïa abundoses riqueses, les quals van passar a les meves mans quan ell morí, però jo aviat vaig malmenar aquella fortuna en una vida de gaudis.

Penedit de les meves prodigalitats, em vaig vendre els vestits luxosos i tot el que encara em pertanyia, i, amb els diners que van donar-me'n, vaig comprar mercaderies i altres coses que em calien per viatjar. Embarcat en un vaixell, en companyia d'altres mercaders, férem via cap a les Índies passant pel golf de Pèrsia.

Recordo que ens havíem parat a comprar i vendre i a baratar mercaderies en més d'una illa, però un dia en veiérem una al mig del mar, voltada d'aigües tranquil·les, bella com els jardins del Paradís, i el patró del vaixell féu tirar l'àncora. Tots els passatgers vam baixar en terra i prenguérem fogons per encendre foc.

Alguns coïen la minestra, d'altres rentaven, i els de més enllà es divertien.

Tot d'una, el patró es posà a cridar tan fort com podia:

—Ei, passatgers! Apresseu-vos a tornar al vaixell! ¡Cuiteu, si voleu salvar la vida! Aquesta illa on sou no és pas una illa, és un gran peix que sura en alta mar. ¡Quan heu encès els focs, ha sentit l'escalfor i ha començat o moure's i ara temo que es colgui mar endins amb vosaltres i tot!

Ens afanyàrem cap al vaixell; però no tots van arribar-hi, perquè l'illa començà a moure's i s'enfonsà amb tot el que duia a sobre, i el vaixell, mentrestant, hissava veles i s'allunyava.

Jo em trobava entre els que es quedaren diguem-ne en terra, però Alà (que lloat sia ara i sempre!) em protegí i no em deixà morir ofegat. Vaig veure a poques passes un gran cubell de fusta que surava. Era el cubell que els passatgers feien servir per rentar la roba. M'hi vaig ficar, i, empès per les ones, vaig anar a la deriva tot un dia i una nit, i a la fi el cubell anà a raure al peu d'una illa alta i rocosa, on hi havia arbres que s'abocaven al mar. Vaig aferrar-me a una branca, i havent pogut arribar dalt de l'illa, em vaig deixar caure en terra, talment com un mort. Fins l'endemà d'aquell dia no vaig recobrar els sentits, i em trobava extremadament atuït en tornar a tenir consciència de les coses. Vaig passar alguns dies nodrint-me de fruites i d'aigua dolça que en aquella illa podia obtenir molt fàcilment. Així que em tornaren les forces, recolzant-me en un bastó que m'havia fet, vaig anar illa endins, i al cap de bella estona veig una prada on pasturava un estol de cavalls. Mentre m'hi atansava eixí un home d'una cova i vingué cap a mi. Quan fou a la vora va dir-me:

—Qui ets? Digue'm qui ets i d'on véns!

Jo li vaig contar la meva aventura i llavors m'acompanyà a la cova, em féu seure i em portà menjar.

Després va dir-me:

—Has de saber que som els servidors del rei Mihrage; tenim cura dels seus cavalls, i els portem a pasturar en aquests paratges.

I mentre parlava, van arribar els seus companys, portant cadascun una euga per la brida i, sorpresos de veure un foraster a la seva balma, volgueren esbrinar qui era i quan el servent que m'havia dut allí els ho hagué explicat fil per randa van fer-me menjar a llur taula. Un cop finit l'àpat, tots muntaren a cavall i se m'emportaren amb ells.

Vam cavalcar fins a la ciutat del rei Mihrage, i els servents s'avançaren a contar la meva història a llur amo, que em rebé amb molta bondat.

— Oh, fill meu! — em digué. — ¡De bo de bo has estat objecte d'una protecció extraordinària! ¡Alà sigui lloat per l'ajut amb què et distingí!

Em tractà amb molta benvolença, em conferí el càrrec de guardià del port de la mar, i així fou com vaig esdevenir un gran personatge.

Vaig exercir el meu càrrec una bella tongada i per distreure'm l'esperit anava visitant les illes pertanyents als dominis del rei Mihrage. En una de les que vaig visitar, de nits se sentia un misteriós timbaleig, i em van dir que allí vivia el geni estrany i pèrfid que anomenem Dagial, el qual només té un ull al mig del rostre. També vaig veure, en el tros de mar que s'escau al volt d'aquella illa, un peix de dues centes colzades de llargària i un altre peix amb cap de mussol i un bell munt de coses rares i meravelloses.

Un dia m'estava a la sorra, prop del mar, amb un bastó a les mans, com solia fer tantes vegades, i heus ací que veig un gran vaixell que s'atansava al port. El patró manà plegar veles, féu tirar l'àncora, i després vaig veure com els mariners portaven la càrrega del vaixell cap a terra. Llavors vaig preguntar al patró:

— No us queda res més al vaixell?

— Sí, missenyor — em respongué; — porto unes mercaderies a la bodega, però el que n'era el propietari morí ofegat, i voldríem vendre-les per poder enviar el que en traguem a la família que el difunt ha deixat a Bagdad, l'Estatge de la Pau.

— ¿I quin era — vaig preguntar — el nom d'aquell home, de l'amo de les mercaderies?

— Aquell home es deia Sindbad el Mariner — em respongué el patró, — i s'ofegà durant un viatge que feia amb mi.

En sentir això, fixant-me bé en el patró, el vaig reconèixer; i li vaig dir, molt afectat:

— L'amo d'aquelles mercaderies sóc jo! ¡Jo sóc Sindbad, Sindbad el Mariner!

I li vaig contar fil per randa tot el que m'havia passat. Però el patró va dir-me:

— Un impostor: heus ací el que tu ets! En saber que és mort l'amo d'unes mercaderies que porto al vaixell, vols apropiar-te-les sense gastar ni un xavo, fent-te passar pel difunt. Tant els mariners com jo, vam veure Sindbad al bell instant que s'enfonsava, junt amb altres passatgers, i cap d'ells no se salvà.

Però vaig anar dient-li tot el que havia fet d'ençà que havia sortit amb ell de la ciutat de Bagdad, i també li vaig fer memòria d'algunes petites desavinences que hi havia hagut entre ell i jo, i llavors el patró i els altres mercaders es convenceren de la meva sinceritat i reconeixent-me com a Sindbad el Mariner em van tornar les mercaderies, sense que hi faltés ni un fil, i, després de desfer els fardells, vaig triar coses de molt preu i les vaig anar a ofrenar al rei. Quan sabé el que havia esdevingut em distingí amb moltes honors i m'oferí un magnífic present per agrair la meva finesa. Llavors vaig vendre els meus fardells i vaig comprar altres coses d'aquella ciutat — fusta de sàndal, àloe, càmfora, nous moscades, clavell i gingebre — i després, obtinguda la vènia del rei, vaig disposar-me a tornar al meu país, per veure novament els de la meva nissaga. En acomiadar-se, el rei em donà un munt de coses belles i precioses.

La Fortuna ens fou favorable i arribàrem sans i bons a la ciutat de Basora, des d'on vaig fer cap a Bagdad. Els meus béns i mercaderies tenien un valor de cent milers de sequins i vaig comprar-me'n més servents, esclaus negres, cases i moblatge, que no havia tingut mai.

Content de veure'm de bell nou entre els amics i companys, anava oblidant les penes i treballs dels meus viatges. Vaig viure una bona tongada voltat de gaubances i menjant les minestres més exquisides. I heus ací que ja som al capdavall de les coses que s'esdevingueren durant el meu primer viatge. Demà, si Alà (lloat sigui ara i sempre) ens ho permet, et contaré la història de la meva segona eixida enllà dels mars.

Llavors Sindbad el Mariner va fer sopar Hindbad amb ell a la seva mateixa taula, i quan van haver acabat li féu present de cent monedes d'or. Aquella nit hi hagué gran alegria a casa del pobre bastaix: la muller i els fills no sabien avenir-se'n, i l'endemà, resada l'oració matutina, l'homenet va encaminar-se a casa de Sindbad el Mariner, que l'acollí amb benvolença. Un cop foren allí tots els companys i hagueren tots menjat i begut fins a sadollar-se, Sindbad, observant la joia als rostres de tothom, començà:

El segon viatge: La vall dels diamants

Heu de saber, oh germans meus!, que, tal com ahir us deia, vaig dar-me bona vida fins que un dia em vingué el daler de visitar terres estranyes i de veure tots els països i les illes del món. Decidit a emprendre molt aviat un nou viatge, vaig gastar-me un munt de diner a comprar coses de fàcil vendre i les vaig lligar acuradament en fardells, a punt d'embarcar-les. Llavors que faig via cap al riu, per donar una ullada als vaixells i me n'agradà molt un de nou, ben aparellat, amb tripulació molt nombrosa, i vaig fer-hi embarcar les meves mercaderies, tal com feien també molts d'altres mercaders, que van salpar amb mi aquell mateix dia. Va ser un bell viatge, us dic que ho fou de bo de bo. Recorríem els mars, visitàvem les illes, i arreu on ancoràvem podíem fer bones compres i vendre a bell cor i baratar mercaderies. Fins que vam arribar a una illa exuberant, coberta d'arbres carregats de fruita a punt de collir: però era una illa ben deserta. Els meus companys i jo vam voler baixar-hi: me'n vaig anar a jeure sota els arbres, ran mateix d'una font d'aigua claríssima, però ajagut en aquell dolç ombratge i respirant l'aire olorós, m'anà entrant son i em vaig ben adormir. I en despertar-me estava sol a l'illa. El patró no s'havia recordat de mi i m'havia deixat en terra.

No tenia menjar ni beure, havia perdut els meus béns i estava aclaparat i talment cansat de viure. Vaig posar-me a plorar i gemegar i a maleir-me per haver emprès aquell dissortat viatge precisament quan estava tan i tan bé a casa meva. Em penedia de tot cor d'haver sortit de Bagdad i d'haver pujat al navili. Al cap d'una estona, però, jo que em poso a vagar per l'illa. Pujo al bell cim de l'arbre més alt que puc trobar i em veig tot sol voltat de cel i mar, arbres, ocells, roques i sorra. Mirant amb atenció per totes bandes, vaig veure molt lluny una enorme clapa blanca, que d'allí estant no podia atalaiar gaire bé. Baixo de l'arbre i sense parar-me gens m'hi encamino, i heus ací que el que m'havia semblat una clapa era un gran munt, com un pujol ovalat, d'immensa circumferència. Un cop arribat a tocar-lo, no trobant enlloc una entrada, i veient que la llisor de les parets no em permetria d'assolir-ne el cim, vaig decidir fer un senyal en el lloc on em trobava i donar la volta a aquella mena de garriga tot comptant les meves passes, i ¿sabeu quantes vaig fer-ne abans de trobar el meu senyal? Cinquanta de ben llargues.

Tot d'una em semblà que se'm feia fosc, que el sol s'apagava. Jo em creia que un núvol el devia tapar, però, ¡quina no fou la meva sorpresa, quan, alçant el cap, vaig veure volar pel cel un gran ocell, enorme de cos i d'ales, que era el que tapava el sol i enfosquia tota l'illa! Llavors em vingué a la memòria una història que algú aficionat als viatges m'havia contat temps enrera. Diu que en certes illes hi ha un ocell d'enormes proporcions que és anomenat roc, i que sol alimentar els seus fills d'elefants sencers. Era de suposar, doncs, que aquell munt blanc fos un ou d'algun ocell d'aquella mena, i vaig sentir-me ple d'admiració envers les obres d'Alà, que lloat sigui ara i sempre!

L'ocell vingué a posar-se damunt l'ou, i abrigant-lo amb les ales, s'anà aclofant i restà adormit tot covant-lo. Llavors vaig desfer-me el meu turbant i el vaig fer servir de corda per lligar-me ben lligat a una de les potes de l'ocell, perquè em deia: "Potser em portarà a algun país habitat, i sempre em valdrà més que no pas romandre en aquesta illa."

No vaig poder dormir en tota la nit, i en fer-se clar l'ocell s'alçà del seu ou, féu un gran xiscle, i volà cel amunt, sense adonar-se del meu pes. Després d'haver planat a gran alçària, es deixà caure a poc a poc, fins que es parà en terra ferma. Així que vaig sentir que es posava, tot jo tremolant de por, però tan de pressa com em fou possible, vaig deslligar el meu turbant per poder allunyar-me de la pota de l'ocell, i vaig cuitar a fugir. El roc picotejà alguna cosa entre les potes i tornà a enlairar-se, i vaig poder veure que el que havia agafat i s'emportava mar enllà era una serp llarguíssima.

Jo em trobava llavors en una vall molt extensa, tancada a tot volt per un massís de muntanyes tan altes que no en podia veure el cim; i tampoc no podia pujar-hi, perquè eren massa escarpades, i vaig penedir-me d'haver abandonat la meva illa.

"Tant de bo no n'hagués sortit", em deia. "Prou era de més bon estar que no en aquest paratge solitari. A l'illa trobava tota la fruita que volgués menjar i tota l'aigua que em calia, però ací no hi ha ni un sol arbre ni el més ínfim rierol! ¡Ja et dic jo que no surto de cap calamitat si no és per caure en una altra de més terrible!"

A la fi, prenent coratge, m'endinso en aquella vall, i imagineuvos el que vaig veure: tot el terreny era cobert de diamants magnífics, uns blocs tan durs que ni ferro ni pedra no els haurien esmicolat.

D'altra banda, però, vivien allí uns serpents verinosos, prou grossos per a poder empassar-se un elefant sencer. Sortien de llurs caus a la nit, i de dies s'amagaven tement que no els arrepleguessin els rocs, que, si podien atrapar-los, en un tancar i obrir d'ulls els feien a miques. Començava a vesprejar i ja m'anguniejava de no trobar un lloc ben protegit contra les serps per passar-hi la nit, quan no gaire lluny vaig veure una cova molt estreta d'entrada amb una pedra molt grossa al davant. Vaig decidir, doncs, de reposar tranquil en aquella cova i anar-me'n quan fos de dia a esbrinar la manera de fugir d'aquella vall.

Estant a punt d'adormir-me, se m'acudí de mirar cap al fons de la cova, i vaig veure-hi una serp enorme, adormida sobre els seus ous. L'esglai em tingué tota la nit desvetllat i tremolós, i quan de bon matí vaig decantar la pedra per allunyar-me de la cova, l'insomni, la fam i la por em tenien mig foll.

AMB EL TURBANT VAIG LLIGAR-ME A UNA POTA DE L'OCELL

Feia camí vall enllà quan, tot de sobte, caigué davant meu una bèstia morta bastant grossa, tota espellada. No vaig veure ningú per aquells volts i no m'explicava d'on havia eixit aquella carnassa, fins que vaig recordar-me d'una història que també havia oït en llavis de certs mercaders i de gent aficionada als viatges. Diu que és d'allò més difícil d'arribar a les muntanyes dels diamants i que ningú no ha pogut mai arreplegar-ne amb els seus propis dits. Els mercaders, per obtenir-los, han de valer-se d'un estratagema. Maten un be, l'espellen, el desossen i de dalt de les muntanyes estant tiren la seva carn a la vall pregona i com que la carn és tendra i humida sempre hi resten adherits alguns diamants. Els mercaders llavors s'amaguen i en essent al migdia uns ocellassos baixen a la vall, agafen la carn amb les urpes i se l'emporten al cim d'una muntanya. Els mercaders, que els han estat espiant, es posen a fer grans crits i quan han aconseguit fer-los fugir, recullen els diamants adherits al be destroçat, i abandonen aquella carn esquinçada als ocells i bèsties salvatges i se'n tornen a llurs terres. No hi ha pas cap altra manera d'arreplegar els diamants d'aquell estrany país. En veure, doncs, als meus peus la bèstia morta, vaig apressar-me a triar els diamants més grossos i bonics per emplenar-me'n les butxaques i el turbant. També vaig amagar-me'n entre la roba. I mentre ho feia heus ací que cau davant meu una altra bèstia morta. Vaig subjectar-m'hi amb el turbant i, ajagut de cara enlaire, aferrant contra el meu pit aquella carn fastigosa, vaig esperar. Molt aviat arribà un ocellàs, agafà la carn amb les urpes, i ja em teniu volant fins al cim de la muntanya on s'aturaven els ocells. En el moment que l'ocell tocà terra se sentí una gran cridòria i l'estrèpit d'un tronc d'arbre que queia. L'ocell, espantat, deixà la presa i fugí.

Vaig desfer-me del be mort i vaig esperar el mercader que havia mogut tot aquell xivarri. Quan em veié, dret, a la carena s'esglaià moltíssim i després, en constatar que no hi havia diamants enganxats a la carn, esclatà la seva indignació.

—¿Qui ets — va dir-me — tu que m'has portat aquesta malaventura?

— No temis res, no t'alarmis — li vaig respondre. — Sóc un ésser humà, un mercader com tu mateix. M'acaba de passar una aventura prodigiosa, un episodi més de la meva vida extraordinària. Porto a sobre un bell munt de diamants, i me'ls partiré amb tu, per rescabalar-te del que has perdut.

Ell va donar-me les gràcies i conversàrem una estona. Mentrestant els altres mercaders s'havien adonat que llur company parlava amb mi, i vingueren a veure qui era. Els vaig contar la meva història i totes les calamitats d'aquell viatge. Després vaig lliurar una part dels meus diamants a l'amo del be al qual m'havia lligat per poder pujar al cim de la muntanya. I vaig passar la nit amb els comerciants, molt joiós d'haver pogut escapar-me de la sinistra vall de les serps.

L'endemà ens posàrem en camí, i vam arribar a una ciutat, on vaig baratar una part dels meus diamants per bocins de plata i or i per diverses mercaderies. Després vaig anar de contrada en contrada, de ciutat en ciutat, comprant i venent, fins arribar a Bagdad, l'Estatge de la Pau. Els meus familiars em veieren entrar a casa, carregat de diamants, d'or i de diners. A ells i als meus amics em fou grat d'oferir-los presents de tota mena. Vaig repartir abundoses almoines i de mica en mica, en mig de les festes, voltat d'amics i companys, les penalitats que havia sofert se m'esborraren de la memòria.

Heus ací que ja us he explicat fil per randa el meu segon viatge. Amb la vènia d'Alà (lloat sigui ara i sempre) demà us contaré les peripècies del tercer.

Quan Sindbad donà per finida la seva narració, tots els que l'escoltaven van expressar llur meravella. Soparen amb ell, i en acomiadar-se del camàlic, Sindbad el Mariner li oferí cent monedes d'or, com el dia abans. L'endemà, quan tots ja tornaven a ésser reunits, Sindbad el Mariner començà el

Tercer viatge: El viatge meravellós

Heu de saber, oh germans meus!, que el meu tercer viatge fou més meravellós que els dos precedents. De retorn de la segona eixida, vaig residir algun temps a Bagdad voltat de prosperitat, de gaudis, de joia i benaurança, però cor endins sentia el daler de veure coses noves, tornava a esperonar-me el desig de viatjar.

I vaig decidir no demorar la meva partida. Havent-me proveït de coses per mercadejar, vaig embarcar-me en un gran vaixell en companyia d'altres comerciants i passatgers. Vam anar recorrent mars, visitàvem illes i ciutats i a tot arreu ens divertíem i fèiem bons negocis.

Un dia ens trobàvem en alta mar, enmig d'una tempesta molt forta, i de sobte, el patró, que era a un dels extrems del vaixell, manà plegar les veles, féu tirar les àncores i colpejant-se el cap, arrencant-se els pèls de la barba i esquinçant-se la roba ens cridà:

— Oh passatgers!: el vent ens ha desviat de la bona ruta, i ara la nostra desventura ens empeny cap a la Muntanya dels Simis. Ningú dels que hi han anat a raure no ha pogut sortir-ne viu.

I de seguida ens veiérem el vaixell voltat per totes bandes de simis, compactes com una plaga de llagosta. N'hi havia tants que no gosàvem intentar matar-los o fer-los fugir, tement que, així que en toquéssim un, tots se'ns llançarien a sobre i ens destroçarien. Eren les bèsties més lletges que s'hagin vist mai: petits, negrosos de pelussa i de cara, i d'ulls groguencs. S'enfilaven pels llibants i els rosegaven fins a rompre'ls; també van fer-nos malbé tots els cordatges més prims, i el vaixell, lliurat a mercè del vent, anà a raure a l'illa. Els simis ens forçaren a desembarcar, s'instal·laren al vaixell i, allunyantse mar enllà, ens van deixar sols en aquella illa. Tots ens preguntàvem on diantre devien voler anar.

Vam anar explorant l'illa fins que descobrírem un alt pavelló, amb una gran portalada de banús. Com que era obert, vam entrarhi, i ens trobàrem en un pati espaiós, amb portes molt altes a tot volt. S'hi veien estres de cuina penjats vora llars de foc i molts ossos per terra. Cansats com estàvem, ens estiràrem sobre un gran banc que hi havia, i ens vam adormir. Tot d'una ens sobresaltà un gran estrèpit i ens va semblar que la terra trontollava, i heus ací que veiem entrar al pavelló un monstre de forma humana, però d'unes proporcions inversemblants. Era negre tot ell i tan alt com una palmera. Tenia els ulls flamígers i de la boca enorme li sortien uns ullals tal-

EL MONSTRE AGAFÀ EL PATRÓ TALMENT COM EL CARNISSER AFERRA UNA BÈSTIA PER MATAR-LA

ment de porc senglar; els seus llavis, grossos com els d'un camell, li queien damunt del pit, i les orelles li arribaven a l'espatlla. Les seves ungles eren talment urpes de lleó. En veure'l, l'esglai ens glaçà el cor. El monstre va atansar-se, i agafant-me amb una sola mà m'alçà de terra, m'ensumà i m'inspeccionà amb molta calma: jo venia a ésser per a ell un mos insignificant, i trobant-me massa escardalenc, em deixà a terra, i anà inspeccionant els meus companys un per un, fins que arribà el torn al patró del nostre vaixell, que era un home corpulent i ample d'espatlles. L'agafà talment com el carnisser aferra una bèstia per matar-la, i després de rebotre'l contra terra, li esbotzà el clatell d'un cop de taló.

Després l'enfilà a un ast, encengué un bon foc, i anà girant l'ast fins que el pobre patró va ésser ben rostit. Llavors el tragué de l'ast i l'anà tallant amb la mateixa facilitat amb què hom talla un pollastre. No deixà ni una engruna de carn i després de rosegar els ossos i de tirar-los a la llar, s'ajagué a dormir sobre el banc on nosaltres havíem dormit i haguérem d'escoltar la seva respiració horriblement sorollosa.

Tots ploràvem i ens dèiem: "¡Tant de bo haguéssim mort ofegats en mar o devorats pels simis! Prou hauria valgut més que morir així."

I ens vam posar a buscar un lloc per amagar-nos. Però no ens fou possible de trobar cap amagatall, i quan es féu de nit la por mateixa ens tornà a aquell pati. No hi havia gaire que sèiem quan vam sentir trontollar la terra, i el monstre negre se'ns tornà a atansar, ens mirà i palpà un per un fins a trobar el que li plagué més de tots nosaltres; i havent-lo aferrat el matà i el rostí i se'l menjà tal com ho havia fet amb el patró del vaixell. Després es posà a dormir, i tornà a roncar d'aquella manera esfereïdora. L'endemà es llevà i sortí cap a la seva taleia.

Llavors algun dels meus companys va dir:

— Hem de trobar un estratagema per matar-lo i fer-lo desaparèixer de la faç de la terra!

— Escolteu-me, germans meus — jo vaig respondre: — si volem matar-lo, primer de tot cal que fem uns quants rais amb aquests troncs d'arbre, un per a cada tres homes; després el matem i fugim en els rais cap a l'indret on Alà vulgui guiar-nos. I, suposant que no puguem arribar a matar-lo, de totes maneres podrem provar de fugir en els rais, i si ens ofeguem, almenys ens haurem escapat d'ésser rostits pel monstre!

Tots van convenir amb mi que això era la millor cosa que podíem fer, i un cop construïts els rais, vam deixar-los carregats de provisions i ben amarrats a la platja. I llavors ens en tornàrem a casa del gegant.

En ésser el vespre, el monstre arribà, enfurismat com un gos rabiós. Ens palpà i ensumà l'un després de l'altre i sacrificà cruelment el pobre dissortat que li va plaure més. Se'l menjà i s'adormí al banc, com sempre.

Així que el sentírem roncar agafàrem dos asts de rostir i els posàrem al foc. Quan s'hagueren tornat rojos, ens acostàrem al monstre i, prement tots alhora, li vam travessar les parpelles closes, i vam remoure els asts dintre les conques perquè li quedessin els ulls ben destruïts.

El monstre s'alçà, xisclant d'una manera esgarrifosa, i nosaltres ens escapàrem fàcilment sense que ens pogués agafar. No ens veia: l'havíem deixat completament orb. Tot palpant va arribar a la porta i es posà a caminar cridant tan fort que tota l'illa tremolava.

Ens apressàrem cap als rais, i tot just hi havíem arribat, veiérem tornar el monstre, en companyia d'una femella més grossa que ell i encara més horrible. En veure-la vam cuitar a varar els rais i a empènyer-los cap al mar.

Però els monstres agafaren roques senceres i ens les llançaren, i així van destroçar tots els rais llevat d'un, i els que hi anaven van morir ofegats.

De tots els que havíem anat a raure a aquella illa, només érem tres supervivents: dos companys i jo, els únics que poguérem arribar amb el nostre rai fins a una altra illa.

Hi baixàrem i l'exploràrem fins que se'ns va fer fosc i haguérem de parar-nos a dormir. I compteu quin no fou el nostre esglai l'endemà al matí en veure'ns voltats per una serp monstruosa, extraordinàriament gruixuda i llarga. Avançà cap a un dels meus companys, l'engolí primer fins a les espatlles i després se l'acabà d'empassar tot sencer, mentre nosaltres sentíem clarament com li cruixien les costelles. Estàvem d'allò més apesarats per la mort del nostre company i plens de temença pel destí que pogués esperar-nos.

— ¡Tanmateix cada mort que veiem és més horrible que les altres! — exclamàvem.

Quan va tornar a ésser nit, el meu company i jo pujàrem a dormir dalt d'un arbre altíssim. En fer-se clar, comparegué la serp, sotjant d'una banda a l'altra, i per fi, arribant-se al peu de l'arbre on ens estàvem, s'enfilà fins a abastar el meu company, l'engolí tot secer fins a les espatlles, s'enroscà a l'arbre, i vaig sentir com es petaven els ossos del meu pobre amic. Llavors la serp se l'acabà d'empassar, baixà de l'arbre i va allunyar-se.

Sense esma de moure'm, esfereït com estava, no vaig baixar d'aquell arbre fins ben alçat el dia. Se m'acudí la idea de llançar-me al mar, però no vaig poder decidir-m'hi: m'estimava massa la vida. El que vaig fer fou lligar-me un gran tros de fusta als peus, formant creu, dues fustes a banda i banda del cos i una altra de ben grossa al cap, també formant creu, com la que m'havia lligat als peus. Un cop ben assegurats els lligams, vaig ajeure'm a terra, i així em trobà la serp: enclòs entre les fustes com dins d'una capsa. Provà d'engolir-me, però no pogué. Anava donant volts entorn meu, em deixava i em reprenia, però no li era possible d'engolir-me per cap banda, perquè les fustes l'en privaven.

El sol va pondre's, però m'escometé encara tota la nit fins a punta de dia, i llavors, exasperada i cansada, em deixà estar, i se n'anà.

Vaig desfer-me de les fustes i, més mort que viu, vaig vagar una mica per l'illa, però mirant mar endins em semblà veure un vaixell a gran distància. Vaig córrer a buscar una branca, i a fer senyals i crits als mariners del vaixell, i finalment em veieren. S'arribaren a la platja i se m'emportaren cap a llur vaixell. Vaig haver de contar-los tot el que m'havia esdevingut, i ells em deixaren roba i em feren menjar fins que vaig sentir-me reconfortat i tranquil.

Continuàrem el viatge fins a una illa coneguda amb el nom d'"illa de Selahit", on abunda el sàndal. El patró féu ancorar el vaixell i els mercaders i la resta del passatge van anar-se'n a comprar i vendre. Fou llavors que el patró del vaixell em digué:

—Ets foraster i pobre, i t'has vist ple de calamitats. Vull ajudar-te a tornar al teu país. Sàpigues que un mercader que venia amb nosaltres s'ha perdut durant el viatge. Faré que et donin les seves mercaderies perquè miris de vendre-les en aquesta illa. El que en treguis ha d'ésser per a la seva família, però si vols encarregar-te de vendre les mercaderies, et donarem alguna cosa pel servei que ens hauràs fet.

Molt agraït d'aquest oferiment tan bondadós, vaig acceptar l'encàrrec de seguida.

El patró manà als camàlics i mariners que portessin les mercaderies en terra.

—Escriviu sobre cada fardell—els digué—el nom de Sindbad el Mariner, que vam perdre en l'Illa del Roc i del qual no hem sabut mai més res.

En sentir això no vaig poder retenir un gran crit:

—Oh, senyor, jo sóc Sindbad el Mariner! ¡Ja ho veieu: sóc viu, encara!

I li vaig contar totes les meves peripècies. Mentre parlava, un dels mercaders, sentint-me anomenar la Vall dels Diamants, s'atansà i digué:

—Escolteu-me, oh companys! Ja sabeu, perquè us les he contades, les coses meravelloses que he vist durant els meus viatges. No haureu pas oblidat que, una de les vegades que vaig tirar una bèstia escorxada a la Vall dels Diamants, després vaig trobar un home ben lligat a aquella bèstia, i vosaltres no vàreu voler creure'm, i em vau dir que mentia. Doncs bé: aquest és l'home que vaig treure de la Vall dels Diamants. Em donà, aquell dia, diamants de gran preu, em féu saber que es deia Sindbad el Mariner, i em referí com el vaixell en què viatjava l'havia deixat a l'Illa del Roc.

Quan el patró sentí aquestes paraules, em mirà una estona fit a fit i em preguntà:

— I quina era la contrasenya de les teves mercaderies?

— Mira — li vaig respondre: — era de tal manera i de tal altra.

Llavors restà convençut que jo era, realment, Sindbad el Mariner i m'abraçà tot alegrant-se de veure'm bo i sà.

Les meves mercaderies em produïren guanys quantiosos en totes les illes on compràrem i venguérem abans d'arribar a Basora, on vaig sojornar alguns dies, esperant el moment de tornar a Bagdad a retrobar la meva gent i els meus companys i amics. Satisfet de veure'm altre cop salvat, vaig oblidar totes les penalitats sofertes. Demà, si Alà ho permet (lloat sigui ara i sempre), us contaré el meu quart viatge, que encara és més meravellós que els altres.

Llavors Sindbad donà cent monedes d'or al camàlic i tots van sopar meravellats d'aquelles fetes prodigioses.

L'endemà, a l'hora convinguda, tothom s'aplegà al mateix indret, i Sindbad el Mariner començà a explicar el

QUART VIATGE: EL SEPULCRE

Heu de saber, oh germans meus!, que al cap de poc temps d'haver tornat a Bagdad, on havia retrobat les meves amistats i coneixences, i on menava una vida plena de gaudis, em tornaren a venir desigs de veure gent i de córrer de bell nou els atzars de la vida de mercader. Vaig proveir-me de gèneres valuosos, i quan foren a punt per a ésser embarcats vaig anar a triar un vaixell a Basora, i havent-hi fet carregar les meves mercaderies, vaig aplegar-me amb un estol de gent acimada d'aquella ciutat, i partírem tots junts.

Us dic que fou un bell viatge. Vam anar recorrent illes fins que se'ns alçà un vent contrari. El patró féu tirar l'àncora perquè preveia el perill que s'atansava, i el vaixell s'aturà en plena mar. De sobte, esclatà un violent temporal que esquinçà les veles del nostre vaixell i l'enfonsà amb tots els qui hi navegàvem. Jo vaig veure'm submergit com tothom, i em calgué aguantar-me a flor d'aigua un grapat d'hores. Però Alà (lloat sigui ara i sempre!) permeté que alguns dels mercaders i el que ara us parla poguéssim aferrar-nos a un tros de fusta del vaixell esmicolat. L'endemà d'aquell naufragi s'aixecà un vent impetuós, el mar s'agità moltíssim i les onades i el vent ens llançaren contra una illa.

Vam dormir a la sorra i quan es féu clar ens posàrem a caminar per l'illa fins que vam albirar un edifici, bastant lluny de nosaltres. Així que fórem a l'entrada d'aquell edifici, se'ns atansaren uns homes negres, completament nus, que s'abraonaren damunt nostre sense dir paraula i ens menaren a la presència de llur rei. El sobirà ens féu romandre asseguts davant seu mentre els seus servents negres ens portaven un menjar repugnant, que em regirà les entranyes. Jo, amb prou feines el vaig tastar, però, en canvi, els meus companys menjaren amb avidesa.

Estava estemordit de pensar què ens esperava, als meus companys i a mi, perquè veia ben clar que aquells homes eren caníbals. Prou endevinava els costums d'aquell país: sempre que algú arribava a l'illa o queia d'una manera o altra en mans dels negres, aquests l'agafaven i el portaven al rei. Després el nodrien fins que estava ben gras i llavors el mataven, el rostien i el servien al monarca. Però a mi no pogueren pas engreixar-me: la fam i la por em deixaren només amb la pell i l'os i els negres, veient-me d'aquella manera, m'alliberaren i no es recordaren més de mi.

Un dia, tot rodant per l'illa, vaig veure un camí a mà dreta, i vaig endinsar-m'hi. Caminava dia i nit, alimentant-me tan sols d'herbes i de l'aigua de les fonts que trobava. Fins que, en escaure's el vuitè dia, vaig arribar a un grup d'homes que collien pebrots. Quan s'adonaren de mi, m'envoltaren preguntant-me:

—Qui ets? D'on has vingut?

Els vaig contar el meu cas i tots els horrors i sofrences que havia passat, i ells, un cop acabaren la feina, em dugueren a llur illa i em presentaren al seu rei, que em rebé amb gran bondat i volgué saber la meva història. Havent-la escoltada, se'n meravellà d'allò més i em féu servir un bon àpat. Després, vaig demanar la seva vènia per anar a recórrer la ciutat. Era una ciutat populosa, pròspera i rica; hi havia mercats importants amb gran moviment de compradors i venedors.

Al cap d'alguns dies, vaig notar que la gent d'aquella ciutat, tant els rics com els pobres, muntaven uns cavalls excel·lents, però sense ensellar, i això em causà gran estranyesa. Aviat se'm féu palès que ningú d'aquella terra no havia vist mai cap sella ni tenia la més lleu idea del que pogués ésser aquell estre. Vaig cercar un fuster esparpillat, qui, seguint les instruccions que jo li donava, em féu una sella amb fusta, cuir i feltre; després vaig descriure a un forjador la forma que tenen els esperons, i quan me n'hagué forjat un parell molt ben fets, jo mateix els vaig lligar al capdavall d'una cinta de seda.

Llavors ja podia presentar al rei un cavall guarnit: amb sella, esperons i brides. El rei, en veure avançar un dels seus cavalls ensellat, em donà les gràcies d'haver-me basquejat talment, i volgué muntar-lo.

Aquell nou sistema li plagué d'allò més i em féu un present magnífic. El seu Visir, molt agradat de la sella del rei, en volgué una de semblant, i jo la hi vaig fer. Tots els nobles i poderosos van voler tenir també una sella i vaig guanyar-me una bella fortuna a més de l'estima general, amb l'ajut, no cal dir-ho, del fuster i del forjador, als quals no retenia pas la part de guany que els pertocava. Un dia que seia prop d'ell voltat d'honors i amb el cor ple de gaudi, el rei em va dir:

— Oh Sindbad, l'amic que tots honorem! No volem de cap manera que et separis de nosaltres; fóra un dol per tothom si un dia abandonaves la nostra ciutat. He pensat, doncs, de donar-te una muller bella, mestressa de grans riqueses, ornada d'encisos incomptables, i pregar-te que vulguis viure vora meu en un palau. Confio que no t'oposaràs al daler del meu cor.

No vaig poder negar-me al que el rei em demanava. Féu venir, doncs, tot seguit, el Cadí i els testimonis, i em fou donada per muller una dona d'admirable bellesa, de noble ascendència, posseïdora de riqueses i béns abundosos. El rei m'ofrenà un bell i espaiós casal, i em donà servents i súbdits. La muller que em fou destinada es mostrà digna del meu afecte i m'estimà tendrament. Tots dos vivíem molt feliços.

Un dia un veí meu, amb qui m'unia una viva amistat, perdé

la seva muller, i jo vaig anar a aconhortar-lo. El veia molt abatut de cos i d'ànima, i per encoratjar-lo li vaig dir:

—No ploris més la teva dona, amic meu. Alà, tal vegada, te'n donarà una altra encara més perfecta.

Però ell, plorant amargament, em respongué:

—Oh noble amic! ¡Com vols que em casi amb una altra dona si només em resta un dia de vida! Avui enterraran la meva muller, i a mi em deixaran al costat d'ella en el sepulcre. És costum del nostre país sepultar el marit vivent amb la seva dona, si la muller mor primer, i la dona amb el marit si la que sobreviu és ella. Així, ni l'un ni l'altre no poden gaudir en la solitud el do de la vida.

Mentre parlava el meu veí, heus ací que arribà gent de la ciutat. Van anar a perfumar el cos de la morta, com solen fer-ho en aquell país, i se l'emportaren dins un taüt, amb tots els seus vestits, ornaments i riqueses, fent que el marit anés amb el seguici. Sortiren de la ciutat i arribaren a una muntanya prop de la costa. Quan foren a cert indret alçaren una gran llosa que tapava la boca d'una mena de pou i van deixar caure el cos de la difunta dins aquella balma de la muntanya.

Llavors van agafar el marit, li lligaren sota els braços una corda de fibres de palmera, el baixaren dins la balma i després feren davallar fins a ell un gran gerro d'aigua dolça i set pans. El marit, un cop al fons d'aquella balma, es desféu de la corda i els de dalt l'estiraren i l'enretiraren d'allí, i després taparen de bell nou la boca de la balma amb la llosa.

En ésser altra vegada a la ciutat, vaig anar a trobar el rei, i li vaig dir:

—Oh rei, honor del nostre temps! Si la muller d'un foraster com jo es moria, l'enterraríeu també segons costum d'aquest país?

—Sí, certament—em respongué el rei.—Enterraríem el marit amb la muller tal com has vist que es feia.

En oir aquestes paraules vaig sentir-me esbalaït, i de llavors ençà vivia amb la temença de veure morir la meva muller primer que jo, d'haver d'ésser sebollit, bo i viu, amb ella.

Al cap de molt poc temps la meva dona agafà unes febres malignes, i, després de malaltejar uns quants dies, es va morir. Molta gent comparegué a aconsolar-me, i també vingué el rei. Van rentar la difunta, li posaren el millor dels seus vestits i la guarniren amb els seus ornaments d'or, amb braçalets i altres joies. Llavors la posaren sobre un baiard, se l'emportaren a la muntanya, alçaren la llosa de la balma i la deixaren caure al fons. La família de la meva dona ja s'atansava a dir-me adéu per sempre, però jo vaig posar-me a cridar que era un foraster i no volia sotmetre'm a aquell horrible costum. Llavors m'agafaren i em subjectaren per força, em lligaren al cos set pans i un gerro d'aigua dolça, em baixaren al sot i em van ordenar que em desfés de les cordes, però jo no vaig voler obeir-los. En vista d'això, les van deixar caure al meu damunt, van tapar amb la llosa la boca de la balma i se n'anaren. Malaurat de mi! Em trobava en una gran caverna al cor de la muntanya i per totes bandes m'envoltaven els morts. Vaig anar palpant les parets d'aquella balma i vaig donar-me compte que era molt espaiosa i que a banda i banda hi havia tot de cavitats. Llavors vaig asseure'm dintre un d'aquells forats, tot lamentant-me: "Dissortat de mi! — em deia. — ¿Per què he hagut d'emmullerar-me en aquesta terra? ¡Tant de bo m'hagués ofegat en mar o hagués trobat la mort en alguna illa! ¡Prou hauria valgut més que haver de morir d'aquesta horrible mort!"

Vaig romandre allí uns quants dies, en un tràgic esglai, menjant i bevent poquíssim, perquè temia el moment en què s'exhaurissin les provisions. Però un dia em despertà una fressa que se sentia dins la cova. Em vaig alçar i dirigint-me cap a l'indret d'on em semblava que venia el soroll, vaig veure un animal feréstec que fugí en sentir les meves passes. Llavors vaig seguir-lo fins a un cap de la caverna, on es veia una claror feble com una estrella, la qual anà creixent a mesura que jo avançava, i això em féu pensar que aquella claror provenia d'una eixida de la balma que donava a camp obert. Avançant, avançant vaig arribar a aquella estreta sortida, que les bèsties havien obert al llom de la muntanya per poder entrar a la caverna, i després d'haver-ne travessat, no pas sense esforç, el difícil passatge, vaig trobar-me vora mar, separat de la ciutat per una gran muntanya.

—Beneït sigui Alà! Lloat sigui ara i sempre! —deia el meu cor asserenat i ple de joia.

Després vaig endinsar-me altra vegada per aquella obertura cap a dins de la balma, per recollir un bell munt de joiells, collarets de perles i ornaments d'or i d'argent que havien estat soterrats amb els difunts, i me'ls vaig emportar cap a la platja. Un dia que seia vora el mar vaig veure un gran vaixell que passava tallant les ones, i vaig fer senyals als mariners amb un drap blanc lligat a una fusta fins que es van adonar de mi.

El capità féu destacar un gusi per anar a cercar-me i em recollí gentilment a bord del seu vaixell amb els meus béns. Jo li vaig oferir una part de la meva fortuna, però ell refusà dient:

—Mai no hem volgut que els que trobem esgarriats en una costa solitària o en alguna illa ens paguin el favor que els fem. Si envers ells mostrem bondat i gentilesa, no cerquem pas cap recompensa; ho fem només en nom d'Alà, que lloat sigui.

Vam seguir el nostre viatge vorejant illes i travessant diverses mars, fins arribar a Basora, on vaig desembarcar. I al seu dia vaig tornar a veure'm a Bagdad, a casa meva.

Després Sindbad afegí:

—Oh camàlic amic! Si véns demà vespre a sopar amb mi, et contaré les coses que em succeïren en el meu cinquè viatge, més extraordinari encara i més meravellós que el que avui t'he contat.

Sindbad el Mariner donà llavors un centenar de monedes d'or al camàlic i, després de sopar junts, cadascun dels hostes se n'anà pel seu camí, tots ells esbalaïts d'aquelles coses. L'endemà, Sindbad el Mariner començà la seva narració, dient:

El cinquè viatge: El Vell de la Mar

Heu de saber, oh germans meus!, que al cap d'algun temps tornà a punyir-me el daler dels viatges, el desig de distreure'm amb l'espectacle de terres noves i de gent forastera. I aplegant-me altra vegada amb un estol de mercaders, vaig fer-me al mar amb el cor ple de joia, feliç; i durant bella part del viatge m'esmerçava a mercadejar a cada illa on ens deturàvem.

Heus ací que un dia vam fondejar al port d'una gran illa solitària i erma, al mig de la qual es veia una cosa blanca, ovalada i enorme. Era un ou de roc. Els mercaders que havien baixat a l'illa, i que no sabien que allò fos un ou de roc, van divertir-se apedregant-lo fins que l'ou es trencà i va escampar-se a tot volt una gran quantitat de líquid, i llavors un ocell fantàstic, un roc de niu, aparegué dintre l'esclòvia. Els mercaders l'acabaren de treure de l'ou, el mataren i en tallaren grans bocins de carn. Jo era al vaixell i no sabia què feien els meus companys de viatge, però, quan, mirant cap a l'indret on s'estaven, els vaig veure malmetre aquell ou de roc, jo que els crido de seguida:

—Prou, prou, en nom d'Alà! Això és un ou de roc, d'un ocell gegantí que compareixerà d'un moment a l'altre, i ens destroçarà el vaixell i no deixarà ningú de nosaltres amb vida!

Però no volgueren pas escoltar-me. De sobte el sol s'ennuvolà, i tot el cel va enfosquir-se. Alçant la vista veiérem les ales d'un roc que ens tapava el cel. En adonar-se del seu ou esberlat, l'ocell llançà uns crits ferotges que feren acudir la femella, i tots dos volatejaren per damunt del vaixell, descrivint immensos cercles i no parant mai de xisclar. Llavors vaig dir al patró i als mariners:

— Poseu el vaixell en marxa; fugim abans que ens occeixin aquests terribles ocells.

El patró s'afanyà a donar les ordres que calia, i així que els mercaders, companys meus, s'hagueren embarcat, féu llevar l'àncora per allunyar el vaixell de l'illa. Els rocs, veient la nostra maniobra, volaren terra endins a cercar pedres enormes. El mascle deixà caure la gran pedra que duia a les urpes, però el patró virà rabent, i la roca caigué a l'aigua. Llavors ens atacà la femella i aquesta vegada no vam tenir temps de desviar el cop. L'enorme pedra ens esbotzà la popa i el vaixell s'enfonsà amb tots els passatgers i el carregament que portava.

Vaig lluitar aferrissadament per remuntar-me a flor d'aigua i Alà (que lloat sigui ara i sempre) posà al meu abast un tros de fusta del vaixell. Vaig aferrar-m'hi i així em fou possible d'arribar gairebé sense forces a les costes d'una illa. Fins al cap de bella estona no vaig poder caminar per donar un cop d'ull a l'illa, que semblava talment un verger del Paradís. Hi havia gran abundor de rius, d'arbres, de fruites i de flors, i després d'haver satisfet la fam i la set que tenia, vaig ajeure'm a dormir.

Heus ací que l'endemà al matí trobo un vellet assegut a la vora d'un torrent; per tot vestit duia unes fulles lligades a la cintura. Vaig atansar-m'hi a saludar-lo, però ell em respongué només amb un gest, sense dir paraula.

— Oh Cadí! — vaig dir-li. — Com és que t'estàs ací, assegut?

Va moure el cap tot sospirant, però no digué paraula i féu uns gestos com si volgués dir-me: "Agafa'm a coll-i-be i porta'm a l'altra banda del torrent."

Jo vaig dir-me entre mi mateix: "Em mostraré compassiu envers aquest pobre vell, i potser això em valdrà una recompensa en l'altra vida."

Vaig ajupir-me, doncs, perquè pogués pujar a coll-i-be, i vaig dur-lo on ell m'indicava, a l'altra banda del torrent, però en dir-li: "Ja podeu baixar, que hem arribat on volíeu", no volgué moure-se'm pas del damunt. Havia nuat les cames al voltant del meu coll, unes cames arrugades i negres com la pell del brúfol, i jo, un xic espantat, vaig intentar fer-lo baixar per força. Però el vell va estrènyer més i més els peus contra el meu coll fins que, ofegant-me, vaig caure a terra. Llavors em colpí implacablement les espatlles i l'esquena fins que vaig alçar-me i vaig seguir fent-li de cavall.

No es movia del meu damunt. Quan em veia massa cansat, em feia anar cap als arbres més plens de bona fruita; em signava on volia que el portés i si intentava desobeir-lo o anar a poc a poc em ventava uns cops de peu més dolorosos que xurriacades. Era ben bé un captiu en poder seu. Ni de nits ni de dies no podia veure'm alliberat del seu jou; quan volia reposar cargolava les cames al voltant del meu coll, s'adormia una estona i en desvetllar-se em colpia per donar-me entenent que volia tornar a córrer.

Així vaig haver de viure una bella tongada. Però un dia que

havia dut el vell a un indret de l'illa on hi havia moltes carbasses seques, vaig triar-ne una i la vaig buidar.

Després, en ésser a una vinya, vaig omplir-la de suc de raïm, i la vaig deixar uns quants dies a sol i serena, ben tapat el forat que hi havia fet per buidar-la. Quan el most s'hagué transformat en un vi riquíssim, cada dia en bevia uns quants glops per reprendre coratge, fins que un dia el vell se n'adonà i em féu senyal que li allargués la carbassa. Esfereït com jo estava, no vaig negar-m'hi pas. Ell es begué tot el vi que em restava i després tirà la carbassa a terra. Però aviat no pogué aguantar-se amb fermesa damunt meu: el vi començava a trastornar-lo. Quan vaig veure'l completament embriac, vaig asseure'm a terra per desfer-me d'aquelles cames que m'oprimien el coll i treure'm el vell de sobre. I, tement que es despertés de la seva embriaguesa i em castigués cruelment, li vaig esclafar el cap amb una pedra.

Després, jo que travesso l'illa, amb el cor ben alleujat, i al capdavall vaig tornar a trobar-me a la mateixa platja on havia anat a raure després del naufragi, i heus ací que un vaixell s'atansa d'enllà de la mar i arriba fins a l'illa.

Els passatgers, en veure'm, em feren contar com havia arribat allí, i després d'escoltar-me em van dir, astorats de la meva aventura:

— Aquest home que has dut tant de temps a coll-i-be és el Vell de la Mar, i de tots els que han caigut sota el seu jou, tu ets l'únic que has pogut eixir-ne amb vida.

Llavors em donaren menjar (que prou em calia) i roba per vestir-me, i m'embarcaren en llur vaixell, que féu cap a una ciutat els alts edificis de la qual es veien, del mar estant, a gran distància.

L'endemà de la nostra arribada, un dels meus companys de vaixell em digué:

— No tens cap ofici o professió per guanyar-te la vida?

— No, germà meu — li vaig respondre. — No sé cap ofici ni tinc cap professió.

Llavors em donà una bona suma de diners i, veient un estol d'homes que sortien de la ciutat, els digué:

— Aquest és un estranger: vulgueu acollir-lo gentilment i ensenyeu-li la vostra manera de guanyar-vos la vida; així li haureu fornit el mitjà de bastar-se a si mateix, i Alà (que lloat sigui ara i sempre) us donarà el guardó que mereix la vostra bona obra.

Vaig acompanyar-los fins a una ampla vall, on hi havia uns arbres altíssims, al cim dels quals ningú no sabia enfilar-se. Allí es refugiaven els simis, que hi pul·lulaven a grans colles tan aviat com veien un ésser humà. Els meus companys van començar a apedregar-los i els simis, per venjar-se, arrencaven la fruita dels arbres i els la tiraven.

Vaig collir una d'aquelles fruites. Allò que els simis ens llançaven eren cocos.

Llavors vaig emprendre pel meu compte un arbre carregat de simis: els apedregava i ells m'anaven tirant cocos i més cocos. Al cap de poc, quin bell munt n'hi havia als meus peus! Quan els meus companys i jo fórem altre cop a ciutat, vaig anar a trobar el meu protector i li vaig oferir tots els cocos per demostrar-li la meva reconeixença.

—No me'ls donis—em digué: —ven-los i fes bon ús dels diners que en treguis.

I, seguint el seu consell, cada dia, acompanyat dels homes que m'havien guiat d'un bell principi, anava a collir cocos, els venia i en treia molts diners.

Un dia, mentre m'estava vora mar, arribà un vaixell i fondejà. Hi anaven mercaders, els quals van voler baratar les seves mercaderies per cocos i altres coses. Aquell mateix dia vaig acomiadar-me del meu protector, perquè havia decidit d'embarcar-me amb els cocos que em quedaven i amb les mercaderies baratades en aquell vaixell, el qual havia de salpar al cap de poques hores.

Arribats que fórem a una certa illa, vaig adquirir, a canvi dels meus cocos, un bell munt de canyella i de pebre. Més tard, passàrem també per Asirat, on abunden els àloes, i per altres illes, i vaig poder baratar els meus cocos amb fusta d'àloe i amb perles.

A la fi, arribat a Bagdad, vaig veure'm de bell nou a casa meva, entre la meva gent. Alà m'havia concedit ben bé quatre vegades l'equivalència del que havia perdut, i ben aviat, entre festes i gaudis, vaig oblidar del tot els esglais i sofriments del meu darrer viatge.

Quan hagué acabat, Sindbad el Mariner ofrenà cent monedes d'or a Hindbad, com cada dia, i el camàlic les prengué i se n'anà, meravellat d'aquell bell negoci. L'endemà Sindbad el Mariner explicà el seu sisè viatge, dient:

El sisè viatge: Els tresors naufragats

Heu de saber, oh germans, amics i companys meus!, que al cap d'un cert temps se m'esvaí el record dels sofriments i tornà a esperonar-me el desig de veure terres noves. Vaig anar-me'n a Basora, on estava a punt d'eixir un vaixell, amb diversos mercaders i amb els seus gèneres valuosos. Vaig embarcar-m'hi i marxàrem.

Un dia, mentre fèiem via mar enllà, el patró tot d'una començà a donar grans mostres de dolor i de quimera: llançà el turbant, es colpejà la cara, s'arrencà pèls de la barba i, finalment, es deixà caure feixugament. Els mercaders i els altres passatgers ens hi atansàrem i li vam dir:

— Digueu-nos: què passa, patró?

— Heu de saber, oh passatgers! — respongué ell, — que ens hem esgarriat i ara ens trobem en una mar desconeguda! Si Alà no ens ajuda a sortir d'aquest mal pas, ben cert: tots haurem de morir!

Després s'alçà, s'enfilà dalt d'un màstil i provà d'afluixar les veles, però es girà un vent molt fort que arrossegà el vaixell a la deriva, i el timó s'esberlà quan érem prop d'una gran muntanya costera, i les ones acabaren d'empènyer l'indefens navili contra les roques, on es va esmicolar. Tots els passatgers caiguérem en mar, enmig de les desferres escampades; alguns van morir ofegats, però uns quants, i entre ells jo, fórem llançats pel mar al peu mateix de la muntanya.

La vam travessar de cap a cap i a la fi ens vam trobar en una llarga platja, on el mar havia amuntegat tresors de molts vaixells naufragats. Mai no hauria imaginat que fos possible de veure una tan gran quantitat de riqueses i mercaderies aplegades al mateix indret. Un rierol d'aigua dolça que neixia a una vessant de la muntanya i la recorria tota, tenia el llit cobert de diverses menes de pedreria, jacints i perles de molta grandària, dignes de figurar en el tresor d'un rei. L'aigua corria damunt les pedres precioses talment com els altres rius damunt els còdols, i passava enmig dels prats amb lluïssors d'or i d'argent.

Vam resseguir aquella muntanya i poguérem arreplegar unes quantes fruites mengívoles, que se'ns acabaren al cap de poc, malgrat haver-les estalviat molt; només menjàvem una sola vegada cada dia o fins i tot cada dos dies. Els meus companys es van anar morint l'un darrera l'altre i al capdavall vaig quedar-me tot sol en aquella platja deserta. Llavors vaig plorar bo i dient-me: "Prou valdria més morir que veure'm en aquesta horrible soledat."

I cor endins em maleïa per haver deixat el meu país i els meus compatricis després d'haver sofert tant i tant en els altres viatges.

Però al cap d'una estona vaig pensar: "Aquest riu té, per força, una deu i un indret on es barreja amb la mar, i qui sap si, abans de desembarcar, passa per alguna terra habitada. Em faré, doncs, un rai, m'hi embarcaré, i potser encara podré salvar-me." I vaig serrar trossos d'àloe i els vaig subjectar amb cordes dels vaixells naufragats. Un cop llest el rai, vaig carregar-lo de grans munts de pedres precioses, de joiells d'or i d'argent, de perles grosses com còdols i d'ambre gris, i vaig arrossegar-lo fins a l'aigua.

Un cop al riu, feia servir de rems dos trossos de fusta, i vaig deixar-me dur pel corrent en direcció a un indret de la muntanya on el riu s'endinsava per una balma d'allò més fosca, i tan baixa que tot d'una vaig topar de cap amb el sostre. No hi havia més remei sinó ajeure's bocaterrós, i el rai anà lliscant caverna avall hores i hores sense que jo pogués veure quan era de nit ni quan era de dia. A la fi, la foscor em causà una gran lassitud i la son em va vèncer; el corrent subterrani seguí portant-me enllà, bo i adormit.

Quan vaig despertar-me, ja havia sortit de la balma i en obrir els ulls vaig veure unes grans prades a banda i banda del riu. El rai era amarrat a la riba i al meu entorn hi havia un estol de negres. Veientme despert, van parlar-me en llur estrany llenguatge, però jo no els entenia poc ni molt, i tot allò em semblava un somni, una visió a la qual la son donés aparences de realitat. Llavors un d'aquells homes se m'apropà i em digué en llengua àrab:

—La pau sigui amb tu, germà nostre! Voldries dir-nos qui ets? d'on has vingut? Nosaltres som d'aquestes terres de conreu i quan veníem a regar t'hem trobat que dormies en el teu rai. Llavors l'hem lligat ací i t'hem deixat dormir tant com t'ha plagut. ¿Voldràs dir-nos, si et plau, com has vingut a parar a la nostra terra?

—Oh, amic! —li vaig respondre. —Gran mercè em faries de dur-me un mos per menjar, perquè estic mort de fam i després contestaré de bon grat totes les preguntes que em facis.

Llavors em portà minestra, i havent-me saciat i sentint-me altra vegada el cor més serè, els vaig contar les coses que em passaren en la mar i en aquell riu. Després em dugueren a la presència de llur rei, que era el rei de l'Índia. Li portaren el meu rai, ple de joiells, de pedres precioses i d'ornaments d'or i plata, i li contaren la meva història. Ell se'n meravellà en gran manera, em donà la benvinguda amb mots gentils i m'expressà la joia que sentia de veure'm salvat, després de tants perills i peripècies. Jo li vaig oferir un bell munt de joiells, de fusta d'àloe, i d'ambre gris i ell acceptà la meva ofrena, em distingí amb moltes honors i em destinà per estatge unes cambres del seu propi palau.

Vaig romandre algun temps en aquell país abans de pregar el rei que em deixés tornar a la meva pàtria. De primer s'hi negava, però, després de pregar molt i molt, el rei m'atorgà la seva vènia i, a més a més, volgué donar-me abundoses riqueses del tresor reial. Quan estava a punt d'anar-me'n em lliurà encara uns valuosos presents i un pergamí.

—Porta això —va dir-me —al califa Harun-al-Rasxid, i saluda'l de part meva.

En el groc pergamí, i escrites amb les estranyes lletres que s'estilen a l'altra banda del mar, hom podia llegir aquestes paraules:

«La pau sigui amb tu, et diu el rei de les Índies, que té un miler d'elefants a la seva presència i un miler de pedres precioses als marlets del seu palau.

T'enviem un present de no-res, i serà per a nosaltres bella honor si l'acceptes. Com a germà que ens ets, com a noble i lleial amic, t'escau un lloc acimat entre els nostres afectes, i bell gaudi ens fóra de llegir uns mots de record, en resposta al nostre missatge. El present que t'enviem no és pas escaient a la teva grandesa; però et preguem, oh germà nostre!, que l'acullis amb cor benigne. Que per llargues anyades la pau sigui amb tu."

L'ofrena consistia en diverses coses: un veire fet d'un robí d'un pam d'alçària, ple de perles precioses, un llit cobert amb la pell clapejada d'una d'aquelles serps gegantines que s'empassen elefants, cent milers de peces d'àloe indià i una esclava bonica com la lluna al ple, en un cel sense núvols.

Vaig posar-me en camí, i després d'anar d'illa en illa i d'aturarme en molts països, vaig arribar a Bagdad. De primer corro a abraçar la gent de casa, i després, per dur-li el present del rei de les Índies, m'apresso cap al palau del califa Harun-al-Rasxid, Comanador dels Creients. Arribat a la seva presència, li vaig besar la mà i vaig posar davant seu la copa del robí, la pell de serp, i les altres coses: tot va plaure molt al califa. Havent llegit el missatge em tractà amb gran gentilesa i em digué:

—¿És cert, oh Sindbad, tot el que aquest rei em diu en el seu missatge?

Jo li vaig respondre, després de besar terra:

—Oh senyor meu! Jo mateix he pogut veure en el seu reialme coses més meravelloses que les que conta aquest pergamí. El dia que el rei ix a presència del poble, posen un tron al llom d'un elefant enorme, d'onze colzades d'alçària, i el monarca s'hi asseu, amb els seus alts dignataris, i els patges s'estan drets a banda i banda, formant dues rengleres. Darrera seu van dos homes: l'un porta una javelina daurada, l'altre una maça d'or que té incrustada una maragda de la grandària del polze. I quan el rei surt a cavalcar, un miler de genets vestits d'or i plata li fan companyia. A més, el rei és tan just i governa el seu país amb tanta rectitud que la seva ciutat no necessita cadí, i tots els seus súbdits saben destriar la veritat de la mentida.

El califa, meravellat de les meves paraules, m'honorà amb grans obsequis, i aviat em permeté de tornar a casa meva.

De bell nou vaig menar una vida tan agradable com la que porto avui dia: gaudia a bell cor, em donava a la joia i assaboria delitoses menges i beuratges, ben oblidat dels meus treballs i sofriments.

I quan Sindbad el Mariner hagué acabat la narració del seu viatge, tothom es mostrà meravellat; i Sindbad manà al seu tresorer que donés cent monedes d'or al camàlic, i digué a Hindbad que l'endemà tornés a aplegar-se amb els companys de festí per escoltar la història de la seva setena eixida.

I l'endemà Sindbad començà dient:

El setè viatge: La cacera de l'elefant

De retorn del meu sisè viatge, havia fet el determini de no tornar mai més en mar i passava el temps en la joia i els gaudis. Però un dia van tustar a la porta de casa, el porter obrí i un missatger entrà a dir-me que em presentés davant del califa. Vaig partir amb ell tot seguit, i al cap de poc besava terra amb reverència, als peus del Comanador dels Creients, que em digué:

— Oh Sindbad, vull encomanar-te un servei. Vés a trobar el rei de les Índies i porta-li el nostre missatge i el present amb què volem correspondre a la seva bondat.

Jo li vaig respondre, tot trèmul:

— Oh senyor meu! Mal que em dolgui he de dir-vos que he avorrit els viatges. Tremolo només de sentir que algú en parla, i això a causa dels esglais i sofrences que he passat en les meves eixides. A més, he fet jurament de no sortir mai més de Bagdad.

I tot seguit vaig contar al califa les estranyes coses que m'esdevingueren durant els meus viatges, i ell, molt meravellat, em digué:

— De bo de bo, Sindbad, que de molt temps ençà no s'havia sentit dir que ningú hagués passat les peripècies que t'ha calgut suportar. Però, per amor nostre, viatjaràs un cop més i portaràs el nostre missatge i el nostre present al rei de les Índies.

I no vaig poder sinó respondre:

—El que vós dieu, oh senyor!, és la llei que em comanda i la servaré amb cor fidel.

Vaig sortir de Bagdad per embarcar-me, i vam navegar de nits i de dies, protegits per Alà (que lloat sigui ara i sempre), fins a la capital de les Índies. Així que fórem a la gran ciutat, vaig anar a trobar el rei, portant el present i el missatge, i davant seu vaig besar terra.

—Benvingut, oh Sindbad, amic lleial! —em digué. —Cor endins t'enyoràvem i donem gràcies a Alà d'haver permès que tornéssim a veure el teu rostre!

Em prengué la mà i em féu seure al costat seu; cal dir que em tractà tan afablement com si jo hagués estat un membre de la seva pròpia família.

—Oh senyor meu! —li vaig dir. —Us porto un present i un missatge del califa Harun-Al-Rasxid.

I li vaig lliurar la lletra i el present, el qual consistia en coses diverses: un cavall que ben bé valia deu mil monedes d'or (i els auris ornaments de la sella eren tots resseguits de pedres precioses); un llibre, un vestit sumptuós, teixits i sedes d'Egipte de cent menes diverses, catifes gregues, un meravellós veire de cristall, de forma singularíssima, i també hi havia la taula que pertangué al gran Rei Salomó, fill de David, que en pau reposi!

Heus ací el que deia el missatge:

"La pau sigui amb tu, et diu el rei Al-Rasxid, elevat per Alà (que ha donat, a ell i als seus antecessors, la condició de nobles, i els ha afavorit amb glòria en moltes terres del món) a la dignitat sortosa de Soldà!

El teu missatge ens pervingué i ens omplí el cor de gaudi. I ací t'enviem un llibre que duu per títol "Delit dels Assenyats" i "Present meravellós per a la Gent Amiga", al mateix temps que altres coses magnífiques i rares. Vulgues, doncs, atorgar-nos l'honor d'acceptar el nostre present, i que la pau romangui sempre en tu i brilli arreu dels teus reialmes!"

El rei em féu abundosos presents i em tractà amb gran gentilesa, però al cap d'alguns dies vaig demanar la seva vènia per tornar al meu país, i no vaig obtenir-la sinó després de moltes súpliques. Per fi, havent-me acomiadat del rei, em fou possible eixir de la ciutat i començar el meu viatge. No tenia pas intenció d'entretenir-me a córrer món ni de mercadejar, però al tercer o quart dia que érem en mar ens vam veure atacats per uns corsaris, els quals s'apoderaren del vaixell, mataren part dels que hi anaven i s'endugueren captius els altres passatgers, per vendre'ls com a esclaus en alguna illa.

Jo em trobava entre aquests últims, i vaig ésser comprat per un home que em portà a casa seva, em donà menjar i beure, em vestí i em tractà afablement. Això tornà al meu esperit la calma perduda. Un dia el meu amo em preguntà:

—Digues: tens cap ofici o professió?

—Oh senyor meu! Sóc mercader. No sé pas altre ofici —vaig respondre.

—I no saps manejar l'arc, fer brunzir les sagetes? —em digué.

—Sí, això sí que ho sé fer —li vaig respondre.

Llavors em donà arc i sagetes, em féu muntar darrera seu al llom d'un elefant i, al caient de la nit, sortí de la ciutat i em portà a una clariana del bosc, on hi havia uns arbres alts i corpulents i em féu pujar al bell cim del que ell mateix va indicar-me. Però abans que m'enfilés em donà l'arc i les sagetes i em digué:

—Asseu-te dalt de l'arbre i quan, en ser de dia, compareguin els elefants, els avies les sagetes. Si en mates algun, corre a casa a dir-m'ho.

I em deixà tot sol allí, ple de basarda.

Vaig romandre amagat entre el fullatge fins que sortí el sol, i al cap de poc van comparèixer els elefants a la clariana. Jo que avio sagetes fins que en cau un, i llavors vaig anar a dir-ho al meu amo.

Ell, molt content de mi, es mostrà encara més afable i anà a buscar l'elefant mort. I un bell munt de dies vam fer el mateix: jo matava un elefant i el meu amo anava al bosc i se l'emportava. Però un dia, mentre jo seia, ben amagat, al cim de l'arbre, un ramat d'ele-

L'ELEFANT MÉS GROS M'AFERRÀ PER LA CINTURA AMB LA TROMPA,
M'ENFILÀ AL SEU LLOM I ES POSÀ A CAMINAR

fants molt nombrós s'atansà cap a mi, bramulant i grunyint tan ferotgement que feien trontollar la terra. Voltaren l'arbre on jo m'estava i un elefant enorme, gegantí, enroscà la trompa a la soca i l'arrencà sense esforç, arrels i tot, i el reboté contra terra.

Vaig caure estabornit entre el furiós estol, i l'elefant més gros se m'acostà, m'aferrà per la cintura amb la trompa, m'enfilà al seu llom i es posà a caminar, seguit dels altres. Em portà així llarga estona i quan ja havíem fet un bell tros de camí, em llançà a terra i se n'anà. Un cop passat l'esglai, vaig obrir els ulls i em vaig trobar voltat d'ossos d'elefant i d'ullals de vori. Aquell indret devia ésser un "cementiri" d'elefants i l'enorme bestiassa que m'hi havia dut, sens dubte ho féu perquè veiés aquell munt d'ullals de vori.

Em calgué caminar tot un dia i una nit per arribar al casal del meu amo, el qual em veié arribar pàl·lid de por i de fam.

— Estava molt trist — em digué — perquè vaig anar a la clariana, i en veure l'arbre abatut vaig pensar que els elefants t'haurien mort. Digue'm: què t'ha passat?

I quan vaig haver-li contat la meva estranya aventura, el meu amo em féu muntar al llom del seu elefant i vam fer via cap al misteriós "cementiri". En veure aquell gran munt d'ullals de vori, donà grans mostres d'alegria, en recollí tants com pogué i ens en tornàrem a casa seva.

Llavors em tractà amb més afecte que mai i va dir-me:

— Oh fill meu, gràcies a tu he trobat una gran fortuna! ¡Que Alà et pagui el favor que m'has fet! Des d'ara ets lliure, en nom d'Alà (que lloat sigui ara i sempre!). Els elefants havien mort més d'un dels nostres homes, però Alà t'ha salvat del perill!

— Que Alà et beneeixi, amo meu! — li vaig respondre. — I ara et demano encara una altra mercè: que em permetis tornar a la meva pàtria.

Ell hi accedí de bon grat, i carregat dels presents que em féu en acomiadar-se, vaig arribar a Bagdad, d'on no he tornat a moure'm.

Sindbad donà per finida la narració del seu setè i darrer viatge, i Hindbad se'n tornà a casa, portant, com sempre, les cent monedes d'or de què Sindbad li féu present.

EN JACK MATAGEGANTS

Durant el regnat del Rei Artur vivia a Cornualls un terrassà molt ric, el qual tenia un fill únic que es deia Jack.

En Jack era un noi valent; li agradava d'escoltar o de llegir històries de bruixots i fetilleres, de gegants i de fades.

Era el que anava al davant en tots els esports del jovent; ben pocs l'igualaven en la lluita, i quan trobava un adversari forçut com ell, la seva traça i la seva astúcia el feien sempre vencedor.

En aquell temps corria per les costes de Cornualls un gegant enorme que s'entaforava a la muntanya de Sant Miquel. Tenia una alçària de divuit peus, i la seva cintura mesurava ben bé tres iardes; el seu mirar estrany i ferotge esparverava els camperols d'aquella rodalia. Vivia en una caverna llòbrega, al cim de la muntanya, i solia baixar a la vall a caçar les seves preses. Quan el veien venir, la gent fugia de les cases, i el gegant després d'atipar-se de bestiar es penjava mitja dotzena de bous a l'esquena, es lligava sis bens i sis porcs a la cintura, com si fossin candeles, i se'n tornava a casa seva. Ja feia molts anys que això durava i tot Cornualls gemegava d'aquells robatoris, quan un dia en Jack resolgué matar el gegant.

En fer-se nit, una d'aquelles llargues vesprades hivernenques, en Jack agafà un corn, una pala, un magalló i una llanterna sorda i pujà al cim de la muntanya de Sant Miquel. Es posà a la tasca de seguida, i abans de fer-se clar ja havia cavat un forat de vint-i-dos peus, gairebé tan ample com pregon. El dissimulà amb branquillons i palla i hi escampà per sobre una mica de terra perquè l'indret acabés de semblar terra ferma. Llavors es posà el corn als llavis i va fer-ne eixir uns sons tan estridents, que el gegant es despertà de seguida i corregué cap a l'indret on era en Jack, cridant amb veu de tro:

—Ah, bergant, miserable! Ja et dic jo que em pagaràs la feta d'haver-me trencat el son: ara mateix et rostiré per esmorzar.

Però encara no havia acabat de dir això, *plaf!*, cau de corcoll dins el forat, i la seva caiguda féu trontollar tota la muntanya.

—Alça, gegant! —li digué en Jack. —Quina tombarella! ¡Que de pressa has caigut a la trampa! ¿Vols dir que en tindràs prou per esmorzar, aquest matí tan fredot, rostint el pobre Jack a la cassola?

El gegant provà d'alçar-se, però en Jack li ventà un cop de magalló tan fort que el deixà al seti.

I tot seguit s'apressà cap al poble, a donar als seus amics la gran joia de saber que el gegant era mort. Quan els que manaven a Cornualls van saber aquesta gesta audaciosa, enviaren a buscar en Jack i declararen que d'ençà d'aquell dia l'ardit minyó es diria Jack Mategegants i li feren present d'una espasa i d'un cinyell, en el qual, escrits amb lletres d'or, hi havia aquests versos:

És nat a Cornualls aquest ardit minyó
que el gegant Cormoran occí amb un magalló.

La nova de la victòria d'en Jack ben aviat va escampar-se per tot el Ponent d'Anglaterra; i un altre gegant que es deia Matusser jurà que es revenjaria d'en Jack, si mai podia arreplegar-lo. Aquell gegant s'estatjava en un castell encantat, perdut enmig de boscos

QUAN VEIEN VENIR EL GEGANT, LA GENT FUGIA DE LES CASES

solitaris. Uns quatre mesos després de la mort de Cormoran, tot fent camí cap a Gal·les, en Jack hagué de passar per aquell bosc; i com que estava cansat, molt cansat, s'assegué a reposar vora una font delitosa i es quedà adormit. Precisament era l'hora en què el gegant solia anar a aquella font a proveir-se d'aigua, i va trobar en Jack adormit, i com que les lletres del cinyell l'assabentaren de qui era aquell minyó, se'l carregà a coll amb molt de compte per dur-lo al seu castell; però quan travessava el bosc espès el remoreig de les fulles despertà en Jack, que es glaçà de basarda en veure que havia anat a raure a les pròpies urpes del gegant Matusser. Però encara l'esperaven altres motius d'esglai, car, en arribar al castell, veié un bell munt d'ossos humans escampats per terra. El gegant deixà en Jack ben lligat i se n'anà tot seguit a convidar a dinar un gegant que vivia allà a la vora. Mentre el gegant era fora, en Jack sentia esgarrifosos xiscles, gemecs i plors que venien de diverses bandes del castell. També sentí una veu llòbrega que anava repetint:

Afanya't a esmunyir-te, coratjós foraster,
si no vols que et devori el gegant Matusser.
Tornarà de seguida, i un altre en portarà
encara més ferotge que el seu mateix germà.

Al cap d'una estona, en Jack va veure per una finestra que donava a la reixa del castell els dos gegants que venien de bracet.

— Ara — pensà en Jack — és el moment de decidir la meva mort o el meu alliberament.

En aquella estança hi havia dos llibants molt gruixuts. En Jack féu un llaç escorredor amb cadascun d'aquells llibants i els avià damunt el cap dels gegants al bell instant que travessaven la reixa. Després féu passar l'altre cap de les cordes per una biga del sostre i va estirar ben fort fins que els tingué mig escanyats. Quan veié que la sang els havia pujat a la cara, i que a penes tenien forces per respirar, es tragué l'espasa i tallà les cordes, i d'aquesta manera matà els gegants i es veié salvat d'una mort terrible. Llavors agafà un gran manyoc de claus que en Matusser portava a la butxaca, i s'endinsà en el castell. Resseguí totes les estances i en una d'elles trobà

EN JACK, EN ARRIBAR AL CASTELL, VEIÉ UN BELL MUNT D'OSSOS HUMANS ESCAMPATS PER TERRA tres dames penjades al sostre pels cabells, i mig mortes de feblesa.

En Jack les despenjà i els digué tot lliurant-los les claus:

— Gentils dames: heu de saber que he mort el monstre i el seu pervers germà, i que ara tinc el goig de deixar-vos lliures.

I prosseguí el seu viatge cap al país de Gal·les, tan rabent com podia. Però es va perdre i no pogué trobar el camí de cap manera, i quan va fer-se de nit es veié en una vall solitària, entre dues altes muntanyes. S'adonà que al mig de la vall hi havia un casal grandiós, s'hi encaminà, decidit com sempre, i trucà ben fort a la porta. Amb gran astorament veié que eixia a obrir-lo un enorme gegant amb dos caps. Va rebre en Jack amb maneres molt polides, perquè era una gegant gal·lès i solia dissimular la seva malícia sota aparences d'amistat i bonesa. En Jack li digué que era un vianant que s'havia errat de camí, i el gegant li donà la benvinguda i l'acompanyà a una cambra on hi havia un llit ben ample perquè hi passés la nit. Però, quan tot just feia un moment que jeia, el noi sentí que el gegant remugava a la cambra del costat:

Prou la nit passes en el meu castell,
però no pensis veure la llum al finestrell,
que el meu garrot t'esberlarà el cervell.

— Fas bé de dir-m'ho — digué Jack. — Tens trucs de gal·lès. Però veurem qui de nosaltres dos la sap més llarga.

S'alçà del llit, hi posà al bell mig un gruixut boscall i s'amagà en un recó. Cap a mitja nit el gegant entrà amb la seva maça, ventà uns cops furiosos al mateix indret del llit on en Jack havia posat el boscall, i se n'anà convençut d'haver estellat com calia tots els ossos del seu hoste. L'endemà, a punta de dia, en Jack es presentà al gegant, content com unes pasqües, i li donà les gràcies per la seva hospitalitat.

— Has dormit bé? No has sentit res aquesta nit? — li preguntà el gegant.

— No — digué en Jack: — no he sentit res llevat d'una rata (em penso que devia ser una rata) que m'ha donat dos o tres copets amb la cua.

El gegant estava estranyadíssim, però no digué paraula i anà a buscar dos grans tassons de farinetes per esmorzar.

En Jack es proposà de fer creure al gegant que podia menjar tant com ell; i amb aquest intent trobà manera d'encabir una bossa de cuiro sota el seu gec i hi anà tirant farinetes, fent semblant de menjar-se-les de bo de bo. Acabat l'esmorzar, digué al gegant que li volia ensenyar un joc de mans: obrí la bossa de cuiro amb un ganivet i totes les farinetes es vessaren per terra.

— Diantre! — cridà el gegant gal·lès. — ¿Que potser et penses que jo no ho sé fer, això?

Agafà el ganivet d'una revolada, se l'enfonsà al païdor i caigué mort en terra, i en Jack, un cop feta aquesta mala passada al gegant, se n'anà i continuà el seu viatge.

Al cap d'alguns dies trobà l'únic fill del rei Artur, el qual havia obtingut la vènia del seu pare per anar al país de Gal·les a alliberar una dama de les mans d'un bruixot malvat que l'havia encantada, i, veient que el príncep no duia cap servidor, en Jack s'oferí per acompanyar-lo i servir-lo, i el príncep, molt agraït, acceptà la proposta.

El fill del rei Artur era un cavaller ben plantat, ardit i de gran polidesa, i tenia tan bon cor que repartia els seus diners entre tots els pobres que trobava. Al capdavall donà a una velleta l'últim penic que li quedava a la bossa i quan el sol ja era molt baix digué:

— Jack, ¿on podríem dormir aquesta nit, essent així que no tenim ni una mala moneda de coure?

— Missenyor — li digué en Jack: — no cal pas que us amoïneu; un oncle meu viu a dues milles d'ací; és un gegant de tres caps, enorme, monstruós. És capaç de lluitar contra cinc-cents homes armats i treure-se'ls del damunt com si fossin mosques.

— Jack — digué el fill del rei: — ben mirat, més valdria no haver nascut que anar a raure en mans d'un monstre semblant.

— Senyor meu — féu en Jack: — ja veureu com endegaré les coses tot sol; vós no heu de fer sinó esperar-me ací fins que torni.

En Jack se n'anà a bon pas, i arribat a les reixes del castell tustà amb gran enrenou:

— Qui hi ha? — cridà el gegant amb veu eixordadora.

— Jack, el teu pobre nebot — fou la resposta.

— I quines noves em porta, el meu nebot Jack?

— Ai, oncle meu: et porto molt males noves.

— Vaja, no facis broma, Jack: ¿quines males noves pots portar-me? Sóc un gegant de tres caps, podria barallar-me amb cinc-cents homes armats i fer-los voleiar amb una bufada com un grapat de boll.

— Ai, oncle meu; el fill del rei s'atansa al cap d'un miler d'homes per matar-te i destruir tot el que posseeixes.

— Certament, nebot Jack, són ben males noves les que em portes! Però ací tinc un gran soterrani i m'hi faré fonedís; tu em tancaràs amb pany i clau i guardaràs les claus fins que el fill del rei sigui fora.

I quan tingué el gegant ben engarjolat, en Jack tornà a l'indret on l'esperava el príncep i tots dos van passar una nit molt tranquil·la, mentre el pobre gegant tremolava de por, amagat al soterrani.

L'endemà, de bon matí, en Jack ofrenà al fill del rei un munt d'or i plata, que havia anat a cercar al tresor del gegant, i acompanyà el príncep les tres primeres milles del seu camí. Com que, un cop passades les tres primeres milles, el gegant ja no li podia sentir el rastre, en Jack s'acomiadà del príncep i se'n tornà cap a trobar el seu oncle, el qual li preguntà quin premi volia per haver-li salvat el castell.

— Bon oncle meu — li digué en Jack: — només voldria el capell i la casaca vella, l'espasa rovellada i les galotxes que hi ha al capçal del teu llit.

— Doncs, tot t'ho donaré — féu el gegant; — i et recomano que no ho perdis, perquè són coses d'allò més útils. La casaca et tornarà invisible, el capell et farà saber el que vulguis saber, l'espasa et tallarà el que convingui tallar, i les sabates et portaran molt lluny en poca estona. Ja veus que són coses que et poden fer molt de servei i de bon grat te les dono.

En Jack donà les gràcies al gegant, i al cap de poca estona d'haver aconseguit el fill del rei, van arribar al casal on vivia la dama que estava sota el poder del bruixot. Aquella dama rebé el príncep amb molta cortesia i féu servir un festí a honor seu. Un cop finit

ÉS UN GEGANT DE TRES CAPS, ENORME, MONSTRUÓS

el menjar, s'alçà i digué al príncep, tot eixugant-se la boca amb un mocador finíssim:

—Príncep: ara cal que us vulgueu sotmetre als costums del meu palau. Demà al matí m'heu de dir a qui he donat aquest mocador i, si no ho endevineu, perdreu la vostra vida.

Havent dit aquestes paraules, sortí del menjador i el príncep es ficà al llit ple de tristesa. Però en Jack es posà el seu barret màgic i va saber que el bruixot obligava la dama que tenia sota el seu jou a comparèixer davant d'ell cada nit en ple bosc. En Jack es posà llavors la casaca que el feia invisible i les sabates que el transportaven en un instant allà on volia, i arribà abans que la dama al cor del bosc. La dama, així que arribà, donà el seu mocador al bruixot, i en el moment que aquest l'agafava en Jack li tallà el coll d'un sol cop amb l'espasa màgica. I en aquell bell instant finí l'encantament i la dama recobrà la seva bellesa i la bondat del seu cor.

L'endemà mateix celebrà les seves noces amb el príncep i passat algun temps van tornar a la Cort del rei Artur, on foren rebuts amb gran joia, i en Jack, per les gestes que havia dut a bon terme, fou nomenat Cavaller de la Taula Rodona; però, veient la bona sort que havia tingut en les seves empreses, no decidí pas romandre inactiu els anys que li quedaven de vida, sinó que volgué servir encara el seu rei i el seu país. I demanà a Sa Majestat un cavall i els diners necessaris per poder eixir a córrer món i cercar l'ocasió d'acomplir nous fets extraordinaris.

—Perquè—deia ell—encara viuen molts gegants als indrets més apartats del país de Galles, amb gran perjudici dels súbdits de la Vostra Majestat, i si volguéssiu ajudar-me en la meva empresa, jo, senyor rei, aviat faria desaparèixer dels vostres dominis aquests gegants i monstres en forma humana.

El rei, en escoltar aquesta proposta, ordenà que donessin a en Jack tot el que li calia en un viatge com el que volia emprendre, i el minyó es posà tot seguit en camí sense deixar-se el barret que el feia savi, l'espasa que tot ho podia tallar, les sabates que el transportaven en un no-res d'un lloc a l'altre i la casaca que el feia invisible, coses que tan útils podien ésser-li en les gestes que probablement l'esperaven. Travessà muntanyes i més muntanyes i el tercer dia arribà a una basardosa selva. S'hi endinsà, i quan tot just havia donat alguns passos, sentí crits esgarrifosos i plors estridents i, fressant-se camí entre els arbres, pogué veure un gegant monstruós, emportant-se'n un valent cavaller i una bella dama, els quals tenia aferrats pels cabells, un a cada mà. Els crits i les llàgrimes que aquells dissortats no podien reprimir van tocar el cor del bon Jack; baixà de cavall, el lligà a un roure i es posà la casaca màgica sota la qual portava l'espasa que tot ho podia tallar.

Quan fou prou a la vora del gegant, li ventà uns quants cops i després aferrà l'espasa amb totes dues mans, es donà aire i tallà les dues cames del gegant, sota mateix de les lligacames. Tota la terra trontollà de la caiguda d'aquell gegant enorme. El noble cavaller i la bella dama no s'acontentaren de regraciar en Jack per haver-los alliberat, sinó que el convidaren a anar a casa llur a reposar d'aquell terrible encontre, i a rebre el premi del seu bon servei.

— No, gràcies — els digué en Jack: — no puc permetre'm cap repòs fins que hauré trobat el cau del gegant.

El cavaller li digué, amb molta tristesa:

— Noble estranger, és imprudent de cercar encara un segon risc; aquell monstre vivia en una caverna, al cor d'una muntanya llunyana, amb un germà seu més ferotge i cruel que ell mateix, i tant la meva dama com jo tindríem gran dolor de saber que heu trobat la mort en aquella caverna. Feu-nos, doncs, la mercè de venir amb nosaltres i deixeu córrer tot altre encalç.

— Ni un gegant ni vint que n'existeixin: cap d'ells no es farà escàpol de la meva fúria — respongué en Jack. — Però quan hauré acabat la tasca ja aniré a oferir-vos els meus respectes.

Després de cavalcar una milla i mitja, en Jack ja albirà la boca de la caverna; ran mateix de la balma hi havia l'altre gegant que esperava el seu germà, assegut en un enorme boscall, i tenia al costat una maça de ferro tota nuosa. Els seus ulls semblaven foc, tenia una cara ferrenya i horriblement lletja, amb les galtes com talls de pernil; els pèls de la barba semblaven talment filferros, i els llargs flocs del seu cabell, que li queien damunt les amples espatlles, semblaven un trenat de serps. En Jack baixà de cavall i el dissimulà entre unes bardisses; es posà llavors la casaca que el feia invisible, s'atansà una mica més al gegant i li digué baix, baixet:

—Ah, ets ací, companyó? Ja veuràs com en un tancar i obrir d'ulls et tindré aferrat per la barba!

VEIÉ UN GEGANT MONSTRUÓS QUE PORTAVA, AFERRATS PELS CABELLS, UN CAVALLER I UNA DAMA

El gegant no el podia veure, gràcies a la casaca màgica, i en Jack se li posà al bell costat i li ventà un gran cop amb l'espasa que tot ho podia tallar, però apuntà malament i no li tallà sinó el nas. El gegant féu un braol terrible com una tronada. Brandà la maça de ferro i es posà a fer grans xiscles i alarits, com si s'hagués tornat foll de dolor i de ràbia.

Però en Jack s'esmunyí àgilment darrera seu i li clavà tota

l'espasa a l'esquena, fins a l empunyadura. Després li tallà el cap i l'envià, junt amb el de l'altre gegant germà seu, al rei Artur, dins d'un carro que llogà amb aquesta intenció. Havent mort els dos monstres, en Jack entrà a llur caverna, per cercar el tresor que hi servaven. Va haver de travessar molts passadissos i a la fi arribà a una sala enllosada amb pedra sorrenca; a un cap de l'estança hi havia un perol bullint, i a mà dreta es veia una gran taula on els gegants solien menjar. Després s'abocà a una finestra enreixada, per la qual veié un estol d'infortunats captius, que en veure'l exclamaren:

— Pobre minyó! Ara tindrem un company més en aquesta horrible caverna!

— Sí — digué Jack; — però, digueu-me: ¿com és que sou ací?

— Ah! — digué un pobre vellet. — Ho sabreu de seguida. Som presoners dels gegants, amos d'aquesta caverna, i ens tenen ací tancats fins que vulguin celebrar un gran festí; aquell dia agafaran un de nosaltres, el mataran i el couran de la manera que més els plagui. No fa gaires dies que van emportar-se'n tres dels nostres companys amb aquesta intenció.

— Vaja, amics meus: heu de saber que s'ha acabat la vostra angoixa! — exclamà en Jack, i tot seguit obrí la reixa i deixà els captius en llibertat. Llavors cercaren les arques dels gegants i en Jack repartí entre els captius aquelles grans riqueses. L'endemà al matí els presoners van tornar cadascú a casa seva i en Jack s'encaminà al casal del cavaller de qui s'havia separat no feia gaire temps.

Fou rebut amb gran joia per ell i la seva muller, la qual donà un gran festí per celebrar les proeses d'en Jack. Hi foren convidats tots els nobles d'aquella contrada.

El cavaller li féu present d'un anell, en el qual havia fet gravar unes figures: el gegant arrossegant pels cabells el cavaller i la dama, i a tot volt de l'anell hi havia aquesta inscripció:

Ben malmenats érem un dia
entre les urpes d'un gegant,
però ens salvà la coratgia
d'en Jack, el triomfant.

Mentre estaven en plena festa, comparegué un missatger amb una nova ben desagradable. El ferotge Tronsillamps, un gegant de dos caps, havia sabut la mort dels seus dos parents, i volia venjar-se en la persona d'en Jack. Ja era a una milla del castell i tothom s'escampava com el boll en veure'l venir. Però en Jack no féu sinó desembeinar l'espasa i digué:

—Que vingui. Tinc una bona eina per a picar-li les dents. Us prego, dames i cavallers, que sortiu al jardí i veureu aviat la desfeta i la mort del gegant.

El castell del cavaller era voltat d'un fossat de trenta peus de fondària i vint d'amplada, que es podia travessar per un pont llevadís. En Jack manà que uns quants homes serressin el pont per totes dues bandes, fins que arribessin gairebé al mig, i llavors, vestit amb la casaca que el feia invisible i armat amb l'espasa màgica, se n'anà a escometre el gegant. Encara que el minyó fos ran mateix d'ell, el gegant no podia veure'l, però conegué que el rondava algun perill i cridà:

Un, dos, tres!
Sento olor de carn d'anglès.
Prou l'hauré d'esmicolar
i dels ossos fer-ne pa.

—Això faries? —digué en Jack. —Doncs no em sé estar de dir-te que ets un moliner amb cor de monstre.

—Ah! Ets tu el miserable que ha mort els meus parents? T'esquinçaré a mossegades i et moldré els ossos fins que siguin pols.

—Sí, però abans caldrà que m'atrapis —li digué en Jack; i es tragué la casaca, es posà les sabates màgiques que el feien anar tan rabent, i arrencà a córrer perseguit pel gegant, que semblava un castell en marxa, i a cada pas feia trontollar la terra.

En Jack li féu donar voltes i més voltes entorn de la casa perquè els convidats poguessin contemplar a pler aquell monstre, i a la fi, per acabar d'una vegada, travessà corrents el pont, i el gegant s'afanyà darrera seu amb la maça a les mans; però a mig camí, quan arribà a l'indret on el pont havia estat serrat, el seu gran pes acabà d'esberlar la fusta i caigué a l'aigua i s'hi remogué com una enorme balena. En Jack, dret ran mateix del fossat, reia a bell cor tot mirant-se'l i això enfurismava d'allò més el gegant, que es rebotia contra les parets del fossat; però no podia sortir-ne a revenjar-se. Per fi, en Jack es féu portar un llibant de carro; va fer-hi un llaç al capdamunt i l'avià damunt les dues testes del gegant i després aconseguí que diversos cavalls l'arrosseguessin fins a un marge del fossat; allí li tallà els caps i els envià a la Cort del rei Artur.

En Jack passà un quant temps en companyia del cavaller i després se n'anà a cercar noves aventures. Travessà valls i carenes, però no trobà enlloc cap cosa extraordinària. Al cap d'uns quants dies, arribà al peu d'una muntanya altíssima, i trucà a la porta d'una caseta solitària que veié allí a la vora. Sortí a obrir-lo un home molt vell, que tenia els cabells blancs com la neu.

— Bon avi — digué en Jack, — ¿que podríeu acollir a casa vostra un pobre vianant que ha perdut el camí?

— Sí — li digué el vellet; — de bon grat t'acolliré si t'acontentes de la pobresa de la meva casa.

En Jack entrà i el vellet, per sopar, li donà pa i fruita. Quan el minyó hagué acabat la gana el vellet li digué:

— Fill meu, sé que tu ets el famós Matagegants. Para, doncs, esment en el que vaig a dir-te. Al cim d'aquesta muntanya hi ha un castell encantat. Allí viu un gegant anomenat Gal·ligantus que porta al seu castell tots els cavallers que pot arreplegar, i allí els transforma en bèsties. En aquestes malifetes l'ajuda un bruixot malvat. Entre les seves víctimes, la que em fa més llàstima és la filla d'un duc que van agafar mentre es passejava pel jardí del seu pare; la portaren al castell pels aires, en una carrossa tirada per dos feréstecs dragons i la transformaren en cérvola. Molts cavallers han intentat desfer el seu encantament i alliberar-la, però a hores d'ara ningú no ho ha pogut aconseguir, perquè dos horribles grifons que vigilen a les portes del castell, maten tothom que s'hi acosta. Però tu, fill meu, com que tens una casaca que et fa invisible, pots passar pel costat seu sense que et vegin; i a la porta del castell ja trobaràs indicada la manera de desfer l'encantament.

En Jack prometé que l'endemà al matí desfaria aquell encantament de totes passades, encara que li calgués posar la vida en perill; i després de fer una bona dormida es llevà ben d'hora, es posà la casaca màgica i emprengué el camí. Un cop al cim de la muntanya veié els dos grifons; però passà entremig d'ells sense temença, perquè sabia que la casaca màgica el feia invisible. Arribà a la porta del castell i hi trobà penjada una trompeta d'or, i a sota d'ella llegí aquestes paraules:

Qui toqués la trompeta veurà
el gegant als seus peus tremolar.

Sense perdre ni un instant, en Jack es posà la trompeta a la boca i la féu sonar tan estridentment que les portes del castell s'obriren de bat a bat, i el mateix castell trontollà. El gegant i el bruixot sabien que allò significava la pròxima fi de les seves vides malvades i es mossegaven els polzes tot tremolant de por. En Jack, engrapant l'espasa que tot ho tallava, en un tancar i obrir d'ulls tingué mort el gegant i al bell instant que l'enforquillava un remolí de vent s'emportà el bruixot. Totes les belles dames i els cavallers que havien estat transformats en ocells i en bèsties de quatre potes recobraren la seva forma primitiva i el castell s'esfumà de mica en mica fins a esvair-se del tot. Després en Jack envià al rei Artur el cap del gegant Galligantus.

Tot el país coneixia ja les seves proeses, les gestes d'en Jack Matagegants, i el duc, accedint al desig del rei, li donà per muller la seva filla, amb gran goig de tot el reialme. I en Jack i la seva muller visqueren sempre molt feliços en les terres que el rei volgué ofrenar-los com a present de noces.

L'ANEGUET LLEIG

El camp era aleshores un bé de Déu. Corria l'estiu. El blat era daurat, i les civades encara eren verdes. El fenc era amuntegat damunt les riques prades de les fondàries, per on feia via la cigonya, tot parlotejant en egipcià, el llenguatge que li havia ensenyat la seva mare.

Al volt del camp i la prada hi havia boscos que no s'acabaven mai i enmig dels quals dormien estanys profunds. Sí, l'encontrada era verament delitosa. A l'indret més assolellat hi havia una casa vella, voltada d'uns fossats que s'endinsaven força; i grans fulles de repalassa brollaven de les parets de la casa fins arran mateix de l'aigua. Algunes eren tan grans que un infantó podia aixoplugar-se sota d'elles. Entre les fulles, l'arrecerament era tan gran com al cor d'una boscúria; i allí hi havia una ànega asseguda damunt son niu. Precisament estava covant sos aneguets; però gairebé estava cansada de seure, de tant de temps que la cosa durava. Altrament tenia molt poques visites, perquè les altres ànegues s'estimaven més nedar d'ací d'allà dels fossats que no pas de remenar les anques allí dalt, sota les fulles de repalassa, parlotejant amb ella.

A la fi l'un ou darrera l'altre començà de petar. — Xip!, xip! — feien. Tots els menuts havien entrat a la vida, i empenyien el cap enfora.

— Cuac, cuac! — digué l'ànega. I tots ells començaren de fer: — Cuac! — tan fort com saberen, i miraren a llur volt, a totes bandes, entre les fulles verdes. Llur mare els deixà mirar tant com els vingué de grat, perquè el verd és bo per als ulls.

— Que n'és, de gran, el món, verament! — digueren tots els menuts. Perquè, tanmateix, tenien molt més d'espai per a moure's que no pas quan eren a dins la closca.

— Que us penseu que és això, tot el món? — digué la mare. —

S'estén una pila a l'altra banda del jardí, i agafa fins i tot el jardí del rector; però no he arribat mai tan enllà. Suposo que ja sou tots aquí. —I va alçar-se. —No, veig que encara no hi sou tots: l'ou més gros encara jeu aquí. Per quant de temps n'hi haurà? —I tornà a asseure's damunt el niu.

—Bé, com va la cosa? —digué una ànega vella que havia vingut a fer-li una visita.

—Aquest ou no acaba mai —respongué l'oca asseguda. —La closca no es vol petar; però mireu-vos els altres: són els aneguets més formosos que mai hagi vist; ¡exactament iguals a llur pare, el poca-pena! Mai no se'l veu per casa.

—Deixeu-me veure l'ou que no es vol petar —digué la vella ànega. —Podeu estar ben segura que és un ou de gall dindi! Una vegada em van estafar així, i vaig tenir mals de cap i cabòries sense fi ni compte amb els menuts, perquè us puc ben dir que l'aigua els esgarrifa. No hi hagué manera: vaig cloquejar i aferrussar-m'hi, però no en vaig treure res. Deixeu-me veure l'ou! Sí, és un ou de gall dindi! Deixeu-lo de banda, i ensenyeu els altres menuts a nedar.

—El covaré una mica més: he covat tant de temps que bé puc continuar fins a la fira de Sant Joan.

—Com us plagui —digué l'ànega vella, i se n'anà.

A la fi l'ou gruixut va petar. —Xip!, xip! —digué el menut. I es llançà enfora. Que n'era de gros i de lleig! L'ànega se'l mirava.

—És un aneguet monstruosament gros —digué: —cap dels altres no s'hi retira. Serà, tanmateix, un ou de gall dindi? Ben aviat ho esbrinarem: a l'aigua anirà a raure, baldament l'hi hagi de tirar a puntades de peu jo mateixa.

L'endemà, el dia era gloriosament bell, i el sol resplendia damunt totes les fulles de repalassa. La mare ànega, amb tota la seva família, se n'anà cap als fossats.

Xaf!, es llançà dins l'aigua. —Cuac!, cuac!! —digué. I els aneguets s'hi deixaren caure l'un darrera l'altre. L'aigua els esquitxà damunt les testes, però es redreçaren de bell nou i suraren bellament. Llurs potes s'engegaven totes soles, i no n'hi mancava cap; fins i tot el gros, lleig i cendrós, nedava amb ells.

— No, no és gall dindi — féu ella. — ¡Mireu que bellament fa anar les cames i que tes es manté! És el meu menut! Al capdavall no és pas tan mala cosa, quan hom se'l mira amb aquella atenció. Cuac!, cuac! Veniu amb mi, i us conduiré al món i us presentaré al corral dels ànecs; però romangueu-me sempre ben a la vora, perquè ningú no us pugui trepitjar, i tingueu compte amb el gat!

Després se n'anaren cap al corral dels ànecs. Hi havia en dansa un paorós aldarull, perquè dues cries lluitaven per un cap d'anguila, i a la fi va ser el gat qui l'hagué.

— Així és com van les coses en aquest món — digué la mare dels ànecs. I es llepà el bec, perquè el cap d'anguila el volia ella.

— Feu anar les cames — digué; — feu per manera de cloquejar degudament, i decanteu el coll davant aquella ànega vella d'allí. És la de més alta categoria de totes; té sang espanyola a les venes, i això explica el seu volum; i, veieu?, té un parrac vermell al volt de la cama; això és una cosa prodigiosament bella i la més extraordinària marca de distinció que un ànec pugui tenir. Això mostra clarament que no se la pot deixar de banda, i que mereix ésser contemplada, tant per les bèsties com pels homes! Cloquegeu, ara! No gireu els peus cap a dins: un aneguet ben educat conserva les cames ben separades, com fan son pare i sa mare. Així. I, ara, decanteu els colls i digueu: Cuac!

Feren allò que se'ls havia comandat; però els altres ànecs que hi havia pel volt van mirar-los, i van dir, en veu d'allò més alta:

— Ara veieu. D'aquí endavant ens les haurem d'haver amb aquesta trepa. Com si ja no fóssim massa! Ai, Senyor! ¡I que n'és de lleig, aquest aneguet! No el podrem pas tolerar!

I un ànec anà envers ell i li mossegà el coll.

— Deixeu-lo fer — digué la mare: — no fa cap mal.

— Ben segur que no; però és tan desmanegat i estrafolari! — digué el mossegaire. — Cal aporrinar-lo.

— És una bella fillada talment — digué la vella ànega que duia el parrac al volt de la cama. — Tots són de bella presència, fora d'aquest: aquest és d'una mostra desgraciada. És una llàstima que no el pugueu tornar.

—Això és impossible, Vostra Gràcia—digué l'ànega mare.—No és gentil, però és una criatura com un tros de pa, i neda tan bellament com qualsevol dels altres. És més: crec que tanmateix puc arriscar-me a afegir que jo penso que millorarà d'aquí endavant, o potser amb el temps es farà més petit. Era massa gran dins l'ou: així és que no ha sortit amb gaire bon posat.—I després li donà tustets al coll i l'amanyagà.—A més, és un mascle—digué;—així és que la cosa no té tanta importància. Em penso que serà molt fort, i no dubto que s'obrirà camí en aquest món.

—Els altres aneguets són molt bonics—digué la vella ànega.—Ara feu com si estiguéssiu a casa vostra; i, si trobeu el cap d'una anguila, podeu portar-me'l.

Després d'això se sentiren ben bé a casa llur. Però el pobre aneguet que havia estat el darrer a sortir de la closca, i que era tan lleig, fou mossegat, empès, i víctima de la riota implacable dels ànecs i de les gallines.

—És massa gros—deien tots. I el gall dindi que havia nat amb els esperons posats, i per tant es creia ben bé un emperador, s'estarrufà tot com un vaixell a plena vela, s'adreçà cap a ell, i gorgolà fins a esdevenir-ne tot caravermell. El pobre aneguet estava esmaperdut, i no sabia per on girar-se; estava desesperat perquè era tan lleig, i l'escometia tot el corral.

Així passà el primer dia, i després les coses empitjoraren i empitjoraren. El pobre aneguet fou empaitat i pataquejat per tothom: fins i tot sos germans i germanes el malmenaven, i sempre estaven dient:

—Tant de bo que el gat us engrapés, cosa fastigosa!

Fins i tot la seva mare deia:

—Voldria, en nom de Déu, que fóssiu a unes quantes milles de distància.

Els ànecs el mossegaven, les gallines el picaven, i la noia que els nodria li dava puntades de peu.

Ell que sí que va fugar-se i va volar de damunt el clos, i els ocellets fugiren esglaiats pels aires.

—És perquè sóc tan lleig—pensà el pobre aneguet, tot cloent els ulls. Però tanmateix continuà corrent. Després arribà a un gran aiguamoll on vivien els ànecs salvatges. Estava tan cansat i tan atuït, que romangué allí tota la nit.

Al matí els ànecs salvatges comparegueren volant, a inspeccionar llur nou companyó.

— Quina mena de criatura sou? — demanaren, mentre l'aneguet es girava d'una banda a l'altra i els saludava tan bé com podia.

EL GALL DINDI S'ESTARRUFÀ, S'ADREÇÀ CAP A L'ÀNEC I GORGOLÀ BELLA ESTONA

— Sou terriblement lleig! — digueren els ànecs salvatges. — Però d'això tant se'ns en dóna, mentre no us caseu amb família nostra.

Pobre minyó! No havia pas pensat en casori: tot el que necessitava era el permís d'estar-se entre els joncs i beure un poc de l'aigua de l'aiguamoll.

Romangué allí dos dies sencers. En acabat vingueren dues oques salvatges, les quals pertanyien al sexe masculí. No feia gaire temps que havien eixit de la closca, i, per tant, eren bastant impertinents.

— Escolteu, companyó — digueren: — sou tan lleig que tenim una veritable flaca per vós: ¿voleu aplegar-vos amb nosaltres i ésser un ocell de pas? Hi ha un altre aiguamoll per aquí a la vora, i hi ha algunes oques salvatges molt boniques, totes elles gentils damiselles que saben dir: Cuac! Sou prou lleig per a fer fortuna entre elles.

En aquell moment se sentí en l'aire: —Pam!, pam! —i les dues oques salvatges caigueren mortes entre els joncs, i l'aigua s'enrogí de sang. —Pam!, pam! —seguiren fent les escopetes; i esbarts sencers d'oques salvatges eixiren del joncar, i els trets feren noves víctimes entre elles.

Hi havia una gran cacera, i els caçadors eren amagats al volt de l'aiguamoll: alguns eren, fins i tot, asseguts a les branques dels arbres que estenien llur ufana damunt l'aigua. El fum blau s'alçava com a núvols entre els arbres obacs, i s'escampava per damunt l'estanyol.

Els gossos d'aigües rodaven d'ací d'allà per l'aiguamoll, xap!, xap! Els joncs i les canyes es decantaven sota llur pas per totes bandes. La situació era terriblement alarmant per al pobre aneguet. Recargolà son cap, fent-li dar un tomb i ajocant-lo sota l'ala, i justament aleshores un gossàs basardós aparegué arran mateix d'ell: la llengua li penjava enfora de la boca i sos ulls miraven perversament de fit a fit. Obrí el gran abisme de la seva boca a tocar de l'aneguet, mostrà son dentat agudíssim... i... xap! xap! se n'anà sense tocar-lo.

—Oh! Gràcies a Déu —sospirà l'aneguet. —Sóc tan lleig que fins i tot el gos no vol mossegar-me!

Després romangué tot arraulit mentre els trets xiulaven entre les mates, i bala darrera bala fendí els aires.

No vingué el retorn de la calma fins a una hora molt tardana del dia, però fins i tot aleshores el pobre aneguet no gosà aixecar-se; esperà algunes hores més abans de mirar a son volt, i després fugí de l'aiguamoll tan rabent com pogué. Passà a través de camps i prades, i feia un vent tan fort que hagué de maldar de valent per fer via.

Pels volts de la nit arribà a un pobre cabanó. Era un cobert tan miserable que no podia decidir com es deixaria caure: així és que romania en peu. El vent xiulava tan ferotgement al volt de l'aneguet, que li calgué asseure's damunt la cua per a resistir-lo; i el vent vinga bufar i més bufar. Després l'aneguet veié que la porta havia perdut un golfo, i penjava tan torta que ell podia arrossegar-se cap a dins de la casa a través del forat; i d'aquesta manera penetrà dins la cambra. Allí vivia una vella amb el seu gat i la seva gallina. El gat, que ella anomenava *Fillet,* podia arquejar el seu dors, fer un rebuf i llançar guspires elèctriques: s'entén si se li amanyagava el pèl a la inversa. La gallina tenia unes cametes menudes i breus, i per això era anomenada *Gallineta camacurta.* Ponia bons ous, i la vella n'estava tan enamorada com si li hagués estat filla.

En ésser matí, l'estrany aneguet fou descobert tot seguit, i el gat començà a botzinar i la gallina a cloquejar.

— Què diables passa! — féu la vella mirant a son volt. Però els seus ulls no filaven gaire, i es va pensar que l'aneguet era un gros ànec que s'havia escapat. — Heus ací una gran troballa — digué: — ara tindrem ous d'ànega, si no és un mascle! Cal esbrinar-ho.

Tingué l'aneguet a prova per espai de tres semanes, però els ous no van comparèixer. El gat era el cap de la casa, i la gallina era la mestressa, i sempre parlaven de "nosaltres i el món", perquè es creien que representaven la meitat del món, i una meitat que era ben bé la millor.

L'aneguet pensava que també es podria tenir una altra opinió, però la gallina no li deixava exposar-la.

— Podeu pondre? — demanà la gallina.

— No!

— Voleu tenir la bondat de posar-vos un segell a la boca, doncs? I el gat digué:

— Podeu arquejar el dors, tirar un rebuf, o treure guspires?

— No.

— Aleshores valdria més que us reservéssiu les vostres opinions quan parla la gent de seny.

L'aneguet s'estigué en el recó, criant mal humor, i va començar a pensar en l'aire lliure i el sol. El dominà un desig invencible de surar per l'aigua, i a la fi no pogué menys d'assabentar-ne la gallina.

— En nom de Déu! Per què us capfiqueu? — preguntà ella. — No teniu res a fer: vet ací per què us passen pel magí aquestes cabòries. Pongueu uns quants ous o apreneu de tirar un rebuf, i tot això se us n'anirà del cap.

— Però és tan delitós, de surar damunt l'aigua! — digué l'aneguet; — i tan delitós de sentir-la com llisca damunt el cap quan us tireu a fons!

— Quin divertiment tan galdós! — digué la gallina. — Em penso que us heu begut l'enteniment. Demaneu-li al gat com pensa sobre això. És la criatura de més seny que conec. Demaneu-li si li plau, de surar per l'aigua o de cabussar-s'hi. De mi, no en parlem. Demaneu-ho a la nostra mateixa mestressa, la vella: no hi ha ningú, en tot el món, més intel·ligent que ella. ¿Que us penseu que en té ganes, de surar per l'aigua o d'anar-hi per sota?

— No m'heu comprès — digué l'aneguet.

— Bé, si no us comprenem nosaltres, qui ho podrà fer? Suposo que no us considerareu pas més intel·ligent que el gat o que la vella: de mi no cal fer-ne esment. No feu el ximple, criatura, i agraïu a la vostra planeta tot el bé que us hem prodigat. ¿No heu pogut viure en aquesta cambra tota calenta, i amb una companyia vora la qual podeu haver après alguna cosa? Però sou un beneit, i no es passa gust en acoblar-se amb vós. I podeu creure que no vull sinó el vostre bé, i us canto les veritats franques: no hi ha via més segura per conèixer quins són els nostres amics. Feu per manera, doncs, de pondre alguns ous, o d'ensinistrar-vos en el rebuf, o de llançar guspires.

— Em penso que sortiré cap al món de fora — digué l'aneguet.

— Oi! Feu-ho, positivament! — digué la gallina.

Així és que l'aneguet se n'anà, i surà per damunt l'aigua i s'hi cabussà; però tota criatura vivent el mirava de reüll per la seva lletjor. Vingué el temps tardoral: les fulles dels boscos esdevenien grogues i brunes; el vent les prenia, i donaven tombs de dansa. El cel tenia posat d'una gran fredor, i s'hi aturaven els núvols, feixucs de neu i calamarsa. Un corb, damunt el clos de rama, cantava un trist regany, de tant de fred. Feia esgarrifar només que de pensar-hi; el pobre aneguet es trobava, veritablement, en un mal trencacoll.

Un capvespre, el sol es ponia amb hivernenca resplendor, quan un esbart de bells ocellassos eixiren fora de les mates. L'aneguet mai no havia vist cosa més bella: eren blancs que enlluernaven, amb llargs colls onejants. Eren cignes, i feien un crit peculiar, tot estenent llurs magnífiques ales esbarjoses, i volant de les contrades fredes cap a les

—PERÒ ÉS TAN DELITÓS, DE SURAR DAMUNT L'AIGUA—DIGUÉ L'ANEGUET

terres més calentes i la mar lliure. Pujaren amunt, tan amunt! I el lleig aneguet esdevingué singularment neguitós: donà tombs i més tombs dins l'aigua, com una roda, estirant en l'aire el seu coll com si volgués seguir-los. I aleshores féu un crit tan penetrant i tan inconegut, que ell mateix va esglaiar-se'n en gran manera. Oh! No podia oblidar aquells ocells formosos, aquells ocells feliços; i tan aviat com van ésser fora de l'esguard es va cabussar fins arribar a fons, i quan tornà a eixir estava totalment fora de test. No sabia quins eren aquells ocells, o a on volaven; però tanmateix se sentia atret per ells com mai no ho havia estat per cap criatura de la terra. Gens ni mica no els envejava: ¿com se li hauria pogut acudir el simple desig d'ésser semblant prodigi de bellesa? Son cor hauria estat ple d'agraïment si hagués aconseguit, només, que aquells grans ànecs l'haguessin tolerat en llur companyia. Pobre i lleig animaló!

L'hivern fou d'un fred tan terrible, que l'ànec no tingué més remei que donar volts per l'aigua per evitar que es glacés; però cada nit el trau dins el qual nedava anà fent-se més i més petit. Després glaçà tan fort que tot el glaç del damunt va petar, i l'aneguet hagué de bellugar les cames contínuament perquè el glaç no es clogués al seu voltant. A la fi estava tan cansat que ja no podia fer cap més moviment, i començava de glaçar-se al cor mateix del glaç.

A primeres hores del matí passà un camperol i el va veure. Va adreçar-se cap al glaç i va fer-hi un forat, martellejant-lo amb el seu esclop, que era d'allò més feixuc; i portà l'aneguet a casa, a la seva dona. Allí no trigà a reviscolar-se. Els infants volien jugar-hi, però l'aneguet cregué que es proposaven malmenar-lo, i, en son esglai, es llançà a dins del perol de la llet, i la llet esquitxà tota la cambra. La dona xisclà i alçà les mans enlaire. Després l'aneguet anà d'un vol dins el barralonet de la mantega, i caigué dins l'atuell de la farina i en va sortir. Imagineu-vos què semblaria, en aquella hora! La dona l'escridassava, i provà d'ensopegar-lo amb les tenalles, i els infants caigueren l'un damunt l'altre volent atrapar-lo, i xisclaven i reien. Per sort la porta era oberta, i l'ànec fugí cap a les mates i la neu novament caiguda, i allí s'aturà gairebé exhaurit.

Però fóra massa trist d'esmentar totes les privacions i misèries que hagué de passar aquell hivern tan aspre. Quan el sol començà de resplendir i donar escalf altra vegada, l'aneguet era a l'aiguamoll i es trobava entre els joncs. Les aloses cantaven, i havia vingut la primavera gentil.

Aleshores, de cop i volta, alçà les seves ales, i elles es mogueren amb molta més força que no pas abans, i el duien enfora vigorosament. Abans que sabés on era, es trobà dins un gran jardí on les pomeres eren al ple de la florida, i l'aire era tot embalsamat de lilàs, les llargues branques dels quals protegien les vores alteroses del llac. Oh! Que n'era, de delitosa, la frescor de la primavera!

Davant mateix d'ell contemplà tres bells cignes blancs que avançaven al seu encontre, d'unes mates estant. Amb llurs plomes, que feien un dolç murmuri, nedaven lleument damunt l'aigua. L'aneguet reconegué els ocells majestuosos, i el dominà una estranya melangia.

— Volaré devés ells, devés els ocells reials, i ells m'esbocinaran perquè jo, que sóc tan lleig, goso atansar-m'hi. Però tant se val; més m'estimo que ells em matin que no pas que els ànecs em mosseguin, les gallines em piquin, o la dona de les gallines em doni una puntada de peu, o em calgui passar tanta de misèria a l'hivern.

Així és que volà cap a l'aigua i nedà devés els cignes sobirans. Ells el veieren, i es precipitaren cap a ell amb les plomes estarrufades.

— Mateu-me, oh!, mateu-me! — digué la pobra criatura. I, decantant el seu cap devés l'aigua, esperà la seva mort. Però ¿quina cosa veié, reflectida en l'aigua transparent?

Veié a sos peus la seva pròpia imatge; però ja no era un ocell matusser i d'un gris ombrívol, tot lleig i desmanegat: ¡ell també era un cigne! ¡No hi fa absolutament res que sigueu nats en un corral d'ànecs, si heu eixit d'un ou de cigne!

Se sentí ben joiós de totes les misèries i tribulacions que havia passat: ara n'havia esdevingut més apte per a donar preu a la seva bella fortuna, i a tota la bellesa que li donava la benvinguda.

Els cignes grans nedaren i nedaren al seu volt, i l'amanyagaren amb llurs becs. Alguns infantons comparegueren al jardí amb grana i trossos de pa, que llançaren a l'aigua; i el més petit cridà: — ¡N'hi ha un de nou! — Els altres infants feren, en joiosa cridòria: — ¡Sí, n'ha vingut un de nou! — I picaren de mans i dansaren per aquells topants, corrent darrera llur pare i llur mare. Després tiraren el pa a l'aigua, i un d'ells digué que "el nou era el més bonic, perquè era tan jove i tan bell". I els vells cignes decantaren llurs caps i li feren homenatge.

Ell se sentí tot avergonyit, i amagà el cap sota l'ala; no sabia què pensar-ne. Era feliç en gran manera, però gens envanit; un bon cor mai no s'envaneix. Pensà com havia estat perseguit i menyspreat, i ara els sentia dir a tots que era el més formós de tots els ocells formosos. Els lilàs decantaven llurs tanys a dins mateix de l'aigua, al davant seu, i el sol resplendent escalfava i alegrava, i ell feia murmurar les seves plomes i alçava en l'aire son coll esvelt, dient en son cor, tot ple de joia: — ¡Mai no havia somniat tanta de ventura quan era l'Aneguet lleig!

LA PRINCESA I EL PÈSOL

Una vegada hi havia un príncep i li calia una princesa de bo de bo. Ell va donar ben bé la volta al món per trobar-ne una, però sempre tenien un sis o un as. Hi havia abundor de princeses, però ell trobava gran dificultat a descobrir si eren princeses de bo de bo; sempre reparava quelcom que no acabava de fer el pes. Així és que a la fi se'n va tornar a casa seva, i estava molt tristoi perquè li calia de mala manera una princesa de bo de bo.

Un vespre hi va haver una tempesta que feia feredat: tronava i llampegava, i l'aigua queia a bots i a barrals: tanmateix era una nit que esgarrifava.

Al mig de la tempesta, algú trucà a la porta de la ciutat; i el rei pare, ell mateix, anà a obrir-la.

Era una princesa dreta al defora, però malmesa una cosa de no dir per la pluja i la tempesta. Rajava un doll d'aigua del seu cabell i el seu vestit, l'aigua entrava pel cim de les seves sabates i sortia pels talons; però ella va dir que era una princesa de bo de bo.

— Aviat veurem si això és veritat — pensà la vella reina; però no va badar boca. Se n'anà cap al dormitori, tragué tots els llençols, i deixà un pèsol damunt les posts travesseres. Aleshores, ella que sí que agafà vint matalassos de llana i els posà damunt el pèsol, i després vint matalassos de ploma i els posà damunt els matalassos de llana. I allí havia de dormir aquella nit la princesa. L'endemà li demanaren com havia dormit.

— Oh! Terriblement! — digué la princesa. — ¡Amb prou feines he tancat els ulls en tota la nit! Déu sap què hi havia, en el llit. Hauria dit que jeia damunt alguna cosa dura, i tinc tot el cos blau i negre, aquest matí. És terrible!

Tot seguit veieren que devia ésser una princesa de bo de bo,

ERA UNA PRINCESA DRETA AL DEFORA, PERÒ MALMESA UNA COSA DE NO DIR PER LA PLUJA I LA TEMPESTA quan havia sentit el pèsol a través de vint matalassos de llana i vint matalassos de ploma. Ningú sinó una princesa de bo de bo no podia tenir una pell tan delicada.

Així, doncs, el príncep la prengué per muller, perquè aleshores sí que va estar segur que havia trobat una princesa de bo de bo; i el pèsol fou posat al Museu, on hom encara pot veure'l, si ningú no l'ha robat.

I aquesta història és de bo de bo.

EN BARBA BLAVA

Una vegada vivia prop de la ciutat de Bagdad un home molt ric que posseïa cases molt boniques a ciutat i agradoses pagesies, vaixelles d'or i argent, arques plenes de pedres precioses, tapissos brodats, cotxes recoberts d'or i tota llei de comoditats i riqueses. Però aquell home no podia ésser feliç de cap manera, perquè tenia la barba blava i aquest detall del seu rostre el feia tan horriblement lleig que no hi havia noia o dona feta que, en veure'l, no fugís a corre-cuita.

Una veïna seva, dama molt distingida, tenia dos fills i dues filles d'impecable bellesa. En Barba Blava li demanà una de les noies, i deixà que la mateixa mare decidís quina havia d'ésser per a ell: Anna o Fàtima.

Cap d'elles no el volia i l'una procurava convèncer l'altra que acceptés aquell pretendent perquè la idea de casar-se amb un home que tenia la barba blava els omplia el cor de basarda. I una altra cosa també els feia angúnia i aversió: que en Barba Blava s'havia casat més d'un cop i ningú no sabia com havien acabat les seves dones.

En Barba Blava convidà les dues noies, la seva mare i tres o quatre amigues d'elles, així com alguns minyons del veïnat, a una de les seves masies. Allí van passar tota una setmana en bells deports: caçant, pescant, dansant, celebrant festins joiosos. Ningú no es ficava al llit; tothom passava la nit fent taral·la en colles rialleres. Tot allò ho havia conjuminat en Barba Blava per captar-se l'afecte de les noies i reeixí en el seu intent, perquè al cap de poc la més petita començà a pensar que la barba de l'amo de la casa no era pas tan i tan blava com la gent deia i que, ben mirat, era un home ben agradívol. I, al capdavall, poc temps després d'haver tornat les noies a casa seva, el casament fou cosa feta.

Al cap d'un mes d'ésser casats, en Barba Blava digué a la seva muller que uns negocis molt importants l'obligaven a emprendre un viatge i que hauria d'estar almenys sis setmanes fora de casa; però desitjava que es distragués a bell cor durant la seva absència. Podria, doncs, convidar els seus amics i coneguts, dur-los, si li abellia, a algun indret camperol, i arreu on anés volia que es donés tots els gustos.

— Veus? — li digué. — Ací tens les claus dels dos guarda-robes grans on servo la millor indumentària; aquestes altres són de les estances ben reforçades on hi ha la vaixella d'or i d'argent, que no fem servir sinó molt de tard en tard; aquestes són de les arques on servo els meus diners, l'or i la plata; amb aquestes podràs obrir les arquimeses plenes de pedres precioses, i heus ací ara la clau de les meves cambres. Encara resta una claueta, ací la tens, i és de l'estança que s'escau al capdavall del passadís de la planta baixa. Obre, si et plau, totes les sales, cambres i recambrons, entra arreu on t'abelleixi, però no entris de cap manera a la cambra de baix. T'ho prohibeixo, sents?, i et dic que si goses a obrir-la el meu enuig no tindrà límits.

La muller prometé obeir-lo fidelment, i en Barba Blava l'abraçà, es ficà al seu carruatge i es posà en camí.

Les veïnes i amigues de Fàtima amb prou feines esperaren la invitació de la joveneta casada de fresc per comparèixer a casa seva, tan daleroses estaven de veure'n el ric parament. No havien gosat anar-hi mentre el marit era a casa, perquè la barba blava els feia por. Tafanejaren totes les cambres, sales, guarda-robes, i era tot tan luxós i bonic que cada cosa que veien semblava millor que les altres.

També entraren a les dues grans estances on servaven el millor parament; no es cansaven d'admirar la profusió i bellesa dels tapissos, llits, canapès, escriptoris, taules i sobretot els miralls, en els quals hom podia veure's de cap a peus; alguns eren ornats amb vidre, d'altres amb plata senzilla o bé daurada; eren els miralls més bells i sumptuosos que s'hagin vist mai. Les convidades no es cansaven de lloar i envejar la felicitat de la seva amiga; però ella no gaudia gens contemplant aquelles belles coses, perquè la neguitejava el desig d'anar a obrir la cambreta de la planta baixa. La seva curiositat arribà a turmentar-la tant i tant, que, sense tenir en compte que era ben poc gentil de deixar soles les seves amigues, baixà per una escaleta de pas, i tan de pressa que ben bé un parell de vegades va estar a punt de trencar-se el coll.

Arribada que fou a la porta de la cambra, estigué una estona indecisa, pensant en les ordres del seu marit, i recordant que podrien sobrevenir-li grans desgràcies si el desobeïa; però la temptació era tan forta que Fàtima no es pogué dominar. Agafà la claueta, i obrí la porta, tremolant. De primer no veié res clarament, perque eren tancats tots els finestrons de la cambra, però al cap de poc va adonar-se que el terra era tot tacat de sang presa, i veié davant seu diverses dones mortes, penjades a la paret, l'una al costat de l'altra; ah! aquelles eren, doncs, les dones que havia tingut en Barba Blava; i les havia occit una per una! Fàtima va estar a punt de caure morta d'esglai, i la clau, que el sobresalt li féu treure del pany, se li esmunyí de la mà erta.

Quan s'hagué refet una mica, recollí la clau, tancà la porta, i se n'anà a la seva cambra per mirar si s'asserenava, però no podia; aquell esglai li glaçà el cor. Llavors s'adonà que la clau de la cambra prohibida era tacada de sang, i provà dos o tres cops de netejar-la, però la sang no se n'anava de cap manera. Era en va que la mullés i fins i tot que la fregués amb sabó i amb sorra; la sang no desapareixia, perquè aquella clau era màgica, i Fàtima no la podia deixar neta del tot; quan aconseguia esborrar la sang d'una banda, sortia a bell seguit a la banda oposada.

En Barba Blava arribà aquell mateix vespre, i digué a la seva dona que pel camí havia rebut un missatge fent-li avinent que els negocis que motivaren la seva eixida eren ja resolts a favor seu. Fàtima féu tots els possibles per donar-li entenent que estava molt contenta del seu retorn immediat. L'endemà al matí en Barba Blava li demanà les claus i ella les hi donà, però amb la mà tan tremolosa que el seu marit endevinà fàcilment el que havia succeït.

— Com s'explica això? — digué. — La clau de la cambra de baix no és amb les altres.

— Me la dec haver deixada a dalt, sobre la taula — respongué ella.

— Porta-me-la, doncs, de seguida — li manà en Barba Blava.

Després d'intentar distreure'l dos o tres cops, Fàtima no tingué altre remei que anar a buscar la clau i donar-la-hi. En Barba Blava se la mirà amb molta atenció i preguntà:

— Com és que aquesta clau és tacada de sang?

— No ho sé pas — respongué la pobra Fàtima, groga com una morta.

— No ho saps! — replicà en Barba Blava. — Doncs jo sí que ho sé. Volies entrar a la cambreta, oi? Molt bé, senyora meva; ja et dic jo que hi entraràs i ocuparàs un lloc entre les dames que has pogut veure allí dins.

En sentir això Fàtima es llançà als peus del seu marit, plorant i demanant-li perdó, amb mostres vivíssimes d'estar penedida.

L'aflicció d'aquella beutat hauria commogut les mateixes pedres, però en Barba Blava tenia el cor més dur que un penyal.

— Has de morir — li deia, — i de seguida!

— Si és així — implorà ella mirant-lo amb els ulls plens de llàgrimes, — dóna'm temps, almenys, per dir les meves oracions.

— Et dono mig quart d'hora, però ni un instant més.

Fàtima sortí, corregué a trobar la seva germana i li digué:

— Anna, germana meva: puja de pressa a la torratxa i mira si vénen els nostres germans; em van prometre que vindrien avui: si els veus, fes-los senyal d'apressar-se.

Ho digué tan anguniosa que la seva germana no gosà preguntar-li per què, sinó que pujà corrents a la torratxa i mirà per totes bandes, mentre la pobra Fàtima li preguntava de baix estant, morta d'angúnia:

— Anna, germana meva, veus venir algú?

I Anna li responia:

— Només veig pols que el vent s'emporta i herba verda a tot volt.

Mentrestant en Barba Blava tenia ja a les mans una gran simitarra i cridà amb veu de tro:

— Au, baixa de seguida, si no vols que pugi a cercar-te.

— Dóna'm encara un instant, només un instant més — li pregà

Fàtima i després digué baix, baixet: — Anna, germana meva, ¿no veus venir ningú?

I Anna li contestà:

— Només veig pols que el vent s'emporta i herba verda a tot volt.

— Baixa ara mateix, si no vols que pugi a buscar-te! — cridà altre cop en Barba Blava.

— Ja vinc — respongué Fàtima. I tornà a preguntar: — Anna, germana meva, no veus venir ningú?

— Veig un gran núvol de pols que s'atansa.

— Són els nostres germans?

— Ai, no, germaneta; és un ramat de bens.

— Que no baixes? — vociferà en Barba Blava.

EN BARBA BLAVA TENIA A LES MANS UNA GRAN SIMITARRA I CRIDAVA AMB VEU DE TRO: — AU, BAIXA DE SEGUIDA!

— SÓN ELS NOSTRES GERMANS; ELS ESTIC FENT SENYALS PERQUÈ CUITIN
— EXCLAMÀ ANNA

— Un moment, només un moment! — digué Fàtima, i preguntà altra vegada: — Anna, germana meva, no veus venir ningú?

— Veig dos genets que s'acosten — digué Anna, — però encara són molt lluny. — I al cap de poc exclamà: — Lloat sia Déu! Són els nostres germans; els estic fent senyals perquè cuitin.

En aquell instant en Barba Blava vociferà talment que tota la casa tremia. La dissortada Fàtima comparegué davant seu, i se li tirà als peus, plorant i amb els cabells desfets.

— És en va; no em commouràs — digué en Barba Blava. — Has de morir.

I agafant-li els cabells amb una mà i aixecant la simitarra amb l'altra es disposava a tallar-li el coll; però Fàtima alçà el cap i mirant-lo amb ulls desesperats li suplicà que li concedís encara un moment de vida per recollir-se i fer les seves pregàries.

— No, no — respongué en Barba Blava. — ¡Encomana't a Déu tot seguit!

I tornà a alçar la simitarra.

Però en aquell precís moment se sentí trucar tan fort a la porta que en Barba Blava es parà, sobtat. La porta fou esbotzada de fora estant i entraren dos genets amb l'espasa nua, els quals es llançaren furiosament contra en Barba Blava. Aquest reconegué tot seguit els germans de la seva dona i provà de fugir, però els dos germans l'encalçaren d'a la vora i a la fi l'atraparen abans d'arribar al portal, i li clavaren les espases. La pobra Fàtima, gairebé tan morta com el seu marit, caigué en terra i no tingué forces per alçar-se i abraçar els seus germans.

Com que en Barba Blava no tenia hereu, la jove muller es veié mestressa de totes les seves riqueses. Oferí una part d'aquells béns com a dot a la seva germana Anna, que es casà amb un donzell que de temps l'estimava; destinà una altra part a adquirir el grau de capità per als seus dos germans; i la resta fou el dot d'ella, i es casà amb un home d'allò més digne que li féu oblidar les horribles hores que havia passat amb en Barba Blava.

HISTÒRIA D'ALADÍ O LA LLÀNTIA MERAVELLOSA

Fa anys i panys vivia a la capital de la Xina un sastre que es deia Mustafà. Era tan pobre que amb prou feines podia mantenir la dona i un fill que tenia. Aquest fill, que es deia Aladí, era gandulot, arrauxat i malcreient, i es passava tot el sant dia jugant pels carrers amb altres bordegassos també dolentots i ganduls. Mustafà el castigava, però Aladí era incorregible, i el seu pare n'estava tan apesarat que es posà malalt i morí al cap de pocs mesos. La mare, veient que Aladí no volia treballar de cap manera, provà de guanyar-se la vida per a tots dos filant cotó.

Aladí, esvaïda ja la por del seu pare, que poc o molt el cohibia, s'abandonà del tot a l'oci. Un dia que jugava amb els seus companys de vagància, passà un foraster per la placeta on els minyons s'estaven, i s'aturà, i es posà a mirar Aladí fit a fit. Aquell foraster era un màgic vingut de terres africanes. Gràcies al seu pregon coneixement de les coses de màgia havia vist en el rostre d'Aladí quelcom que li convenia utilitzar per a uns treballs misteriosos que portava entre mans.

Cridà Aladí, i quan foren un tros lluny dels seus companys li digué:

—Escolta, minyó: no ets pas fill de Mustafà, el sastre?

—Sí —li respongué Aladí; —però el meu pare ja fa bastant temps que és mort.

En sentir aquestes paraules, el màgic africà va estrènyer el noi contra el seu pit i el besà amb els ulls plens de llàgrimes.

—Fill meu —li digué: —has de saber que sóc el teu oncle. He viscut molts anys a l'estranger, i ara que tornava a casa amb l'esperança de veure el teu pare, tu em fas avinent la seva mort! Al primer cop d'ull ja he endevinat qui eres, perquè t'assembles molt al teu pare; i veig, Aladí, que no m'errava pas.

Després preguntà a Aladí on vivia la seva mare i li donà un grapadet de monedes bo i dient:

— Vés, fill meu, a trobar la teva mare, saluda-la de part meva i digues-li que l'aniré a veure demà.

Així que el màgic africà l'hagué deixat, Aladí va córrer a casa seva, boig d'alegria, i digué a la seva mare:

— Mare! Acabo de trobar el meu oncle!

— No pot ésser, fill meu — exclamà la pobra vídua. — No tens cap oncle ni per la banda del teu pare ni per la meva.

Llavors Aladí li contà fil per randa el que el màgic africà li havia dit.

L'endemà la mare d'Aladí preparà un bon sopar i en fer-se fosc van trucar a la porta. Aladí anà a obrir i el màgic entrà carregat de vi i de fruita. Saludà la mare d'Aladí, i amb llàgrimes als ulls, es lamentà de no haver arribat a temps per veure el seu germà Mustafà.

— Feia quaranta anys que era lluny de la pàtria — digué el màgic, astuciós. — He visitat les Índies, la Pèrsia, l'Aràbia, la Síria i l'Egipte. Per fi, vaig sentir enyorament del meu germà estimat i tot seguit vaig endegar les coses per poder tornar. I heus ací que acabava d'arribar a la ciutat i vagarejava un xic pels carrers quan vaig veure en el rostre del meu nebot, el teu fill, la mateixa fesomia del meu germà, feta i pastada.

El màgic africà, donant-se compte que aquelles paraules havien desvetllat la dolor de la vídua que esclatava en un plor, es dirigí a Aladí, i li preguntà quin ofici tenia o a què es dedicava. Aladí acotà el cap, enrojolat de vergonya, mentre la seva mare explicava que era un minyó gandul, que es passava tot el sant dia al carrer.

— Això no està gens bé, companyó — digué el màgic. — Si no t'agrada cap ofici, et llogaré una botiga i te la proveiré de teles fines i de sumptuosos teixits.

L'oferta plagué molt a Aladí, que sabia que els amos d'aquella llei de botigues eren d'allò més respectats, i, després de donar les gràcies al màgic africà, li digué que una botiga li agradava més que cap ofici o professió. La mare d'Aladí, que fins aquell moment no havia pas cregut que el màgic fos germà del seu marit, ja no dubtà gens en sentir-li fer aquella generosa oferta. Li agraí molt la bondat que mostrava envers Aladí i exhortà el seu fill a correspondre als favors de l'oncle amb la seva bona conducta.

L'endemà al matí, el màgic africà tornà molt d'hora, portà Aladí a casa d'un sastre i li comprà un vestit luxós i gentil; després volgué visitar les principals mesquites i obsequià el seu nebot en els hostals més freqüentats. Per fi, l'acompanyà fins a casa de la seva mare, la qual, en veure el seu fill tan ben vestit, alçà els ulls al cel i pregà a Déu que beneís el generós benefactor.

L'endemà al matí Aladí es llevà ben d'hora i es posà el seu elegant vestit nou. El màgic africà no es féu esperar gaire; entrà a la casa i digué, bo i fent carícies al noi:

— Vina amb mi, fill meu, que avui t'ensenyaré coses molt boniques.

I el menà cap als afores de la ciutat. Travessaren parcs i jardins magnífics, deixaren enrera bells palaus i feren via enllà, camps a través, fins que arribaren al peu d'unes muntanyes. Durant tot el trajecte el màgic havia procurat distreure Aladí, contant-li facècies i oferint-li dolços i fruita.

Quan foren a la vall que s'obria entre aquelles altes muntanyes, el màgic digué a Aladí:

— No cal que anem més lluny. Vés a aplegar un xic de llenya i jo picaré les pedres per encendre foc amb les guspires.

Aladí recollí un feix de branquillons i el màgic africà els encengué, i quan començaren a cremar, remugà unes paraules màgiques i tirà un perfum a les flames. Tot d'una s'alçà una gran fumera i la terra s'obrí, trontollant, i deixà al descobert una llosa amb una anella de bronze al bell mig.

Aladí s'esglaià tant en veure allò, que volgué fer-se escàpol, però el màgic l'aferrà i li ventà un cop de puny a l'orella que el féu caure a rodolons. El minyó s'alçà a la fi, tremolant com la fulla a l'arbre, i preguntà amb els ulls plorosos què havia fet per merèixer aquell càstig.

—Tinc les meves raons per tractar-te així —li digué el màgic en to asprívol. —No has vist què acabo de fer? Has de saber, fill meu —continuà després amb més dolcesa, —que sota aquesta pedra hi ha un tresor amagat que ha d'ésser per a tu. Quan el tinguis seràs més ric que el més gran monarca del món. El Destí ha volgut que ningú sinó tu no pugui alçar aquesta llosa i entrar a la caverna, però cal que segueixis fil per randa el que jo et digui si vols vèncer tots els obstacles que se't puguin presentar.

Aladí, que estava astorat de tot allò, i que havia sentit com cor endins la indignació se li esvaïa en saber que posseiria un gran tresor, s'apressà a respondre:

—Mana'm el que vulguis, oncle meu; jo prometo obeir-te.

Llavors el màgic li ordenà que agafés l'anella i que alcés la llosa, bo i pronunciant els noms del seu pare i del seu avi. Aladí féu el que li manaven; aixecà fàcilment la pedra massissa i la decantà sense esforç. Llavors quedà al descobert la boca d'una caverna d'alguns peus de fondària i una porteta darrera la qual començava una escala per on es podia baixar caverna avall.

—Para esment, fill meu, en el que et diré —recalcà el màgic. —Baixa aquesta escala, i en ésser a l'últim graó veuràs una porta oberta. Entra-hi, i trobaràs tres grans sales en cadascuna de les quals veuràs quatre grans cofres de bronze plens d'or i d'argent. Tingues cura de no tocar per res tota aquella riquesa. Abans d'entrar a la primera sala cenyeix-te ben bé el vestit i travessa la primera i la segona sala sense aturar-te. I sobretot et recomano que no toquis gens les parets ni amb un fil del vestit, perquè si això feies moriries tot d'una.

"Al capdavall de la tercera sala trobaràs una porta que dóna a un jardí, on hi ha bells arbres plens de fruita. Travessa'l de seguida, per un corriol que et durà al peu de cinc esglaons; puges aquests esglaons i et trobaràs dalt d'una terrassa, en aquesta terrassa veuràs un nínxol i dins el nínxol una llàntia encesa. Despenja aquella llàntia, apaga-la, llença'n el ble i l'oli, fica-te-la a la pitrera i porta-me-la. Si t'agraden les fruites del jardí pots collir-ne sense por tantes com vulguis.

El màgic es tragué llavors un anell i el posà a un dit d'Aladí, bo i dient-li:

—Aquest anell et servarà de tot mal.

Aladí saltà dins la cova, baixà l'escala i trobà les tres sales tal com el màgic africà li havia dit. Les travessà, parant compte de no tocar les parets, passà també pel jardí sense aturar-se, baixà la llàntia del nínxol, en llençà el ble i l'oli, i se la ficà a la pitrera.

Però un cop hagué baixat de la terrassa, s'entretingué a mirar la fruita dels arbres. Eren fruites meravelloses i de diversos colors. Hi havia arbres amb fruita tota blanca, i d'altres la tenien clara i transparent com el cristall; hi havia fruites vermelles, verdes, blaves, de color de púrpura, grogues... en fi, hi havia fruites de tota llei de colors. Les blanques eren perles, les clares i transparents, diamants; les vermelles, robins; les verdes, maragdes; les blaves, turqueses; les de color de púrpura, ametistes, i les grogues, safirs. Aladí ignorava el valor d'aquelles pedres, i hauria preferit vint vegades que els arbres haguessin estat plens de figues, de raïms, o bé de qualsevol altra fruita mengívola. Però, per bé que estava segur que la fruita d'aquells arbres era vidre acolorit d'escassa valor, li agradà tant la varietat de colors i la bellesa i grandària d'aquella estranya fruita, que en collí unes quantes de cada mena, i, a més de la pitrera, n'omplí les dues bosses noves de què el seu oncle li havia fet present.

Així carregat de riqueses de les quals desconeixia el valor, Aladí tornà a travessar les tres sales per arribar a la boca de la caverna, on el màgic l'esperava amb vivíssima impaciència. El que es proposava aquell mal home era fer-se donar la llàntia tan aviat com aparegués Aladí, i després fer-lo caure amb una empenta al fons de la cova, perquè no quedés cap testimoni del que havia passat. Però així que Aladí veié el màgic, li cridà:

—Vols donar-me la mà, oncle, per ajudar-me a sortir?

—Dóna'm primer la llàntia—digué el màgic,—per pujar et farà nosa.

—Oncle, no sé pas com fer-ho per donar-te-la ara; ja te la donaré així que sigui a dalt.

Però el màgic era obstinat i insistí perquè el noi li donés la llàntia, i Aladí, que portava la pitrera tan plena de fruites que no podia arribar a agafar-la, es negà a donar-la-hi abans de sortir de la cova. El màgic s'enquimerà, tirà encens al foc que encara era encès, pronuncià unes paraules màgiques i al bell instant la llosa que cobria la boca de la cova tornà tota sola al seu lloc. Llavors el màgic africà, perduda tota esperança d'assolir la llàntia meravellosa, se'n tornà aquell mateix dia cap a les terres d'Àfrica.

Quan Aladí es veié enterrat de viu en viu cridà, plorant, el seu oncle i li digué que li donaria la llàntia tot seguit. Però era inútil que cridés: de fora estant la seva veu no podia oir-se. Baixà fins a l'últim graó, amb el desig de sortir al jardí, però la porta, que abans fou oberta per art d'encantament, ara, estava tancada, també per art d'encantament. Aladí tornà a plorar i gemegar, i s'assegué a l'escala, convençut que mai més no veuria la llum del dia.

Així passà dos dies, sense menjar ni beure res. Però, al tercer dia, mentre gesticulava desesperat, sense voler fregà la paret amb l'anell que li havia donat el seu oncle i al bell instant eixí de terra un Geni esglaiador, tan alt que amb el cap tocava el sostre de la cova i digué a Aladí:

—Què vols? Sóc esclau teu i de tothom que pugui posseir l'anell que duus al dit, i com a esclau he d'obeir-te; i t'obeiran també els altres esclaus d'aquest anell!

Si no s'hagués trobat en aquella situació angoixosa, Aladí s'hauria esglaiat molt de veure un ésser tan estrany; però el perill que corria l'impulsà a respondre de seguida:

—Siguis qui siguis, treu-me d'ací!

I quan acabava de pronunciar aquests mots, es trobà al mateix indret on el màgic havia fet obrir la terra i s'afanyà cap a casa seva, molt content de veure's salvat.

L'alegria de tornar a veure la seva mare i la feblesa que sentia després d'haver estat dos dies sense tastar res el feren caure desmaiat i durant llarga estona semblà talment sense vida. La bona dona provà mil remeis per fer-lo tornar en si, i al capdavall va aconseguir-ho; però Aladí no pogué dir sinó aquestes paraules:

—Mare, porta'm alguna cosa per menjar.

Llavors ella va dur-li la poca o molta minestra que hi havia a la casa.

Un cop refet, Aladí va contar-li fil per randa el que li havia esdevingut, i li ensenyà les fruites transparents i de diversos colors que havia collit al jardí de la cova. Però, encara que aquelles fruites eren pedres precioses que brillaven com el sol, com que la mare n'ignorava el valor, les deixà en un recó de la cambra, sense fer-ne cabal.

Aladí dormí com un soc la resta d'aquell dia i fins entrat el matí de l'endemà, però en despertar-se es trobà que a la casa no hi havia gens de minestra i ni un cèntim per sortir a comprar alguna cosa.

— Ai, fill meu! — li digué la seva mare. — No tinc ni un mos de pa per donar-te, però guardo una mica de cotó filat i l'aniré a vendre.

— Mare — li respongué Aladí: — serva el cotó, per ara, i dóna'm la llàntia que vaig portar ahir. L'aniré a vendre i amb el que me'n donin potser en tindrem prou per a l'esmorzar, per al dinar i qui sap si fins i tot per al sopar d'avui.

La mare d'Aladí anà a buscar la llàntia, i com que la veié molt bruta agafà una mica de sorra fina i d'aigua per rentar-la, però així que començà a fregar se li aparegué un Geni horriblement lleig i de proporcions gegantines i li cridà amb veu de tro:

— Què vols? Què desitges? T'obeiré com a esclau teu i de tothom que tingui aquesta llàntia a la mà; t'obeiré jo i també t'obeiran els altres esclaus de la llàntia!

La mare d'Aladí es desmaià de l'esglai, però el minyó li prengué la llàntia de les mans i digué:

— Tinc gana. Porta'm alguna cosa per menjar.

El Geni desaparegué ràpidament, i al cap d'un instant ja tornava a ésser allí portant una gran safata d'argent amb dotze plats del mateix metall, que contenien els menjars més exquisits; i també hi havia sis panets tendres, dues ampolles de vi, i dues copes d'argent. Posà totes aquelles coses sobre unes tovalles i desaparegué abans que la mare d'Aladí hagués tingut temps de tornar en si.

Aladí anà a buscar una mica d'aigua i li ruixà la cara i llavors la pobra dona obrí els ulls. I ¡quina no fou la seva sorpresa en veure la safata d'argent, els dotze plats, els sis panets, les dues ampolles i les copes, i en sentir la bona flaire que feien aquells menjars exquisits!

Però quan Aladí li explicà que tot allò ho havia portat el Geni, la bona dona s'espantà i li pregà que es vengués la llàntia encantada i que no tingués cap més tracte amb l'ésser misteriós.

— Mare — respongué Aladí, — no em neguis el permís de servar aquesta llàntia que ens ha fet un gran servei. Pots estar certa que aquell malvat que es feia passar pel meu oncle no hauria fet tot el que va fer per nosaltres ni hauria emprès un viatge llarg com el que li calgué fer si no hagués sabut que aquesta llàntia meravellosa valia més que tot l'or i l'argent d'aquelles tres grans sales. Traguem-ne, doncs, bon profit, sense excitar l'enveja i gelosia dels nostres veïns. No obstant, ja que el Geni et fa tanta por, amagaré la llàntia perquè no la vegis i la duré a un indret on la pugui trobar quan la necessiti.

La bona dona, convençuda amb aquestes raons, el deixà fer, però digué que no volia de cap manera tornar a veure el Geni.

S'assegueren tots dos a esmorzar i quan van estar ben satisfets encara els sobrà minestra per al dinar i sopar d'aquell dia i fins i tot per a dos àpats de l'endemà. Quan a la fi acabaren les provisions que el Geni els havia portat, Aladí es posà un dels plats d'argent a la butxaca, i anà a vendre'l a un argenter. Quan va tornar a casa seva entrà a un forn i comprà pa, i després donà la resta dels diners a la seva mare, que pogué comprar provisions suficients per a una temporadeta.

Així van viure fins que Aladí hagué venut l'últim plat i la safata d'argent. Quan hagueren despès l'últim cèntim el noi es valgué altra cop de la llàntia. La tragué del recó on la guardava, la fregà i se li aparegué tot seguit el Geni dient:

— Què vols? Què desitges? T'obeiré com a esclau teu i de tothom que tingui aquesta llàntia a la mà; t'obeiré jo i també t'obeiran els altres esclaus de la llàntia!

— Tinc gana — li respongué Aladí. — Porta'm alguna cosa per menjar.

El Geni va esvair-se en un tancar i obrir d'ulls i tornà a aparèi-

ALADÍ FREGÀ LA LLÀNTIA I SE LI APAREGUÉ TOT SEGUIT EL GENI

xer carregat amb una safata en la qual hi havia el mateix nombre de plats que la primera vegada; els posà sobre una taula i desaparegué. I quan s'acabaren les provisions Aladí es vengué la safata i els plats com ho havia fet abans.

I Aladí i la seva mare anaren vivint d'aquesta manera, amb frugalitat i senzillesa, encara que en aquella llàntia tinguessin un tresor inexhaurible.

Mentrestant Aladí, que freqüentava les botigues dels principals mercaders (on venien teixits d'or, tapissos, argent, sedes i joies), i que sovint tenia amb ells llargues converses, va aprendre moltes coses i de mica en mica esdevingué polit i senyorívol.

Pel seu tracte amb els joiers s'assabentà que aquelles fruites collides al jardí subterrani no eren pas vidres de color sinó pedres precioses de valor inestimable.

Un dia que es passejava per la ciutat sentí que el nunci pregonava que tothom tanqués les botigues i les cases i que ningú no sortís al carrer fins que la princesa Badrulbudur hagués passat, anant i venint dels banys. Aquella ordre desvetllà en Aladí el daler de veure el rostre de la Princesa, i s'amagà darrera la porta, a l'entrada dels banys, en un indret on, quan arribés, havia de veure-la per força.

No s'hagué pas d'esperar gaire. La Princesa arribà aviat, i Aladí la pogué veure d'allò més bé per una escletxa de la porta, sense ésser vist de ningú. L'acompanyava un nombrós seguici de dames, esclaves i eunucs, que anaven al seu costat o bé al darrera d'ella. Quan fou prop de l'entrada es tragué el vel i llavors Aladí li pogué veure el rostre.

Era la bruna més bonica del món. Tenia els ulls grossos, vius i lluents, la mirada dolça i modesta, el nas perfet, la boca menuda i els llavis molt rojos. No és, doncs, estrany que Aladí, que no havia vist mai una beutat com aquella, se sentís meravellat i amb el cor ple d'admiració i d'amor.

Quan hagué passat la Princesa, Aladí se'n tornà a casa seva tan abatut que la seva mare ho va conèixer de seguida i volgué saber per què estava tan pensatiu i melangiós. Aladí li contà fil per randa el que li havia esdevingut i afegí:

—Ara ja saps el motiu de la meva tristesa. Estic enamorat, i no hi ha pas mots per expressar el gran amor que la Princesa m'inspira. No puc viure sense ella, sense la bellíssima Badrulbudur, i estic decidit a demanar-la al seu pare, el Soldà.

La mare d'Aladí havia escoltat en silenci el que el seu fill li contava, però quan sentí parlar de demanar la mà de la Princesa no es pogué estar de riure.

—Però què penses, fill meu? Per dir això que dius has d'haver perdut el senderi.

—Ja pots estar certa que no, mare meva. Estic ben decidit a demanar la mà de la Princesa, i totes les raons que em vulguis dir no m'ho treuran pas del cap; encara més: espero del teu bon cor que parlaràs al Soldà en favor meu.

—I vols que jo em presenti al Soldà? —digué la pobra dona, astorada. —Ai! Ben cert que no em veuria amb cor de fer-ho. ¿I qui ets tu, fill meu —prosseguí, —per pensar en la Princesa? ¿Que no et recordes que el teu pare era un dels sastres més pobres de la ciutat? Com vols que jo faci al Soldà semblant proposta? La seva augusta presència i l'esplendor de la Cort em deixarien pla bé sense paraula! Però hi ha, a més, una altra cosa, i tu no hi penses, fill meu: ningú no es presenta a demanar un favor del Soldà sense oferir-li un present que li escaigui.

Aladí escoltà la seva mare amb molta calma i respongué:

—Estimo la Princesa o, més ben dit, l'adoro i sempre seré fidel al meu propòsit de casar-m'hi. Dius que no és costum d'anar a trobar el Soldà sense dur-li un present. ¿Però no foren, potser, un present acceptable aquelles fruites del jardí subterrani? Perquè has de saber que el que tu i jo vam prendre per vidres de colors són en realitat pedres precioses d'un valor incalculable, i estic ben cert que el Soldà acolliria el present amb viva complaença.

"Les podríem posar en una gran plata de porcellana que de vegades he vist per casa; vés-la a cercar i veurem quin efecte fan les pedres col·locades de manera que els colors diversos es combinin gentilment.

La mare d'Aladí anà a cercar la plata de porcellana i el seu fill hi col·locà les pedres al seu gust. Tals eren els reflexos multicolors que es desprenien d'aquelles pedres a la llum del dia, que mare i fill romangueren meravellats. Després d'admirar una estona la bellesa d'aquelles gemmes, Aladí digué a la seva mare:

— Ara no pots pas dir-me que no vols anar a trobar el Soldà perquè no tens present per oferir-li!

La bona dona, que no creia gota en el gran valor de les pedres, s'esforçà per treure-li aquella idea del cap; però Aladí hi estava ben aferrat i anà pregant i suplicant fins que va enternir-la, i al capdavall accedí a donar el pas que ell volia.

L'endemà al matí la mare d'Aladí agafà la plata de porcellana amb les pedres precioses, l'embolcallà amb dos tovallons fins i féu via cap al palau del Soldà. Arribada a la sala de les audiències, romangué una estona en presència del Soldà, del gran Visir i dels nobles de la Cort que formaven part del Consell, però no s'atreví a exposar el motiu de la seva visita, i quan es tancà la cambra de les audiències se'n tornà a casa seva sense haver obert boca. L'endemà va tornar-hi, però se n'anà igualment quan es tancà l'audiència, no havent gosat d'adreçar-se al Soldà, i el mateix féu molts dies seguits, fins que, un matí, el que comanava els patges de la Cort se li atansà i li féu senyal de seguir-lo. La guià fins al tron del Soldà, i la deixà allí, tota sola.

La mare d'Aladí saludà amb reverència, besà terra davant del Soldà, i romangué amb el cap contra la catifa que cobria els esglaons del tron, fins que el Soldà li donà permís per aixecar-se. I quan s'hagué alçat, ell li digué:

— Bona dona, he observat que fa temps que véns ací i que romans a l'audiència fins que s'acaba. Quina comanda portes?

La mare d'Aladí es prosternà per segona vegada i en alçar-se digué:

— Oh Rei molt poderós! Ja et diré la increïble i extraordinària comanda que em porta ací, però gosaria a pregar-te que vulguis escoltar-me tota sola!

El Soldà manà llavors que sortís tothom, tret del gran Visir, i invità a parlar la bona dona.

Encoratjada per aquella benvolença, la mare d'Aladí demanà primerament que li fos perdonat el que diria, i després contà amb bella franquesa com el seu fill havia vist la princesa Badrulbudur, l'amor que li havia inspirat i finalment la demanà per al seu fill. Després deixà la plata de porcellana a terra, al peu del tron, va desembolicar-la i l'oferí al Soldà.

En veure unes pedres precioses tan grosses i boniques, el sobirà es meravellà en gran manera. Romangué un moment com extasiat, amb la boca oberta, i després, ja refet de la seva admiració, rebé el present de mans de la mare d'Aladí i digué ple de joia:

—Quina beutat! Quines precioses gemmes!

I havent admirat i palpat les pedres una per una, s'adreçà al gran Visir i li digué, mostrant-li la plata:

—Contempla, admira, meravella't! ¡Reconeix que els teus ulls no veieren mai pedres precioses tan belles ni de preu tan alt! ¿Què me'n dius, d'aquest present? ¿No et sembla digne de la Princesa, de la meva augusta filla?

Aquestes paraules alarmaren el gran Visir, perquè ja feia algun temps que el Soldà semblava disposat a concedir la mà de la Princesa a un fill seu. Per això s'apropà al Soldà i li digué a cau d'orella:

—Em cal reconèixer que el present és digne de la Princesa, però et prego que em donis tres mesos de temps i abans que aquests tres mesos s'hagin escolat el meu fill t'oferirà un present millor que el d'Aladí, que, al capdavall, és un minyó de qui la Teva Majestat no ha sabut res fins ara.

El Soldà accedí a aquesta súplica, i digué a la mare d'Aladí:

—Bona dona: vés a casa teva, i digues al teu fill que m'ha plagut la teva proposta, però que no puc casar la Princesa, filla meva, fins d'ací a tres mesos. Quan hagin passat aquests tres mesos, torna.

La mare d'Aladí, plena de joia, s'afanyà cap a casa seva i va contar a Aladí el que el Soldà li havia dit. El minyó es considerà el més feliç dels homes. Esperà amb gran impaciència que s'escolessin els tres mesos; no sols comptava les setmanes, les hores, els dies, sinó fins i tot els moments.

Quan només havien passat dos mesos, la mare d'Aladí es trobà que no tenia oli a casa i sortí a comprar-ne. Veié que la ciutat estava en plena gatzara. Les botigues eren ornades amb fullatges, sedes i tapissos de tons vius; els carrers, atapeïts de servidors del Rei vestits de gala, muntant cavalls magníficament guarnits i voltats de nombrosos lacais. La mare d'Aladí preguntà al botiguer que li vengué l'oli què significava aquella festa.

— Però com rediantre no ho saps, bona dona? — li respongué el botiguer. — Es fa aquesta festa perquè aquesta nit el fill del gran Visir es casarà amb la princesa Badrulbudur, la filla del Soldà!

La mare d'Aladí corregué cap a casa seva a portar aquesta nova al seu fill. Aladí escoltà la seva mare, esmaperdut, però es recordà del seu tresor meravellós i corregué a la seva cambra, tancà la porta, agafà la llàntia i la fregà en el mateix punt que altres vegades. Tot d'una aparegué el Geni dient:

— Què vols? Què desitges? T'obeiré com a esclau teu i de tothom que tingui aquesta llàntia a la mà; t'obeiré jo i també t'obeiran els altres esclaus de la llàntia.

— Geni — li digué Aladí: — vaig demanar al Soldà la mà de la princesa Badrulbudur i me la prometé; em pregà només que esperés tres mesos. Però, en lloc de complir la seva paraula, vol casar la Princesa aquest vespre amb el fill del gran Visir. Heus ací el que et demano: tan aviat com els nuvis estiguin sols, porta-me'ls ací, l'un i l'altre.

— Amo meu — respongué el Geni: — Compliré com cal les teves ordres.

I tot seguit va esvair-se. Volà de dret al palau, agafà el llit on els nuvis acabaven de ficar-se, i el portà a través dels aires fins a la cambra d'Aladí.

Un cop allí, aferrà el nuvi, que tremolava, esfereït, i el tancà en una cambra fosca. Aladí s'apropà llavors a la Princesa i li digué amb molt respecte:

— Adorable Princesa, no tinguis cap temença, perquè no corres cap mena de perill. El teu pare, el Soldà, prometé que fores la meva muller, i com que no ha volgut fer honor a la paraula donada, m'he vist obligat a dur-te ací, per evitar les teves noces amb el fill del gran

Visir. Dorm en pau, fins demà al matí, i llavors et tornaré al Soldà, el teu pare.

I havent tranquil·litzat la Princesa, Aladí se n'anà a descansar.

No li calgué pas fregar la llàntia perquè comparegués el Geni: es presentà davant seu, a l'hora convinguda, per tornar la Princesa al palau del seu pare. Tragué el nuvi de la cambra on l'havia tancat, el deixà al costat de la Princesa, i transportà el llit al palau reial. El nuvi, pàl·lid i tremolant, anà a trobar el Soldà, li contà el que havia succeït, i implorà el favor que fos anul·lat el seu casament amb la Princesa. El Soldà hi consentí i manà que cessessin immediatament totes les festes.

Aladí esperà que s'haguessin escolat els tres mesos, i en ésser al primer dia del quart mes, envià la seva mare a palau, a fer present al Soldà la seva promesa. Aquest, així que veié la mare d'Aladí, recordà la petició que li havia fet tres mesos enrera, i com que no volia donar la seva filla a un desconegut, mirà de sortir airós d'aquella situació exigint unes condicions d'acompliment impossible.

— Bona dona — li digué: — és cert que els soldans han de complir les promeses que fan i estic disposat a complir la que et vaig fer tan aviat com el teu fill m'envïi quaranta safates d'or massís plenes de pedres precioses de la mateixa qualitat que les que em vas oferir. M'han de portar les safates quaranta esclaus negres, els quals han d'ésser guiats per quaranta esclaus blancs, tots joves, ben plantats i abillats amb vestits magnífics.

La mare d'Aladí es prosternà davant el tron del Soldà i abandonà la sala. Tot fent camí cap a casa, reia cor endins de l'absurda pretensió del seu fill, i així que fou davant d'Aladí li contà fil per randa el que li havia dit el Soldà i les condicions que imposava per accedir a les noces. Aladí es tancà tot seguit a la seva cambra, agafà la llàntia i la fregà. El Geni comparegué tot d'una i oferí els seus serveis amb les paraules de sempre.

— Geni — li digué Aladí: — el Soldà consent a donar-me per muller la seva filla, però abans em demana quaranta grans safates d'or massís, plenes de fruites de les que creixen en el jardí subterrani; vol que aquestes safates li siguin portades per quaranta esclaus negres, cadascun d'ells precedit d'un esclau blanc, jove, ben plantat, i tots, blancs i negres, abillats amb rica indumentària.

El Geni respongué que aquells ordres serien executades tot seguit, i va desaparèixer.

Al cap de poc es tornà a presentar seguit de quaranta esclaus negres, cadascun d'ells portant al cap una pesant safata d'or massís plena de perles, diamants, robins, maragdes i de tota mena de pedres precioses, més grans i més boniques que les que ja havien estat ofertes al Soldà. Les safates anaven cobertes d'un fi teixit d'argent, profusament ornat de flors brodades amb fils auris. Els esclaus negres amb les safates i els esclaus blancs que els havien de precedir omplien de gom a gom la casa, que era més aviat petita, el pati d'entrada i un jardinet d'allí prop. El Geni, havent executat les ordres rebudes, desaparegué altra vegada.

Aladí, observant que la seva mare es mostrava estranyada de veure tanta gent i tantes riqueses a casa seva, li digué:

— Mare, et prego que tornis al palau i que ofereixis al Soldà aquests esclaus i aquestes riqueses, perquè pugui judicar com és sincer i ardent el meu amor a la seva filla, per la meva promptitud a complir les condicions assenyalades.

I sense esperar la resposta de la seva mare, obrí la porta del carrer i féu sortir els esclaus, cada esclau blanc seguit d'un de negre portant una safata al cap. Quan hagué sortit el darrer dels esclaus negres, la mare d'Aladí eixí també de casa seva i el seu fill tancà la porta i es retirà a la cambra, d'allò més esperançat.

La processó d'esclaus anava avançant cap al palau i tota la ciutat sortí al carrer a presenciar un espectacle tan bell i extraordinari. Els esclaus duien vestits d'un valuós teixit, ornat de pedreria, eren ben fets, de posat noble, i tothom estava meravellat en veure'ls caminar majestuosament, a la mateixa distància l'un de l'altre, enmig dels mil reflexos que el sol arrencava a les gemmes dels seus cinyells d'or i a les precioses agulles dels turbants.

A la fi arribaren al palau del Soldà i anaren entrant a la sala de les audiències i formaren un semicercle davant del monarca, que seia en el seu tron voltat dels Visirs i dels grans dignataris de la Cort.

Quan hagueren entrat tots, els negres deixaren les safates d'or damunt de la catifa i tots es prosternaren alhora fins a tocar de cap a terra. Després s'alçaren, els negres destaparen les safates i romangueren tots drets, amb els braços plegats damunt del pit.

Llavors la mare d'Aladí, que havia avançat fins al peu del tron, va prosternar-se davant del Soldà.

Aquest contemplava embadalit les quaranta safates plenes de les gemmes més brillants i precioses que mai hagués vist i els vuitanta esclaus vestits amb tanta riquesa, i es convencé que un jove com Aladí, que podia oferir-li amb aquella promptitud i magnificència el present que ell li havia demanat, era, certament, un gendre molt desitjable.

Per això digué a la mare d'Aladí:

— Vés a trobar el teu fill i digues-li que espero amb impaciència veure'l davant meu per abraçar-lo i que com més s'afanyi a venir i a rebre en noces la Princesa, filla meva, més goig em donarà.

La mare d'Aladí corregué a casa seva i donà la bona nova al seu fill, que l'escoltava tot commòs de pensar que era possible el seu casament amb la Princesa. Es tancà a la seva cambra, fregà la llàntia una vegada més i el Geni aparegué a l'instant, obedient com sempre.

— Geni — li digué Aladí: — porta'm un vestit més sumptuós que el que hagi dut mai cap rei i un corser que sobrepassi en bellesa tots els que hi ha a l'estable del Soldà; la sella, la brida i els altres arreus del cavall han de valer un milió de peces d'or. També em calen vint esclaus, vestits ricament, que hauran de fer-me escorta al costat meu i al meu darrera, i vint més que aniran al davant, formant dos rengles. Porta'm també, a més d'aquests esclaus, sis esclaves per atendre la meva mare; totes han d'anar tan ben vestides com les de la princesa Badrulbudur, i cal que cadascuna porti un vestit per a la meva mare, digne de la muller d'un Soldà.

"A més, porta'm deu mil peces d'or repartides en deu bosses. I ara, vés, i afanya't.

Tan bon punt hagué donat aquestes ordres, el Geni desaparegué, però tornà al cap de poc amb el cavall, els quaranta esclaus, deu dels quals portaven (cadascun d'ells) una bossa que contenia deu mil peces d'or i sis esclaves que duien (també cadascuna) un vestit per a la mare d'Aladí, embolicat amb un fi teixit de seda. El geni els oferí a Aladí i desaparegué.

Aladí agafà quatre d'aquelles bosses i les donà a la seva mare; deixà les restants en mans dels esclaus que les portaven i els manà que avancessin davant d'ell tres a mà dreta i tres a mà esquerra i que tiressin els diners a grapats bo i fent via pels carrers cap al palau del Soldà.

Es posà llavors els vestits nous, muntà a cavall i féu via cap al palau del monarca. Els carrers per on passava s'atapeïren tot seguit de gent que l'aclamava frenèticament. El palau ja estava a punt per a rebre'l. El gran Visir i els dignataris de l'imperi l'esperaven en dues rengleres a l'entrada de la sala de les audiències, i quan arribà Aladí el més il·lustre dels nobles l'acompanyà al peu del tron.

El Soldà va meravellar-se del sumptuós vestit d'Aladí, de la seva bella i digna figura. No esperava pas trobar-lo tan senyorívol, després d'haver vist l'aire senzill de la seva mare.

Amb passa ràpida baixà dos o tres graons de l'escalinata del tron i, abans que Aladí hagués tingut temps de prosternar-se, l'abraçà amb grans mostres d'alegria i el féu seure al seu costat.

Manà llavors que fos servit un banquet a honor del seu futur gendre i féu venir el jutge a refrendar el pacte de noces entre la princesa Badrulbudur i Aladí; i després demanà a Aladí si volia que se celebrés la cerimònia de la boda aquell mateix dia. El minyó respongué:

— Per bé que no us vull negar la meva impaciència, us prego que vulgueu ajornar la festa fins que hagi fet bastir un palau on pugui rebre dignament la Princesa. Doneu-me, doncs, si us plau, un bocí de terra vora el vostre estatge i faré començar les obres tot seguit.

— Fill meu — digué el Soldà: — tria tu mateix el terreny que més et plagui.

I després l'abraçà amb molt d'afecte. Aladí s'acomiadà d'ell amb tanta polidesa i naturalitat com si hagués viscut sempre a la Cort.

Arribat a casa seva, descavalcà i s'afanyà a tancar-se a la seva cambra; llavors agafà la llàntia, la fregà una mica i el Geni comparegué i, com sempre, li oferí els seus serveis.

— Geni — li digué Aladí: — vora el palau del Soldà basteix-me un palau digne d'allotjar la meva muller, tan de pressa com puguis. Cal que sigui edificat amb pòrfir, jaspi, lapislàtzuli, amb marbres excel·lents, de colors diversos. Vull que el coroni una terrassa, i damunt la terrassa ha d'alçar-se un gran saló guarnit d'una cúpula. Les parets d'aquest saló cal que siguin d'or i d'argent massís, i a cada mur ha d'haver-hi sis finestrals. Deixa'n un per acabar, però guarneix els altres amb diamants, robins i maragdes. També vull que el meu palau tingui un jardí espaiós i una cambra del tresor plena d'or i d'argent i, naturalment, cal que no hi faltin cuines, cellers, guardamobles i estables plens de cavalls de raça, ni tampoc esclaus i esclaves, palafreners i lacais. Quan tot estigui a punt, avisa'm de seguida.

L'endemà, abans d'apuntar el dia, el Geni es presentà a Aladí i va dir-li:

— Amo meu, el teu palau ja està llest. Vina a veure si t'agrada.

I amb permís d'Aladí, l'agafà i en un tancar i obrir d'ulls el transportà al nou edifici, li féu seguir totes les estances ricament amoblades, i Aladí no trobà res que no fos més bonic del que havia imaginat. Servents, esclaus, petits lacais: tothom s'afanyava; a la cambra del tresor, les bosses d'or i d'argent feien un munt tan alt que arribava al sostre; i a l'estable hi havia els millors cavalls del món. Quan hagué visitat tot el palau, sense oblidar el saló dels vint-i-quatre finestrals, Aladí digué al Geni:

— Tot ho he trobat molt bonic, certament. Només hi manca una cosa que ahir vaig oblidar-me: una catifa de vellut esplèndid, que del meu palau arribi al palau del Soldà, perquè hi pugui passar la princesa quan vingui al meu estatge.

El Geni desaparegué i al bell instant es veié una preciosa catifa de vellut que travessava el parc i arribava fins al portal del monarca.

Aviat fou l'hora d'obrir les portes i els porters del Soldà es van sorprendre en gran manera en veure aquella catifa de vellut que menava a la llinda d'un palau nou i magnífic. El gran Visir, que arribà poc després d'haver obert les portes, i que no es meravellà pas menys que els porters, s'afanyà a dur la nova al Soldà. Tocà l'hora d'acudir a la sala de les audiències i encara maldaven per explicar-se com aquell palau havia pogut brollar allí en una sola nit. Al bell instant que prenien seient a la gran sala d'audiències, arribà la mare d'Aladí, abillada amb el seu vestit més sumptuós i acompanyada de les sis esclaves, també amb vestits magnífics. Fou rebuda amb grans honors, i el que manava els eunucs la introduí a la cambra de la princesa Badrulbudur, que s'alçà amatent a saludar-la i la convidà a seure al costat seu en un sofà. Menjaren juntes alguna cosa i llavors les esclaves acabaren de vestir la princesa i li posaren els joiells que Aladí li havia ofert.

El Soldà ordenà que en diversos indrets del palau es posessin orquestres de trompetes, címbals, tambors, pifres i oboès, i que toquessin alegres tonades per escampar la joia arreu de la ciutat. Els comerciants ornaren les botigues i les cases amb sedes i bells tapissos i disposaren lluminàries per a la gran festa que es preparava.

Quan fou vespre, la princesa s'acomiadà tendrament del seu pare i sortí del palau acompanyada de la mare d'Aladí. Passà damunt la catifa de vellut, il·luminada per un miler de torxes enceses i al so de les trompetes. Aladí la rebé amb gran joia i l'acompanyà a un gran saló ple de llum on havien servit un festí esplèndid. Els plats eren d'or massís i contenien les menges més exquisides i després de l'àpat hi hagué un concert de delitosa música, durant el qual belles esclaves dansaren amb gràcia i lleugeresa.

L'endemà al matí Aladí, muntat en un dels seus corsers, es dirigí al palau del Soldà: un nombrós estol d'esclaus l'acompanyava. El Soldà l'acollí amb moltes honors, l'abraçà, el féu seu al tron, al seu costat, i ordenà que els servissin minestra. Aladí li digué llavors:

— Us prego que em perdoneu si avui no menjo ací; vinc precisament a proposar-vos que vulgueu dinar al palau de la princesa, acompanyat del vostre gran Visir i de tots els nobles de la Cort.

El Soldà acceptà amb goig el convit d'Aladí i es deixà guiar fins al nou palau, seguit de tots els nobles i dignataris.

Com més s'atansava al palau d'Aladí, més el meravellava la beutat d'aquella esplèndida fàbrica, i en entrar-hi, no es pogué estar de dir la seva admiració. Però quan entrà al saló de les vint-i-quatre finestres ornades de gemmes, la seva sorpresa no tingué límits.

— Però si aquest palau és una de les grans meravelles del món! — exclamà. — ¿On trobaríem, ni que seguíssim tota la terra, parets d'or i d'argent massís, i finestrals ornats amb diamants, robins i perles?

El Soldà contemplà i admirà una per una les vint-i-quatre finestres, i llavors es donà compte que només n'hi havia vint-i-tres iguals en riquesa i perfecció, i s'estranyà molt de veure'n una d'inacabada. En preguntà el motiu i Aladí li respongué:

— Fou per ordre meva que els treballadors deixaren aquesta finestra tal com la veieu, perquè és desig meu que tingueu la glòria d'acabar aquest saló.

El Soldà agraí de cor aquesta finesa i manà tot seguit als seus joiers i argenters que completessin la vint-i-quatrena finestra. Els féu anar amb ell al seu propi palau i els donà una gran quantitat de pedreria, però només bastà per ornamentar una petita part de la finestra. Treballaren de valent durant un mes de cap a cap, però no pogueren acabar ni la meitat de la finestra, i això que hi empraren totes les gemmes del tresor del Soldà i les que aquest havia manllevat al gran Visir.

Veient Aladí que tot l'esforç del sobirà per completar aquella finestra era endebades, envià a buscar els joiers i els argenters, i no tan sols el manà que deixessin aquella feina, sinó que els féu desfer el treball fet i digué que tornessin al Soldà i al gran Visir les pedres precioses. Van desfer, doncs, en poques hores el que els havia costat tot un mes de treball i després abandonaren el saló de les vint-i-quatre finestres. Quan Aladí es veié sol es tragué la llàntia que portava sota la roba, i la fregà. El Geni comparegué a bell seguit i Aladí li digué:

— Geni: acaba ara mateix la vint-i-quatrena finestra.

I la finestra inacabada, en un tancar i obrir d'ulls, fou tan perfecta com les altres.

Al cap de poc arribà el Soldà, que volia preguntar al seu gendre per què els joiers i argenters havien abandonat la tasca que tenien encomanada. Aladí, que havia anat a rebre'l a la porta mateixa del seu palau, el menà de dret al gran saló, on el Soldà es meravellà de veure que la finestra que tant l'havia anguniejat no es diferenciava gens de les altres.

— Fill meu — exclamà, abraçant Aladí: — ¡quin bell poder és el teu, que coses així et són faedores en un tancar i obrir d'ulls! És ben cert que, com més et conec, més t'admiro.

I se'n tornà al palau, tot satisfet.

Aladí no vivia pas reclòs en el seu estatge magnífic. Cada dia pregava en una o altra de les grans mesquites, i solia tornar les visites que li feien els nobles de la Cort. Sempre que sortia, es feia precedir per dos esclaus, els quals anaven tirant grapats de diners a la gent, mentre el seu amo travessava carrers i places; mai no s'allunyà cap pobre de la porta del seu palau sense una bona almoina, i això li captava l'afecte i l'agraïment de tothom.

Ja feia alguns anys que vivia d'aquesta manera, quan heus ací que el màgic africà que, sense proposar-s'ho, havia estat l'instrument de la prosperitat d'Aladí, volgué saber del cert si Aladí havia mort en el jardí subterrani. Es valgué de les seves arts màgiques per esbrinar-ho, i descobrí que Aladí no havia pas mort dins la caverna, sinó que vivia molt feliç, en possessió de la llàntia meravellosa i que s'havia casat amb una princesa. Aquests descobriments el contrariaren d'allò més, i va dir-se: "Aquest miserable fill d'un pobre sastre ha descobert el secret i la virtut de la llàntia, però ja farem el que convingui perquè no gaudeixi gaire d'un tresor que ha d'ésser meu."

L'endemà mateix d'haver fet aquest propòsit, pujà a cavall i cavalcà de dret fins a la capital de la Xina. Un cop allí, cercà un hostal i se n'anà a dormir de seguida per reposar del llarg viatge. La primera cosa que féu l'endemà fou assabentar-se del que la gent deia d'Aladí i tot passejant-se per la ciutat sentí parlar del meravellós palau i del casament d'Aladí amb la princesa. S'afanyà a veure el palau, se'l mirà per totes bandes i es convencé que Aladí s'havia servit de la llàntia per bastir-lo, perquè ningú, llevat dels Genis, els esclaus de la llàntia, no era capaç de dur a terme aquelles meravelles. Com li coïa la felicitat i l'esplendor d'Aladí! Se'n tornà a l'hostal, decidit a treballar amb delit per apoderar-se de la llàntia meravellosa.

Arribat a la cambra, féu un seguit d'encanteris i així esbrinà que Aladí havia eixit a caçar i que la llàntia era al palau. Es dirigí llavors a una botiga on venien llànties, en comprà una dotzena de coure, les posà en un cistell que s'havia procurat per dur les llànties i amb el cistell al braç se n'anà al palau d'Aladí. Quan fou a la vora començà a cridar:

—Qui vol canviar llànties velles per llànties noves? ¿Qui vol canviar llànties velles per llànties noves?

I la gent que passava el prenien per un pobre boig, perquè ningú no entenia aquell estrany negoci.

La princesa Badrulbudur, que s'estava asseguda al saló de les vint-i-quatre finestres, el sentí i el crit de "¿Qui vol canviar llànties velles per llànties noves?" la féu pensar en la llàntia vella que Aladí havia deixat en un prestatge abans d'anar-se'n a caçar, i com que no sabia poc ni molt el valor d'aquella llàntia, se li acudí que podria fer el canvi que el mercader proposava. Manà a un eunuc que l'agafés i l'anés a baratar. El màgic africà endevinà tot seguit que aquella llàntia era la que ell cercava; l'aferrà amb avidesa, donà ben de pressa una llàntia nova a l'eunuc i s'allunyà a bon pas fins que arribà a un indret solitari, fora vila. Allí fregà una mica la llàntia i tot seguit se li aparegué el Geni dient-li:

—Què vols? Què desitges? T'obeiré com a esclau teu i de tothom que tingui aquesta llàntia a la mà. T'obeiré jo i t'obeiran tots els altres esclaus de la llàntia.

—Et mano—li respongué el màgic—que em transportis a l'Àfrica i que alhora hi transportis el palau que tu i els altres esclaus de la llàntia heu bastit en aquesta ciutat, amb tots els que són dintre.

El Geni desaparegué, i el màgic i el palau, amb tos els que s'hi estatjaven, en un instant foren duts, aires enllà, de la capital de la Xina al cor mateix de l'Àfrica.

L'endemà al matí el Soldà, un cop llevat, com solia fer cada dia, s'arribà a la finestra a contemplar el palau d'Aladí. Però no veié sinó la terra nua a l'indret que abans ocupava el bell edifici. Mirà a dreta i esquerra, i es pogué convèncer que allí no hi havia res sinó l'espai.

Llavors se'n tornà a la cambra i envià a buscar el gran Visir. Aquest s'afanyà a comparèixer.

— Digue'm: què s'ha fet del palau d'Aladí? — va preguntar el Soldà.

— El palau d'Aladí? — digué, estranyat, el Visir. — Ha d'ésser al lloc de sempre.

— Doncs vés a mirar per aquella finestra i digues si el veus.

El gran Visir hi anà i tingué la mateixa sorpresa que el Soldà. Quan s'hagué convençut que realment no hi havia ni el més lleu vestigi del palau, es girà al Soldà i li digué:

— Ben cert: s'ha esvaït com un núvol. Sempre he pensat que aquell palau i les grans riqueses que tant admires no eren sinó obra de màgia, obra d'un bruixot.

El Soldà, encès d'ira, cridà:

— On és aquell impostor, aquell malvat? Vull que li tallin el cap de seguida. Vés, i afanya't a portar-me'l carregat de cadenes.

El gran Visir s'apressà a obeir i disposà que un destacament de cavalleria sortís a trobar Aladí, que devia tornar de cacera, i el portés pres a la presència del Soldà.

L'estol de soldats es posà en marxa i a unes cinc o sis llegües de la ciutat trobaren Aladí que tornava de cacera. El deturaren sense dir-li per què, li lligaren al coll i al volt del cos una feixuga cadena, talment que no podia moure els braços, i així el dugueren a presència del Soldà, que ordenà que a l'acte li apliquessin la pena de mort. Però una gran gentada que l'havia seguit quan travessava els carrers de la ciutat carregat de cadenes, clamorejà, amenaçant que s'alçaria en armes si es feia cap mal a Aladí. El Soldà, acovardit en oir aquella amenaça, manà al botxí que deixés estar la simitarra i que deslligués Aladí, i també donà ordre als heralds que pregonessin al poble que el Soldà havia perdonat l'acusat i que, per tant, tothom podia retirar-se.

Aladí, en veure's lliure, s'adreçà al Soldà i li digué:

— No sé pas què he fet per perdre la vostra amistat. ¿Voleu dirme de quin delicte se m'acusa?

—I encara goses preguntar-ho? —féu el Soldà. —¿No saps quin és el teu crim? Digues: on és el teu palau? ¿Què has fet de la princesa, filla meva?

Aladí mirà per la finestra i quedà tan confós i sorprès en veure buit l'indret on abans s'alçava el seu palau, que, de moment, no pogué obrir boca. Per fi, trencà el silenci i digué:

—Cert: el meu palau no és pas on era, i ignoro on l'han portat. Però doneu-me quaranta dies per cercar-lo i si, escolat aquest temps, no he aconseguit el meu propòsit, us prometo que vindré a oferir-vos la vida perquè en disposeu com us plagui.

—Vés, doncs —li respongué el Soldà. —Et concedeixo els quaranta dies que em demanes, però si no trobes la meva filla no podràs evitar la meva venjança. Ja pots estar cert que et trobaré en qualsevol indret de la terra on hagis pogut amagar-te, i et faré tallar el cap.

Aladí eixí de la presència del Soldà terriblement humiliat i confós. Durant tres dies recorregué la ciutat en totes direccions, preguntant a tothom que trobava si havia vist com desapareixia el seu palau, però ningú no pogué donar-li cap indici. Llavors, descoratjat, s'encaminà cap als afores i, quan ja fosquejava, anà a asseure's a la vora d'un riu. Estava ben atuït i es retorçava les mans amb desesperació, però tot d'una, al bell instant en què fregà impensadament l'anell que duia a la mà (que era precisament el que el màgic africà li havia donat abans de baixar al soterrani a cercar la llàntia meravellosa), aquell Geni que ja se li havia aparegut a la cova on el màgic l'havia abandonat, se li aparegué de bell nou i li digué:

—Què vols? Què desitges? Estic disposat a obeir-te com a esclau teu i de tothom que tingui aquest anell al dit. T'obeiré jo i també t'obeiran tots els altres esclaus de l'anell.

Aladí, molt agradablement sorprès d'aquella inesperada aparició, va respondre:

—Salva'm la vida, Geni, mostrant-me on és ara el palau que jo vaig fer bastir, o, millor encara, tornant-lo a l'indret on era al bell principi.

—Això que em manes no està a la meva mà —li digué el Geni.

—Jo només sóc esclau de l'anell. Per aconseguir el que tu vols t'has d'adreçar a l'esclau de la llàntia.

—Doncs et mano que, pel poder de l'anell, em transportis a l'indret on sigui el meu palau i que em deixis sota la finestra de la princesa Badrulbudur.

Quan acabà de dir aquestes paraules ja es trobà al cor de l'Àfrica, al bell mig d'una gran plana on s'alçava el seu palau i el Geni el deixà exactament sota la finestra de la cambra on dormia la princesa, i desaparegué. L'endemà al matí, quan la princesa mirà per la finestra, veié Aladí assegut al jardí, sota els arbres. No gosant donar crèdit als seus ulls, obrí la finestra i li cridà que pugés. Aladí s'afanyà a presentar-se. No es pot pas descriure la joia que tingueren en veure's junts altra vegada, després d'aquella cruel separació.

S'abraçaren tendrament, plorant d'alegria, i després de reposar una estona, Aladí digué a la princesa:

—Et prego, bella princesa, que em vulguis dir què s'ha fet d'una certa llàntia vella que, abans d'eixir de cacera, vaig deixar en un prestatge del meu guarda-roba. Convé d'allò més per al teu bé, per al bé del teu pare i per al meu propi que jo sàpiga on és aquella llàntia.

—Ai, marit meu! —respongué la princesa. —Ja em temia que la nostra desgràcia provenia d'aquella llàntia. Dissortada de mi! ¡Jo tinc tota la culpa del que ens passa!

—No t'acusis injustament: la culpa no és pas teva. Però digue'm el que ha passat i a mans de qui ha anat a raure la llàntia.

La princesa li contà llavors com havia baratat la llàntia i com l'endemà es despertà en terra inconeguda. Però després ja sabé que aqueil país era l'Àfrica perquè li ho havia dit el traïdor que l'havia transportada. Després contà que el màgic pervers la visitava cada dia, i que intentava convèncer-la perquè l'acceptés per marit en lloc d'Aladí.

—Escolta —afegí la princesa: —sé del cert que duu la llàntia al pit, ben embolicada. Un dia se la tragué davant meu i me l'ensenyà, gloriant-se del seu triomf.

—És un malvat, un pèrfid, aquest màgic! Però prou tinc manera de castigar-lo i de desfer-nos d'aquest terrible enemic. Això sí: serà precís que tu m'ajudis. Quan aquest vespre et vingui a veure, ofereix-li vi en una copa en la qual hauràs tirat abans aquests pólvors i ell agrairà tant la teva gentilesa que es beurà el vi sense temença. I al bell instant d'haver begut, caurà mort.

La princesa accedí i Aladí s'acomiadà d'ella i passà la resta del dia pels voltants del palau, esperant que fos nit per entrar, sense ésser vist, per una porta secreta.

A entrada de fosc, el màgic penetrà com cada dia al saló de les vint-i-quatre finestres per veure la Princesa, la qual aquell dia es mostrà molt obsequiosa amb ell. El féu seure i li oferí una copa plena de vi; en la qual havia dissolt uns certs pólvors, tal com Aladí li havia encomanat. El màgic, agraït, begué amb avidesa i fins i tot decantà el cap enrera per no perdre'n ni una gota, però no tingué pas temps de redreçar-se. Girà els ulls en blanc i caigué a terra, ben mort. En aquell moment Aladí entrà al saló i acompanyà la Princesa a la seva cambra. Després tornà al saló i manà a les esclaves i als eunucs, els quals no s'havien mogut d'allí, que sortissin i el deixessin sol. Llavors s'apropà al cadàver del màgic i li descordà el vestit, per apoderar-se de la llàntia, que estava embolicada tal com havia dit la Princesa. S'afanyà a desembolicar-la i la fregà per cridar el Geni, que comparegué al bell instant.

— Geni — li manà Aladí: — torna ara mateix aquest palau a la Xina, al mateix indret d'on fou arrabassat per dur-lo ací.

El Geni féu una reverència per demostrar la seva submissió i desaparegué. Al mateix instant el palau d'Aladí tornà a ésser a la Xina, davant per davant del palau del Soldà.

L'endemà, el Soldà es dirigí tot afligit cap a la finestra de la seva cambra. Girà els ulls plens de tristesa a l'indret on altre temps s'alçà el palau d'Aladí i de la seva filla, i el veié altre cop allí, tan brillant i magnífic com abans. Li calgué esguardar-lo bella estona per estar segur que allò no era una visió suscitada pel gran enyor que sentia. Manà, a la fi, que li ensellessin tot seguit un cavall i en un no-res fou al palau del seu gendre.

Aladí el rebé al peu de la gran escalinata, l'ajudà a baixar de cavall i el portà a la cambra de la Princesa. El Soldà abraçà la seva filla amb llàgrimes de joia, i la Princesa li contà fil per randa el que havia esdevingut d'ençà que el palau fou arrabassat del seu indret fins a la mort del màgic.

Aladí féu enterrar el cos del màgic i el Soldà disposà que els timbals, les trompetes, els címbals i altres instruments anunciessin arreu la seva alegria i donà una festa que durà deu dies per celebrar el retorn de la Princesa i d'Aladí.

LA BELLA DORMENT

Una vegada hi havia un rei i una reina que estaven molt afligits perquè no tenien cap fill. Quan, a la fi, després d'esperar anys i anys, els nasqué una nena, el rei volgué fer-li un bateig més lluït que el de cap altra princesa del món. I convidà totes les fades del seu reialme — les d'aquella terra eren set — a ésser padrines de la princeseta, amb l'esperança que cadascuna d'elles li oferiria un do.

Després del bateig tots els convidats tornaren al palau, on els esperava un banquet esplèndid. Cada fada tenia a taula un cobert d'or pur, amb diamants i robins incrustats. Quan tothom s'hagué assegut a taula, una fada molt velleta entrà, tota encorbada, al menjador. No l'havien convidada, perquè, com que feia més de cinquanta anys que no se n'havia sentit parlar, tothom la donava per morta.

El rei li féu posar un cobert a taula, però no li'n pogué donar cap de tan bonic com els de les altres fades, perquè d'aquells coberts d'or només n'havia fet fer set, un per cadascuna de les fades que coneixia.

La fada velleta s'ho prengué molt malament i remugà entre dents unes misterioses amenaces, i fou una gran sort que una de les fades joves, que seia al seu costat, pogués sentir-la, per bé que no va pas entendre el que deia.

Suposant, però, que voldria fer alguna malifeta a la menuda, la fada jove s'amagà darrera uns cortinatges quan fou l'hora d'oferir els dons a la princesa. Si ningú no la veia, les seves companyes parlarien primer i d'aquesta manera si la fada geniüda feia algun mal do a la princeseta, ella podria almenys evitar el dany fent-li un do contrari.

Sabeu què oferiren les sis fades joves? Heus ací llurs dons: la princesa fóra la noia més bonica de la terra; pel seu dolç tarannà talment semblaria un àngel; fóra sempre bona i graciosa; cantaria com un rossinyol i dansaria tan àgilment com una fulla al grat de l'aire, i sabria tocar amb bella traça tota llei d'instruments musicals.

Després hagué de parlar la fada vella. S'atansà a poc a poc al bressol on dormia la princeseta i començà dient:

— Aquesta *bella* i *graciosa* princesa — i ací s'aturà una mica, com si assaborís per endavant la pena que causaria — ...Aquesta bella i graciosa princesa quan tindrà quinze anys es punxarà amb una filosa i morirà d'aquella punxada.

Tothom s'estremí en sentir la terrible profecia i fins hi hagué qui no es pogué aguantar el plor.

El rei i la reina, que tan feliços eren d'ençà que els nasqué la princesa, ara estaven mig folls de dolor. Llavors la fada jove sortí de darrera el cortinatge i digué amb posat alegre:

— No us desoleu així, oh Majestats! La princesa no es morirà. Jo no tinc prou poder per desfer del tot la malaventura que la meva germana gran ha volgut per a aquesta nena. La princesa es punxarà un dit amb una filosa, però en compte de morir, dormirà cent anys seguits. Quan hauran passat aquests cent anys el fill d'un rei anirà a deixondir-la.

I dites aquestes paraules, totes les fades desaparegueren.

El rei, amb l'esperança que podria evitar aquella desgràcia, publicà una ordre prohibint que la gent filés i que tingués filoses a casa, sota pena de mort, la qual fóra executada al mateix instant en què el mancament fos descobert.

Però aquesta precaució no serví pas per res.

Un dia, quan la princesa ja tenia quinze anys, els seus pares la portaren a un de llurs castells i heus ací que, furetejant d'una banda a l'altra, la princesa entrà en un recambró que hi havia dalt de tot d'una torre del castell. Allí seia una dona molt vella, tan vella que no sortia mai d'aquella cambra. És per això que no havia sentit parlar mai de l'ordre que el rei havia donat quinze anys enrera i encara feia rodar la seva filosa.

— Per què feu rodar aquesta roda, bona dona? — li preguntà la princesa.

— Estic filant, menuda — contestà la velleta.

— Oh, que bonic és filar! Com ho feu? ¿M'ho deixeu provar una mica?

Llavors agafà la filosa per provar de filar, però com que estava una mica excitada i no sabia poc ni molt com es manejava aquella eina, al cap d'un moment que la tenia a les mans es punxà un dit. Fou una punxadeta petita, molt petita, però es desmaià a l'acte i caigué en terra. La pobra dona, d'allò més esglaiada, s'afanyà a demanar auxili i aviat comparegueren les cambreres d'honor de la princesa, que provaren tots els remeis que sabien per fer passar un desmai. Ruixaren amb aigua el rostre de la princesa, li afluixaren els vestits, li picaren els palmells de les mans, li fregaren els polsos, però tots llurs esforços foren inútils. La princesa romania immòbil, bella com un àngel, les galtes i els llavis rosats, però amb els ulls closos.

El rei i la reina comprengueren de seguida que tot el que fessin per reanimar-la fóra inútil. S'havia acomplert el cruel desig de la fada. Però, com que sabien que la princesa no dormiria sempre més, que un dia es despertaria (per bé que era probable que ells no podrien veure-ho), decidiren disposar talment les coses que pogués dormir en bella pau. Encontinent acomiadaren tots els metges i tothom que s'havia ofert a ajudar-los i portaren la seva filla a la millor cambra del palau i allí la deixaren sobre un llit, sempre adormida i bella com un àngel.

Mentrestant la bona fada jove que havia salvat la vida de la princesa bescanviant-li el son de la mort per una dormida de cent anys, s'esqueia lluny, molt lluny, al reialme de Matakin; però així que va saber el que havia esdevingut a la princesa, fillola seva, muntà en la seva carretella, tirada per dragons, i al cap d'una hora ja era al palau. El rei se sobresaltà una mica en veure aquells dragons que es paraven davant del seu estatge. Però així que veié la fada corregué a la portella del cotxe i l'ajudà a baixar.

La fada es condolgué amb Sa Majestat i aprovà tot el que els reis havien fet. I com que era una fada molt llesta i assenyada, tot seguit pensà que, passats els cent anys, quan la princesa es deixondís, es trobaria molt sola i desemparada en aquell vell castell. Volgué, doncs, evitar-ho. Sense demanar la vènia de ningú, tocà amb la seva vareta màgica cadascuna de les persones que hi havia al castell, fora del rei i la reina, i no oblidà tampoc de fer aquell encanteri a totes les coses que podrien ser útils a la princesa. Cambreres, cuineres, patges, lacais, els cavalls de l'estable i els servents que en tenien cura, tots foren tocats per la vareta màgica i s'adormiren a l'instant. Fins el gos falder de la princesa, que s'havia ajagut al costat de la seva mestressa, quedà ben adormit. I els asts de rostir pararen de rodar davant la llar de la cuina; el foc s'anà apagant, apagant i tot romangué quiet i silenciós, com durant la nit.

El rei i la reina besaren la seva filla i eixiren molt tristos del castell. Prohibiren que ningú ni tan sols s'atansés a aquells paratges, però aquesta ordre fou ben supèrflua, perquè encara no havia passat un quart d'hora que s'alçà a tot volt del castell un bosc de bardisses tan espesses i plenes de punxes que ni les salvatgines no podien obrir-s'hi camí. L'única cosa que es veia d'aquell edifici era la punxa de la torre més alta on dormia la bella princesa.

Passen moltes coses en cent anys. El rei, que no havia tingut mai cap fill, fora de la princesa, es va morir i la seva corona passà a una altra dinastia. Ningú no es recordava de la pobra princesa i quan un dia el fill del rei que regnava llavors veié la punxa de la torre enmig d'aquell boscam espès i volgué saber quin era aquell castell que encara no havia visitat, ningú no pogué respondre-li, fins que, a la fi, trobaren un pagès carregat d'anys que es recordava d'haver sentit com el seu avi deia al seu pare que en aquella torre de la qual sols es veia la punxa hi havia una princesa molt bella que estava condemnada a dormir allí durant cent anys, fins que l'anés a despertar un fill de rei, que després s'hi casaria.

El príncep volgué saber del cert si allò era veritat. Baixà tot seguit de cavall i començà a obrir-se pas entre matolls i bardisses. Tothom hauria dit que allò li costaria qui-sap-lo. Ell també ho creia així, però veié amb gran sorpresa que les branques més gruixudes reculaven per deixar-li pas, i que les bardisses giraven llurs espines per no fer-li mal o bé s'amagaven sota terra perquè no es punxés els peus en trepitjar-les. Però tant els arbres com les bardisses es redreçaven al bell instant que ell havia passat i no deixaven que el seguís ningú. Així avançà tot sol fins al castell. El que veié al primer cop d'ull era per espantar el més valent. Tot d'homes i de cavalls jeien per terra. Haurien semblat morts, sinó que els homes tenien la cara acolorida i es veien vasos de vi prop d'ells, cosa que indicava que s'havien adormit mentre bevien. El príncep continuà el seu camí i entrà en un gran pati empedrat amb lloses de marbre, en el qual hi havia soldats arrenglerats que presentaven armes, però estaven ben immòbils. Més aviat semblaven estàtues de pedra que homes vivents. Travessà cambres i més cambres. A tot arreu veia gent vestida a la moda de cent anys enrera. Hi havia qui estava dret, qui estava assegut, però tothom dormia profundament. Els patges semblaven espiar pels recons, les dames d'honor s'inclinaven sobre els telers de brodar o escoltaven amb molta atenció els cavallers de la Cort, però en realitat tots estaven tan immòbils i silenciosos com si fossin estàtues. El que estranyà molt el príncep fou que els vestits de tota aquella gent semblaven talment estrenats aquell mateix dia, i no es veia ni una engruna de pols sobre els mobles ni una teranyina en cap recó, i això que s'eren escolats cent anys sense que ningú hi fes dissabte.

Per fi arribà a una cambra arrecerada on l'esperava la visió més delitosa que pogués imaginar. Una noia extraordinàriament bonica dormia allí, en un llit cobert de seda brodada. Semblava que acabés d'adormir-se en aquell bell instant. Amb el cor bategant i ple d'admiració, el príncep anà a agenollar-se vora el llit. Alguns diuen que va fer un bes a la princesa, però com que ningú no ho va veure i ella no en parlà mai, no podem pas donar-ho com a cosa certa. Sigui com sigui, ja havia arribat l'hora de finir l'encantament i la princesa es despertà i veié el príncep vora d'ella.

—Ets tu, príncep meu? Que temps fa que t'espero! —li digué tota ensonyada, però esguardant-lo amb tendresa.

Eren unes paraules ben dolces per al príncep, però el que li alegrà més el cor fou la manera com les va dir, i tot seguit assegurà a la princesa que l'estimava molt més que la seva pròpia vida. Cal dir que estava força més torbat que la princesa. Això, ben mirat, no és gaire estrany si es considera que ella havia tingut temps de somniar el príncep durant cent anys seguits, mentre que el galant minyó no havia sentit parlar de la princesa en tota la seva vida. Parlaren bella estona i encara no s'havien dit la meitat del que es volien dir. Només els interrompia el petit gos falder de la princesa, que estava molt gelós perquè la seva mestressa no en feia tant cas com abans.

Mentrestant s'havia anat trencant l'encantament de totes les dames, cavallers i servents del castell i com que no estaven enamorats defallien de mal de cor, després de cent anys de dejuni. Una dama d'honor s'aventurà a anunciar que el dinar era a taula, i el príncep oferí el braç a la princesa i l'acompanyà al saló d'honor. No hi hagué cap necessitat que la princesa es vestís per anar a taula perquè ja anava magníficament abillada quan s'alçà del llit. Naturalment, el seu vestit era una mica antiquat, però el príncep, minyó educadíssim, es guardà prou de dir-li-ho, ni tampoc se li escapà de dir que una de les seves àvies duia un vestit exactament igual que el d'ella en un dels retrats del seu propi palau.

Durant l'àpat els músics tocaren meravellosament, sobretot si un té en compte que feia cent anys que no havien vist cap solfa. Acabaren amb una marxa nupcial, perquè el príncep i la princesa celebraven llurs noces aquella mateixa nit. La núvia tenia cent anys més que el nuvi, però us puc assegurar que no es coneixia gota. Ningú no ho hauria endevinat.

Després d'uns quants dies deixaren el castell i el bosc encantat, els quals s'esvaïren tan aviat com ells en van ser fora i ningú no els ha vist mai més.

La princesa tornà al tron dels seus avantpassats, però no volgué mai que ningú sabés la seva història. En aquells cent anys tothom s'era tornat tan savi que no hi hauria hagut ningú que se l'hagués volguda creure. Així és que no la contaren, i no s'acudí mai a ningú de fer preguntes sobre la princesa perquè ja se sap de sempre que un príncep pot casar-se amb qui li plagui.

EL BANQUET DEL BARMECIDA

AQUESTA història que ara us contaré va contar-la el barber de Bagdad al califa Mostanser Billah. Tracta de Schacabac, conegut pel motiu de "llavis de llebre", que era el sisè germà del barber.

—Encara que el meu germà Schacabac sempre fou un home treballador i entès en els negocis—començà dient el barber,—li passaren tantes desventures que a la fi es veié en l'extrema misèria i li calgué demanar almoina per no morir-se de fam. El cert és que hi tingué força traça. Un dels seus trucs consistia a introduir-se a casa de la gent rica, subornant els criats, i quan era a presència dels amos sempre reeixia a fer-los llàstima.

Un dia passà davant d'un magnífic edifici. S'atansà a la porta d'entrada i veié un gran pati ple de servents. S'adreçà a un d'ells i li preguntà de qui era aquella casa.

—¿Però d'on surts, bon home, que no sàpigues que aquesta casa és d'un príncep Barmecida?

El meu germà, que coneixia prou bé la generositat dels Barmecides, s'adreçà als porters (perquè n'hi havia més d'un) i els pidolà una almoina.

—Entra a dintre, bon home—li digueren.—Ningú no te'n priva. Parla al nostre amo i pots estar segur que no te n'aniràs pas descontent.

No l'hagueren pas de pregar gaire. El meu germà entrà al palau, travessà un espaiós vestíbul que donava a un jardí molt bonic, amb avingudes empedrades d'alegres rajols multicolors, i a la fi arribà a un saló profusament decorat d'atzur i d'or, al lloc d'honor del qual hi havia un venerable vell que seia en un sofà, acariciant-se la llarga barba blanca.

Era el Barmecida en persona, el qual li donà la benvinguda i li demanà què desitjava. I així que el meu germà li hagué descrit la seva pobresa, el Barmecida donà grans mostres de compassió.

— ¿És possible que hi hagi, ací, a Bagdad, un home com tu, tan aclaparat per la desgràcia? — exclamà. — No ho puc permetre de cap de les maneres.

El meu germà digué llavors que no havia menjat res en tot el sant dia.

— Què dius ara? — féu el Barmecida. — ¿Encara estàs dejú, tan tard com és? Pobre home! Si et pots morir de gana! Noi — afegí alçant la veu. — porta'ns un rentamans amb aigua.

El meu germà no veié cap noi, ni cap rentamans ni una gota d'aigua, i s'estranyà que el Barmecida comencés a fregar-se les mans talment com si algú li aguantés la palangana, i al cap de poc sentí que li deia:

— Vina, renta't les mans que aviat dinarem.

Schacabac suposà que el Barmecida era aficionat a fer facècies i com que ell tenia també un tarannà enjogassat i a més sabia per experiència la submissió que els rics solen exigir dels pobres, no tingué cap inconvenient a imitar els gestos del seu amfitrió.

— Ara porta'ns alguna cosa per menjar. Afanya't i no ens facis esperar gaire — digué al criat imaginari.

I per bé que ningú no entrà al saló, el vell Barmecida féu el gest de servir-se i de ficar-se el menjar a la boca, però s'interrompé per dir al meu germà:

— Menja, home, menja, que avui ets el meu hoste. Benvingut siguis. Menja, t'ho prego. Sembla que tens poca gana, i això que fa tantes hores que no has tastat res.

— Pareu esment, senyor, que no perdo gota el temps, i m'aprofito com cal de la vostra hospitalitat generosa — respongué Schacabac, que imitava perfectament els gestos del seu amfitrió.

— Què et sembla aquest pa? No el trobes de primera? — preguntà el Barmecida.

— Podeu estar ben cert, senyor, que no n'he tastat en ma vida de tan blanc i saborós — li digué el meu germà que enlloc no veia ni pa ni menja de cap mena.

—Menja'n, doncs, per la gana que tinguis—digué el Barmecida. —¿Saps quant va costar-me l'esclava que em fa aquest pa tan exquisit? Doncs en vaig pagar cinc-centes peces d'or.

I féu grans elogis de la seva esclava-fornera i del pa que li feia, i en parlà bella estona mentre el meu germà devorava pa blanc i fi només imaginàriament.

—Noi—digué tot d'un plegat: —porta'm el plat que segueix. Tasta aquest plat, amic meu—prosseguí, adreçant-se al meu germà. —Tasta'l i digue'm si mai has menjat un estofat de moltó tan ben cuinat com aquest.

—Oh, és gustosíssim, i ja veieu que me'n serveixo un plat ben curull.

—Creu que em dónes una gran alegria—digué el Barmecida. —No permetis que s'emportin aquests plats, ja que són tan del teu gust.

Demanà llavors una oca amb salsa dolça, adobada amb vinagre, mel, raïms, pèsols i figues. I després anà demanant altres plats delicats de diverses menes, que el meu germà pretenia engolir amb delícia, mirant de distreure's del mal de cor que el turmentava. Per fi, afirmà que ja no li cabia res més al païdor, encara que el Barmecida no s'havia cansat d'instar-lo perquè anés menjant.

—Doncs, faré portar les postres—féu el Barmecida, i seguí pregant-lo perquè mengés la delitosa fruita i les llepolies, que, com és de suposar, eren tan imaginàries com la resta d'aquell àpat.

—Oh, senyor meu!—hagué d'exclamar Schacabac, que tenia les barres adolorides de tan moure-les sense mastegar res,—no us enganyo pas quan us dic que no puc menjar ni una engruna més.

—Quan un home ha fet un bon dinar ha de beure una mica! T'agrada el vi bo?

—Senyor—respongué el meu germà. —Us prego que no us ofengueu si refuso el vostre vi. No en bec mai. Per mi és cosa prohibida.

—Ets massa escrupolós, tanmateix—insistí el Barmecida. —Apa, home, apa: fes com jo!

I Schacabac hagué de cedir i fer veure que agafava la copa que el seu amfitrió feia semblant d'oferir-li. Alçà la copa per admirar el color del vi, l'olorà amb fruïció i després de fer una profunda reverència al Barmecida es posà la copa als llavis, amb tot l'aire d'estar d'allò més satisfet.

El Barmecida s'entretingué a servir-li un vi darrera l'altre. Schacabac prou tenia bona voluntat per seguir l'humor del seu amfitrió, però a la fi es cansà d'aquella facècia. Llavors va fer veure que el vi li havia pujat al cap i que no sabia el que es feia. S'alçà i donà una bufetada tan forta al Barmecida, que el féu caure a terra. Encara volia donar-li'n una altra, però el Barmecida li deturà el braç tot cridant:

— Ei! Que et tornes boig?

El meu germà llavors fingí que s'asserenava i digué amb posat confós:

— Oh, senyor meu! Heu tingut la bondat de rebre aquest miserable a casa vostra i de donar-li un banquet; tanmateix sembla que n'hi hauria hagut prou d'oferir-li bones menges. Però heu tingut encara la generositat de convidar-lo a beure el vostre vi. Ja us havia advertit que no hi estic gens avesat, i ara, senyor, només puc dir-vos que em sap molt greu el que he fet i us demano que vulgueu perdonar-me.

Quan Schacabac hagué acabat aquest petit parlament, el Barmecida en lloc d'enfadar-se féu una gran rialla.

— Temps ha que buscava una persona com tu — li digué. — No sols et perdono la bufetada, sinó que des d'ara et considero com un amic lleial, i vull que visquis a casa meva. Has tingut el seny d'atemperar-te al meu humor i has estat prou pacient per aguantar fins a la fi la meva comèdia; però ara menjarem de bo de bo.

Picà de mans i aquest cop comparegueren uns quants esclaus que reberen l'ordre de parar taula i de servir el dinar, i aviat arribà per al meu germà l'hora de regalar-se amb tots els plats que havia assaborit amb la imaginació.

Després de l'àpat fou servit el vi, i un bell estol d'esclaves molt boniques i ben posades comparegué a cantar i ballar, al so d'instruments diversos.

S'ALÇÀ I DONÀ UNA BUFETADA TAN FORTA AL BARMECIDA, QUE EL FÉU CAURE A TERRA

Schacabac no hagué, doncs, de queixar-se del bon cor i de l'hospitalitat del Barmecida, que se l'estimà molt, i el tractà com un amic de sempre. Fins i tot tragué un vestit del seu propi guarda-robes perquè Schacabac se'l posés.

GRIPAUS I DIAMANTS

Una vegada era una vídua que tenia dues filles. La més gran se li assemblava molt, tant, que veure la filla era talment veure la mare. Totes dues tenien un tarannà tan malagradós i presumit que viure amb elles resultava un turment insuportable.

La petita, que tenia el mateix caràcter del seu pare, un temperament dolç i amable, era una de les noies més boniques que s'hagin vist mai. Com que la gent tendeix a estimar el que se'ls assembla, la mare d'aquelles dues noies estimava amb deliri la gran, i, en canvi, es mostrava sempre agra envers la petita. La feia trastejar d'un cap de dia a l'altre i encara no la deixava seure a taula amb elles. Havia de menjar tota sola, a la cuina.

Entre altres coses, aquella pobra criatura havia d'anar cada dia dues vegades a buscar un gran càntir d'aigua a una font que hi havia a una milla i mitja de la casa. Un dia, quan era a la font, veié arribar una pobra velleta que li demanà per beure.

—Ara de seguida podreu beure amb el meu càntir—digué la noieta tot esbandint-lo.

El deixà omplir una mica i l'oferí a la velleta, bo i aguantant-lo ella mateixa perquè pogués beure més còmodament.

La bona dona, després d'haver begut, li digué:

—Ets tan bonica, minyoneta, i tens tan bon cor que vull fer-te un do.

Perquè aquella dona era una fada, que havia pres la forma d'una velleta desvalguda per veure fins a on arribaria el bon cor i la polidesa d'aquella gentil noieta.

—Et faré aquest do—digué la fada:—que a cada paraula que diràs, sortirà de la teva boca o bé una flor o bé una pedra preciosa.

Quan la noieta arribà a casa seva, la seva mare la renyà d'haver-se entretingut massa a la font.

— Perdona'm de no haver anat prou de pressa, mare — digué la filla petita i mentre parlava dues roses bellíssimes, dues perles i dos diamants eixiren de la seva boca.

— I ara! — exclamà la mare, tota estranyada. — Sí, sí, són diamants i perles el que surt de la boca d'aquesta noia. Però, filleta, com pot ésser, això?

Aquella fou la primera vegada que li digué "filleta".

La noia li contà fil per randa el que li havia passat a la font del bosc, i mentre parlava grans dolls de diamants i de perles li anaven caient de la boca.

— Això és meravellós! — exclamà la mare. — Vull que la teva germana també vagi a la font. Fanny, Fanny, vina! ¡Mira què cau dels llavis de la teva germana quan enraona! ¿No t'agradaria, Fanny, de tenir aquest do, tu, també? No et cal fer sinó això: te'n vas a la font a buscar aigua i quan vingui una velleta i et demani per beure, tu li ofereixes el càntir ben amablement.

— Ja et dic jo que fóra bonic que em veiessin anant a buscar aigua — digué Fanny amb poca solta.

— Fanny, hi has d'anar i procura que no t'ho hagi de dir dues vegades.

I hagué d'anar-hi, vulgues no vulgues, encara que botzinant tot el camí. Però no volgué pas emportar-se'n el càntir: prengué el gerro d'argent, el més bonic de casa seva.

Així que arribà a la font, veié sortir del bosc una dama esplèndidament vestida que anà a demanar-li aigua. Heu de saber que era la mateixa fada que s'havia aparegut a la seva germana, però ara es presentava amb l'aspecte i el vestit d'una bella princesa, per veure fins a on arribaria la grosseria d'aquella noia.

— Potser us creieu que he vingut ací expressament per donar-vos aigua — li digué l'orgullosa i desvergonyida Fanny. — Us deveu pensar que he portat el gerro d'argent amb aquesta intenció, oi? De totes maneres, si voleu aigua, podeu omplir-lo vós mateixa, i beure tant com vulgueu.

— No ets pas massa polida — digué la fada, però sense donar a compendre que estigués ofesa. — Ja que ets tan grollera i poc amable

LA MARE AGAFÀ UN BASTÓ PER PEGAR-LI

et donaré aquest do: a cada paraula que diguis et sortirà de la boca o bé una serp o bé un gripau.

Havent dit aquestes paraules desaparegué i la noia se'n tornà a casa seva.

La seva mare l'esperava i tan bon punt la veié, li cridà:

— Com ha anat això, filla meva?

— Què vols que et digui? — féu ella, desmenjada i impertinent com sempre; i al mateix instant dues serps i dos gripaus saltaren de la seva boca.

— Pobres de nosaltres! Quina desgràcia ens ha caigut al damunt! La culpable de tot això és la teva germana. ¡Però ja et dic jo que se'n penedirà!

I llavors agafà un bastó per pegar-li. Però la noieta, sentint els crits de la seva mare, fugí de casa seva i anà a amagar-se entre els arbres del bosc.

En aquell bell instant el fill del rei, que tornava de caçar, passà per l'indret on ella s'havia amagat i veient-la tan bonica i arraulida entre els matolls li preguntà què feia tota sola enmig del bosc i per què plorava.

— He hagut de fugir de casa meva perquè la mare em volia fer mal amb un bastó — respongué la noieta.

I el fill del rei, que s'havia enamorat d'ella només de veure-la, es donà compte dels diamants i de les perles que anaven caient a terra així que la noieta parlava. Volgué saber tota la història i després d'escoltar-la pujà la noia al seu cavall i la portà al palau del rei, el seu pare, on al cap de pocs dies se celebrà el casament del príncep amb la filla petita de la vídua.

ELS TRES ÓSSOS

Una vegada hi havia tres óssos que vivien junts en una caseta al cor d'un bosc. Un d'ells era un ósset petit, petitó; n'hi havia un altre de mida mitjana, i l'altre era molt i molt gros. Tenien tres bols per quan havien de menjar sopes: un per a cadascú. El de l'ós petitó era menut, molt menut; el de l'ós mitjà era de mida mitjana i el de l'ós més gros era gran, molt gran. També tenien tres cadires per a quan volien seure: una per a cadascú. La de l'ós petit, petitó era menuda, molt menuda, la de l'ós mitjà era de mida mitjana i la de l'ós més gros era grossa, molt grossa. I també tenien tres llits per a anar a dormir quan tenien son: un llit per a cada ós. El de l'ós petit, petitó era menut, molt menut, el de l'ós mitjà era de mida mitjana i el de l'ós més gros era gran, molt gran.

Un dia havien fet les sopes de l'esmorzar i ja n'havien omplert els bols, però les sopes eren molt calentes i se n'anaren cap al bosc a passejar una mica mentre es refredaven. No volien pas cremar-se els morrets. S'estimaven més esperar una estona abans de començar a menjar.

Mentre es passejaven, una velleta passà davant de la caseta dels óssos. No devia ésser pas gaire com cal, perquè primer mirà per la finestra i després pel pany de la clau, abans de provar d'entrar. Els óssos, com que eren bons óssos i no feien cap mal a ningú, no pensaven que hi hagués qui pogués fer-los cap mala passada, i no tancaven mai la porta amb pany i clau.

Per això la velleta no hagué de fer sinó girar el pom de la porta per entrar i tingué una gran alegria de veure les sopes a taula. Si hagués estat una velleta com cal, hauria esperat que els óssos tornessin a casa seva i llavors potser l'haurien convidada a esmorzar, perquè eren bona gent — una mica bruscos, de vegades, perquè aquest és el tarannà del óssos, — però de molt bons sentiments i hospitalaris. La velleta no era pas una velleta com cal, i és prova d'això que, sense pensar-s'hi gaire, es disposà a esmorzar abans que tornessin els amos de la casa.

Tastà primerament les sopes de l'ós més gros i les trobà massa calentes. Llavors remugà una paraulota lletja i se n'anà a tastar les sopes de l'ós mitjà. També les trobà massa calentes i remugà una altra paraulota. Finalment arribà a les sopes de l'ós petit, petitó i aquestes no les trobà ni massa calentes ni massa fredes, ans al punt just. Li agradaren tant que se les acabà totes, però, dolenta com era, hagué de dir una altra paraula lletja a propòsit del bol menut, perquè no hi cabia prou quantitat de sopes.

Llavors la velleta s'assegué a la cadira de l'ós més gros, i la trobà massa dura. S'assegué a la de l'ós mitjà i la trobà massa flonja. Finalment provà la de l'ós petit, petitó i aquesta no era ni massa dura ni massa flonja. Era tal com ella la volia. S'hi assegué, però devia pesar massa, perquè al cap d'una estona el seient s'enfonsà i la velleta caigué bruscament a terra. No cal dir que avià una altra paraulota.

Llavors pujà cap a la cambra dels tres óssos. S'ajagué al llit de l'ós més gros, però el coixí era massa alt per a ella.

S'ajagué al de l'ós mitjà i trobà que en aquell llit havia de tenir els peus massa enlaire. S'ajagué al llit de l'ós petit, petitó i en aquest sí que estava bé. S'abrigà ben abrigada i al cap d'un moment ja dormia.

Mentrestant havia passat una estona i els óssos pensaren que les sopes ja se'ls haurien refredat prou, i tornaren a casa seva a esmorzar.

— ALGÚ HA TASTAT LES MEVES SOPES! — digué l'ós més gros amb la seva veuassa ronca, perquè veié la cullera dins del bol. La velleta la hi havia deixada. L'ós mitjà mirà les seves sopes i també hi havia la cullera dintre el seu bol. Eren culleres de fusta· si haguessin estat d'argent aquella mala vella prou se les hauria ficades a la butxaca.

— Algú ha tastat les meves sopes! — cridà l'ós mitjà amb la seva veu ni prima ni forta.

Llavors l'ós petit, petitó, mirà les seves sopes. També hi havia la cullera dintre el bol, però de sopes no en quedava ni una engruna.

—*Algú ha tastat les meves sopes i se les ha menjades totes!*— cridà amb la seva veueta prima.

Els tres óssos, veient que algú havia entrat a casa seva i s'havia menjat l'esmorzar del més petit, es posaren a mirar per totes bandes. La velleta havia deixat el coixí dur de l'ós més gros tot mal posat quan s'alçà de la seva cadira.

—ALGÚ S'HA ASSEGUT A LA MEVA CADIRA!—cridà l'ós més gros amb la seva veuassa ronca.

La velleta havia ben aixafat el coixí flonjo de l'ós mitjà.

—ALGÚ HA SEGUT A LA MEVA CADIRA!—cridà l'ós mitjà amb la seva veu ni prima ni forta.

I ja sabeu com la velleta havia deixat la cadira menuda.

—*Algú ha segut a la meva cadira i me l'ha esbotzada!*—cridà l'ós petit, petitó, amb la seva veueta prima.

Llavors els tres óssos es decidiren a buscar de bo de bo qui havia entrat a casa seva. Pujaren cap a llur dormitori. La velleta havia tret del seu lloc el coixí de l'ós més gros.

—ALGÚ S'HA AJAGUT AL MEU LLIT!—cridà l'ós més gros amb la seva veuassa ronca.

La velleta també havia tret del seu lloc el travesser de l'ós mitjà.

—ALGÚ S'HA AJAGUT AL MEU LLIT!—cridà l'ós mitjà amb la seva veu ni prima ni forta.

L'ós petit, petitó també mirà al seu llit. El travesser era al seu lloc, el coixí era al seu lloc sobre el travesser, i sobre el coixí hi havia el cap brut i lleig de la velleta, que no es pot pas dir que fos al lloc escaient, perquè de cap manera la velleta no s'havia d'haver ajagut en aquell llit.

—*Algú s'ha ajagut en el meu llit... i encara hi és!*—cridà l'ós petit, petitó, amb la seva veueta prima.

La velleta havia sentit tot dormint la veuassa ronca de l'ós més gros. Però dormia tan bé que en féu el mateix cas que hauria fet del remoreig del vent o del soroll d'una tronada. També havia sentit la veu ni prima ni forta de l'ós mitjà, però només confusament, tal com se senten parlar les persones quan un somnia. Però quan sentí la veu prima de l'ós més petit, una veueta estrident que eixordava, es despertà amb esglai, i en veure els tres óssos a un costat del llit baixà per l'altra banda i corregué cap a la finestra, que era oberta, perquè els óssos, com a óssos bons minyons i endreçats que eren, en llevar-se no s'oblidaven mai d'obrir la finestra de llur dormitori. La velleta saltà per aquella finestra, i el que no us puc dir és si s'obrí el cap quan arribà a terra, o si pogué córrer cap al bosc i s'hi perdé o si algun guàrdia l'agafà i l'envià a una casa de correcció per vagabunda, que és el que era aquella velleta. Però el cert és que els tres óssos no la tornaren a veure mai més.

ALÍ BABÀ

Fa molt de temps que vivien a Pèrsia dos germans que es deien, l'un, Cassim, i l'altre, Alí Babà. El seu pare els deixà molt poca cosa, però el poc que tenia els ho repartí en dues parts iguals.

Cassim es casà amb una dona que heretà al cap de poc una bella suma de diners i un magatzem ple de valuoses mercaderies, cosa que féu de Cassim un dels comerciants més rics de la ciutat i li permeté de viure folgadament.

Alí Babà s'havia casat amb una dona tan pobra com ell mateix, i vivia en una barraca miserable. Mantenia la seva muller i els seus fills tallant fusta i portant-la a vendre a ciutat, carregada al llom de tres ases que tenia.

Un dia, quan ja havia tallat prou llenya per carregar els seus ases, veié molt lluny una gran polseguera i aviat pogué distingir un estol de genets que es dirigien cap a l'indret on s'estava. Llavors s'afanyà a enfilar-se dalt d'un arbre frondós, des d'on, bo i amagat, podria veure tot el que passés, perquè es temia que aquells genets eren un escamot de lladres. L'arbre on Alí Babà s'havia enfilat s'alçava al bell cim d'una roca escarpada i fou precisament al peu d'aquella roca on els genets van descavalcar.

Alí Babà comptà fins a quaranta homes i li semblà que tenien ben bé el posat d'una trepa de lladres. No s'errava pas. Aquella gent eren lladres de debò que havien fet grans robatoris per les contrades veïnes, encara que en la mateixa contrada d'Alí Babà no havien mai inquietat ningú. Cadascun d'aquells homes desbridà i travà el seu cavall i després li penjà sota el morro un morralet ple de blat perquè anés menjant. Agafaren llavors les alforges dels cavalls, que pesaven molt. Això féu que Alí Babà sospités que eren plenes d'or i plata.

El que semblava ésser el capità de tota la colla travessà per sota l'arbre on Alí Babà s'amagava i s'obrí camí entre els matolls fins que arribà davant de la roca i un cop allí digué en veu prou alta perquè Alí Babà pogués sentir les seves paraules:

—Obre't, ajonjolí.

Tot seguit s'obrí una porta dissimulada que hi havia a la roca i quan tota la colla de lladres i el capità, que entrà darrera de tots, foren a dins, la porta es tancà tota sola.

Els lladres trigaren bastant a sortir i Alí Babà, que tenia molta por que algun d'ells sortís i el veiés si provava d'allunyar-se d'aquell indret, hagué de prendre paciència i seure resignat dalt de l'arbre. Finalment la roca es tornà a obrir i els quaranta lladres sortiren, un per un. El capità fou el primer de sortir i esperà que tota la colla fos fora per dir aquestes paraules:

—Tanca't, ajonjolí.

La porta es tancà inmediatament. Mentrestant els lladres posaven les brides als cavalls i els lligaven les alforges i quan el capità veié els animals guarnits i els seus homes dalt de cavall es posà al davant de tots i la colla marxà pel mateix camí de la vinguda.

Alí Babà no es decidí a sortir del seu amagatall fins que els lladres es perderen a l'horitzó. Llavors baixà de l'arbre i venint-li a la memòria les paraules amb les quals el capità dels lladres obrí i tancà la porta de la roca, sentí gran curiositat de saber si aquelles paraules pronunciades per ell tindrien la mateixa virtut.

Travessà els matolls que tapaven la porta, i cridà:

—Obre't, ajonjolí! —i la porta s'obrí de seguida.

Alí Babà no esperava pas veure el que veié: una caverna clara i espaiosa en forma de cúpula que rebia la llum d'un forat que hi havia al cim de la roca.

Veié gran abundor de peces de seda i de brocat, tapissos valuosos amuntegats l'un sobre l'altre, piles molt grosses de lingots d'or i d'argent i grans sacs de moneda. Un tal munt de riqueses li féu suposar que en aquella cova devien haver tingut el cau moltes colles de lladres, l'una darrera l'altra.

Penetrà caverna endins i la porta es tancà darrera seu tota sola. Però no s'espantà pas gota de veure's tancat allí, perquè sabia prou bé el secret d'aquella porta. Sense fer cas de l'argent, s'emportà un bell munt de monedes d'or ensacades. Després aplegà els seus ases, que s'havien dispersat, i els carregà els sacs a sobre, coberts amb feixos de llenya perquè no els veiés ningú. Es girà, llavors, de cara a la roca i digué:

—Tanca't, ajonjolí! —i la porta de la caverna es tancà.

Alí Babà es dirigí cap a ciutat, i en arribar a casa seva portà els seus ases a un pati que tenia, tancà totes les portes, tragué els sacs d'or de sota la llenya i els anà a arrenglerar davant de la seva muller i després d'haver-los buidat i d'haver-la enlluernada amb aquella fabulosa quantitat d'or, li contà fil per randa la seva aventura i li recomanà que no en parlés mai a ningú.

Llavors volgué comptar els diners, però n'hi havia un munt tan gros que no podia pas comptar-los en tota una nit i per això envià la seva dona a manllevar una mesura a algun dels seus veïns. La dona se n'anà de dret a casa del seu cunyat Cassim, que vivia a la vora, i demanà una mesura a la seva muller.

—Ja te la tornaré d'ací a una mica —li digué.

La muller de Cassim volia de bon grat deixar-li la mesura, però com que sabia l'extrema pobresa d'Alí Babà, sentí gran curiositat per saber quina mena de gra havia de mesurar la seva cunyada, i com que era molt astuta, abans de donar-la-hi, untà el fons de la mesura amb una mica de sèu.

La muller d'Alí Babà se n'anà a casa seva i mesurà tot el munt d'or i en acabat tornà la mesura a la seva cunyada, sense donar-se compte que se li havia enganxat una moneda al fons. Tan aviat com va estar sola, la muller de Cassim mirà el fons de la mesura i ¡quina no fou la seva sorpresa en veure-hi la moneda d'or! Llavors l'enveja li rosegà les entranyes.

—¿És a dir que Alí Babà té tanta abundor d'or que ni tan sols pot comptar-lo, sinó que l'ha de mesurar? ¿D'on ha pogut treure la seva fortuna, aquell miserable?

El seu marit era fora de casa i l'hagué d'esperar, plena d'impaciència, i així que arribà s'apressà a dir-li:

—Cassim, ja sé que et creus ésser ric, però t'erres de ple a ple.

Alí Babà és infinitament més ric que tu. No compta pas els seus diners: els mesura!

Cassim es féu aclarir aquelles paraules, que li semblaven sense sentit i la seva muller li contà l'estratagema que li havia servit per descobrir la riquesa d'Alí Babà i li mostrà la moneda d'or que era tan antiga que no pogueren pas conèixer en temps de quin príncep havia estat encunyada.

Cassim no s'alegrà pas de la prosperitat del seu germà, sinó que li inspirà una enveja mesquina. No aclucà l'ull en tota la nit i en essent a punta de dia se n'anà a casa d'Alí Babà.

— Alí Babà — li digué mostrant-li la moneda d'or que la seva muller li havia donat: — tu pretens ésser extremadament pobre i, no obstant, mesures or! ¿Quantes monedes tens com aquesta que la meva dona va trobar al fons de la mesura que tu vas manllevar-li ahir?

Alí Babà, veient que Cassim i la seva muller ho sabien tot, contà al seu germà per quin atzar descobrí el recés dels lladres. També li digué el lloc on s'esqueia la cova i li oferí la meitat del seu tresor si volia guardar-li el secret.

— No espero pas menys — li respongué Cassim amb altivesa, — però em cal saber ben bé l'indret on hi ha aquest tresor i el que he de fer per entrar-hi sempre que vulgui; si no m'ho dius, aniré a trobar el Cadí i li diré que tu tens aquest or i el perdràs tot mentre que jo en rebré una part per haver fet la denúncia.

Alí Babà, seguint més aviat el seu bon natural que no pas espantat per les insolents amenaces del seu mal germà, li digué tot el que volia saber i fins i tot li ensenyà les paraules que havia de dir per poder entrar a la cova.

Cassim, que ja no necessitava per res Alí Babà, sortí de casa d'ell i al cap de poc s'endinsà pel bosc amb deu mules que portaven grans baguls a l'esquena. Cassim es proposava tornar-los a casa seva ben plens d'or. Seguí el camí que Alí Babà li havia indicat i aviat arribà a la roca i trobà el lloc de la porta guiant-se amb l'arbre i els altres senyals que el seu germà li havia descrit.

Llavors pronuncià les paraules: "Obre't, ajonjolí!". La porta s'obrí a l'instant i quan Cassim hagué penetrat a la cova tornà a tancar-se. Cassim examinà detingudament la cova i hi trobà moltes més riqueses del que s'havia imaginat. Cobejós i àvid com era, s'hauria passat ben bé tot el dia contemplant aquells munts de tresors si, pensant tot d'una que era allí per emportar-se'n una part, no hagués eixit del seu èxtasi.

Traginà fins a la porta tants sacs d'or com pogué, però estava tan absort pensant en els tresors del quals seria amo, que no es recordà de les paraules que li havien d'obrir la porta i en lloc d'anomenar el gra d'ajonjolí, digué:

— Obre't, ordi.

I es quedà tot parat de veure que la porta romania ben tancada. Llavors anomenà moltes menes de gra, però la porta no s'obria de cap manera i com més s'esforçava a recordar la paraula "ajonjolí" més desorientat es veia. Llençà a terra els sacs que s'havia carregat a l'esquena, i es posà a caminar frenèticament d'un cap a l'altre de la cova, sense fer cap mica de cas de tots els tresors que tenia al seu entorn.

Pels volts de migdia s'escaigué que els lladres anaren cap a la cova i abans d'arribar-hi veieren les mules de Cassim que rondaven pel bosc amb grans caixes al llom. Això alarmà els bergants, els quals galoparen rabent fins a llur cova. Descavalcaren i mentre uns quants inspeccionaven els voltants de la roca, el capità i la resta de la quadrilla es dirigiren sense perdre un instant a la porta amb la simitarra desembeinada. El capità pronuncià les paraules màgiques i la porta s'obrí. Cassim, de dins estant, veié com la porta s'obria i s'hi precipità per escapar-se, però els lladres no trigaren gaire a llevar-li la vida a cops de simitarra.

Una vegada mort l'intrús que havia gosat penetrar a llur cau, els lladres s'apressaren a inspeccionar la cova. Veieren els sacs que Cassim havia portat vora la porta per carregar les seves mules i els tornaren al seu lloc sense trobar a faltar el que Alí Babà se n'havia emportat abans. Comentaven el fet d'haver trobat un home dins de la roca i no podien pas entendre com Cassim havia pogut entrar-hi, perquè estaven tots ben convençuts que ningú no sabia llur secret. No sospitaven poc ni molt que Alí Babà els havia espiat, però el gran interès que tenien a no deixar-se prendre llurs tresors els inspirà la idea de tallar el cos de Cassim en quatre trossos i penjar-los dins de la cova, dos a cada banda de porta, per espantar qui gosés ficar-se al seu cau. Aviat enllestiren el que havien resolt de fer i s'allunyaren de la cova després d'haver-ne tancat la porta, per escometre la primera caravana que trobessin.

Mentrestant la muller de Cassim estava molt anguniosa de veure que es feia fosc i el seu marit no tornava. Passà tota la nit plorant i quan es féu clar anà, tota alarmada, a casa del seu cunyat. Alí Babà no esperà pas que la seva cunyada li demanés d'anar a veure què s'havia fet de Cassim, sinó que, bo i pregant-li que no estigués anguniosa, se n'anà tot seguit amb els seus tres ases.

S'endinsà pel bosc, i en arribar prop de la roca s'estremí veient sang per terra, vora la porta, però més gran fou el seu espant quan hagué dit: "Obre't, ajonjolí" i la porta se li hagué obert. Llavors veié l'horrible espectacle del cos del seu germà fet a trossos. Entrà a la cova, carregà les despulles del seu germà sobre un dels ases i les cobrí amb llenya. Carregà els altres dos ases de sacs d'or i cobrí també la preciosa càrrega amb llenya, tal com ho havia fet la primera vegada; després féu que la porta es tanqués i se'n tornà cap a casa seva. Conduí els dos ases carregats d'or cap al seu petit pati, i deixà a la seva dona la feina de descarregar-los, mentre ell menava l'altre bèstia a casa de la seva cunyada.

El sortí a obrir Morgiana, una esclava molt llesta. Alí Babà sabia que era fiada i enginyosa en les empreses més difícils. Descarregà el seu ase al pati de la casa i prenent Morgiana a part, li digué:

— La primera cosa que et demano és que guardis inviolablement el secret que et confiaré: això és indispensable per la seguretat de la teva mestressa i també per la meva. Dins d'aquests dos fardells hi ha el cos del teu amo i hem d'enterrar-lo com si hagués mort de mort natural. Vés-te'n ara a dir a la mestressa que vull parlar amb ella i tingues present el que t'he dit.

Morgiana anà a trobar la seva mestressa, seguida d'Alí Babà, que detallà a la vídua els incidents de la seva recerca i de la mort de Cassim. S'esforçà d'aconsolar la vídua i acabà dient-li:

—M'ofereixo a afegir els tresors que Alà m'ha enviat a tot el que posseeixes i també a casar-me amb tu, perquè puc assegurar-te que la meva dona no et tindrà pas gelosia, i tots junts podrem viure feliços. Si et sembla bé el que et proposo, t'aconsello que deixis a Morgiana, la teva esclava fidel, la feina d'endegar l'enterrament de Cassim i jo faré tot el que sàpiga per consolar-te.

¿Què podia fer la vídua de Cassim sinó acceptar aquella proposta? S'eixugà les llàgrimes que li mullaven la cara, i donà a enten-

EL VELL ATACONADOR ES DEIXÀ TAPAR D'ULLS I SEGUÍ L'ESCLAVA

dre a Alí Babà que acceptava el que ell li oferia. Llavors ell s'acomiadà de la vídua, recomanà a Morgiana que es captingués del cos del seu amo, i se'n tornà a casa seva amb el ruc.

L'endemà, molt de matí, Morgiana, que coneixia un vell ataconador que obria molt d'hora la botigueta, li donà el bon dia posant-li una moneda d'or a la mà.

—Què vols que faci per aquesta moneda? —li digué Babà Mustafà (aquest era el seu nom). —Digues-me què vols que faci, i ho faré de seguida.

—Babà Mustafà —li digué Morgiana: —has d'agafar els teus estres de cosir i seguir-me. Et taparé els ulls fins que arribem a un lloc que jo sé.

Babà Mustafà vacil·là una mica davant d'aquesta proposta. Morgiana hagué de maldar qui-sap-lo per convènce'l, però a la fi el vell ataconador es deixà tapar d'ulls amb un mocador i seguí l'esclava que el guià a la casa del seu amo difunt i no li destapà els ulls fins que el tingué a la sala on havia deixat el cos destroçat.

— Afanya't a ajuntar aquests trossos i a cosir-los, Babà Mustafà — digué Morgiana, — i quan ho hagis fet et donaré una altra moneda d'or.

Quan Babà Mustafà hagué enllestit la seva tasca, l'esclava li tapà altra vegada els ulls, li donà una altra moneda d'or, i li recomanà que no digués mai a ningú el que havia vist, tot acompanyant-lo a la seva botiga, on li desembenà els ulls. Llavors se'n tornà a casa del seu amo i preparà el cos de Cassim per a l'enterrament que havia de celebrar-se l'endemà amb la pompa i solemnitat que s'estilaven en aquella terra.

Però deixem ara Alí Babà fruint de l'inici de la seva bona fortuna i observem de bell nou els quaranta lladres. Tornaren a llur catau del bosc i es van sorprendre d'allò més en veure que algú s'havia emportat el cadàver de Cassim i a més a més alguns de llurs sacs d'or.

— És cosa clara que algú ha descobert el nostre secret — digué el capità, — i si no trobem aviat remei a aquest contratemps anirem perdent tots els tresors que els nostres antecessors i nosaltres mateixos hem aplegat amb tantes fatigues i passant tants perills. No hi ha dubte que el lladre que vam sorprendre té un còmplice i ja que hem pogut castigar un dels bergants, ens cal descobrir l'altre. Un de vosaltres que sigui atrevit, enginyós i emprenedor haurà d'entrar a la ciutat vestit de vianant. Així podrà esbrinar si algun home ha mort de mort estranya. Però suposant que el missatger ens portés una informació falsa, ¿no us sembla a tots vosaltres que l'hauríem de castigar llevant-li la vida?

Tots els lladres trobaren tan excel·lent el parer del capità que l'aprovaren a cor. Un d'ells s'alçà a demanar que el designessin a ell per anar a la ciutat. Escoltà les recomanacions del seu capità i dels seus companys, es disfressà com calia i després d'acomiadar-se de la colla s'encaminà cap a ciutat que encara no clarejava. Rondà amunt i avall pels carrers fins que passà casualment davant la botigueta de

Babà Mustafà, que sempre era el més matiner dels que tenien botiga oberta.

Babà Mustafà seia amb una alena als dits. El lladre el saludà i veient que era un home vell li digué:

— Bon home, veig que us hi poseu molt d'hora! ¿Voleu dir que un home de la vostra edat s'hi veu gaire amb tan poca claror?

— És clar que m'hi veig — respongué Babà Mustafà. — Deus ésser foraster, que no em coneguis. Tinc una vista extraordinària i perquè et convencis del que et dic, sàpigues que he cosit un cadàver trossejat en una cambra en la qual no tenia pas més llum que la que tinc ara ací.

El lladre no hi veia de content en sentir aquestes paraules i seguí fent preguntes a Babà Mustafà fins que aquest li hagué contat tot el que havia succeït. Llavors es tragué una moneda d'or de la butxaca i digué tot donant-la a l'ataconador:

— Podeu estar cert que mai no divulgaré el vostre secret. Tot el que us demano és que m'ensenyeu la casa on vau cosir el cadàver. Mireu: us embenaré els ulls tal com ho féu l'esclava. Anirem junts i potser podreu trobar d'esma la casa on ocorregué aquella aventura misteriosa. Com que és just que us pagui la molèstia que això us ocasiona, ací teniu una altra moneda d'or — i posà una altra peça a la mà de Babà Mustafà.

Les dues monedes d'or eren una temptació irresistible per a l'ataconador. Les contemplà una estona sense badar boca, reflexionant què calia fer, però finalment es tragué la seva bossa i les hi ficà. S'alçà amb gran goig del lladre i digué:

— No t'asseguro pas que em recordi del camí, però ja que ho desitges miraré de fer el que pugui.

El lladre, que tenia el mocador a punt, embenà els ulls de Babà Mustafà i l'acompanyà tenint-li la mà agafada, però deixant-se guiar per ell.

— No crec pas que anés més lluny — digué Babà Mustafà, parant-se davant de la casa de Cassim on llavors vivia Alí Babà.

Abans de desembenar els ulls de Babà Mustafà féu un senyal a la porta amb un tros de guix que ja duia a la mà amb aquest propòsit, i veient que Babà Mustafà ja li havia donat totes les informacions que podia, el regracià per la gentilesa amb què havia atès els seus desigs i el deixà tornar a la botigueta. Després es reuní amb els seus companys i els contà amb aire de triomf la seva bona fortuna.

Poc després que el lladre i Babà Mustafà s'havien allunyat, Morgiana hagué de sortir a fer un encàrrec i en tornar a casa del seu amo veié el senyal que el lladre havia fet i s'aturà a mirar-lo.

—Què deu voler dir aquest senyal? —es digué. —Es veu que algú vol mal al meu amo.

Convençuda que havia encertat la significació d'aquell senyal, sense dir res al seu amo ni a la seva mestressa anà a buscar un tros de guix i marcà dues a tres portes a banda i banda de la del seu amo amb el mateix senyal.

Mentrestant el capità dels lladres havia fet armar els seus homes i els havia dit:

—Companys meus: no tenim ni un instant per perdre. Cal que sortim ben armats, però de manera que ningú no pugui sospitar qui som.

"D'un a un, i a tot estirar dos alhora, aneu-vos-en a la ciutat i arribeu-vos al lloc designat per reunir-nos, que serà la plaça major. Mentrestant jo me n'aniré amb el nostre company que ens ha dut tan bones noves, veuré la casa i podrem decidir què caldrà fer.

Tots aprovaren aquest projecte i es disposaren a posar-lo en pràctica. Desfilaren de dos en dos i entraren a la ciutat sense que ningú sospités res en contra d'ells. El lladre que havia estat a la ciutat aquell mateix dia, de bon matí, acompanyà el capità al carrer on havia marcat la casa d'Alí Babà i quan arribaren a la primera de les cases que Morgiana havia assenyalat, li digué:

—Aquesta és la casa que m'ha indicat l'ataconador.

Però el capità es donà compte que a la porta següent hi havia un altre senyal de la mateixa mena.

El lladre estava tan confós que no sabia pas què dir, però encara quedà més desorientat quan es fixà que eren cinc o sis les cases que tenien el mateix senyal.

L'eixida havia resultat infructuosa. El capità se n'anà al lloc convingut per trobar-se i digué a la seva colla que aquella sortida havia estat inútil i que el millor que podien fer era tornar-se'n a la cova.

Ell els donà l'exemple marxant davant de tots, i tota la colla l'anà seguint, d'un a un, tan en secret com a la vinguda. Quan van haver-se aplegat altra vegada, el capità contà als seus companys el que havia succeït. El lladre que havia anat a esbrinar les coses fou declarat mereixedor de la pena de mort; ell mateix es condemnà dient que havia d'haver pres més precaucions i rebé coratjosament el cop mortal de mans del company que fou designat per decapitar-lo.

Però, com que la seguretat de la colla exigia que qualsevol perjudici que els fos causat tingués el seu càstig, un altre lladre s'oferí per intentar el descobriment d'algun nou indici. Tots hi vingueren bé, i el lladre se n'anà de dret a trobar Babà Mustafà i li donà una peça d'or perquè li indiqués quina era la casa d'Alí Babà i quan ho sabé hi féu un petit senyal amb guix vermell en un indret on no fos fàcil de veure'l.

Al cap de poc Morgiana, de qui res no passava inadvertit, sortí de casa del seu amo i, havent vist el senyal vermell, anà a buscar guix vermell i deixà les portes de les cases veïnes assenyalades de la mateixa manera i en el mateix indret que la casa del seu amo.

De retorn a la cova, el segon espia dels lladres explicà la seva feta i el capità i tota la colla s'alegraren en gran manera de pensar en l'èxit que aviat premiaria els seus esforços. Eixiren, doncs, cap a ciutat, adoptant les mateixes precaucions de la primera vegada, però quan el capità i el lladre arribaren al carrer on vivia Alí Babà veieren diverses cases marcades de la mateixa manera amb guix vermell, cosa que féu esclatar la indignació del capitost dels lladres. Se'n tornà amb els seus homes a la cova i allí l'espia fou condemnat a mort i al bell instant li fou aplicada la pena.

El capità, que ja havia perdut dos valents companys de la seva quadrilla i que tenia por de perdre'n encara d'altres, resolgué d'encarregar-se ell mateix d'aquella important comesa. Se n'anà a trobar Babà Mustafà, que no tingué cap inconvenient a prestar-li el mateix servei que als altres dos lladres. Però el capità no marcà pas la porta amb guix, sinó que l'examinà tan detingudament que no era possible que s'errés de porta quan tornés amb els seus companys.

S'endinsà altra vegada pel bosc, molt content de la seva feina, i en arribar a la cova digué als lladres que l'esperaven:

— Ara podrem dur a bon terme la nostra venjança perquè sé del cert quina és la casa del nostre enemic. Aneu-vos-en pels pobles d'aquests volts i compreu dinou mules i trenta-vuit bóts grans de cuiro, un d'ells ple d'oli i els altres buits.

Fins al cap de dos o tres dies els lladres no hagueren comprat tots els bóts i les mules. El capità llavors en féu entrar un dins de cada bót i untà d'oli la part exterior de tots els bóts i quan hagué carregat sobre les mules els trenta-set lladres cadascun dins del seu bót i l'últim dels bóts ple d'oli, les féu posar en marxa i les menà fins a la ciutat, on arribà a entrada de fosc, tal com havia previst. No féu parar les mules fins que foren davant de la porta d'Alí Babà. Alí Babà havia eixit al carrer després de sopar, per prendre un xic la fresca, i el capità se li adreçà dient-li:

— He vingut de molt lluny per vendre l'oli que porto dins d'aquests bóts al mercat de demà i se m'ha fet tan tard pel camí que ara no sé on trobar estatge. Si no t'he d'ocasionar molta molèstia t'agrairé d'allò més que em deixis passar la nit sota cobert, a casa teva.

Encara que Alí Babà hagués vist i sentit parlar al bosc el capità dels lladres, en aquell moment no el podia pas reconèixer, perquè anava molt ben disfressat de marxant d'oli i el donà per benvingut a casa seva, tot obrint-li les reixes que tancaven el pati perquè les seves mules poguessin entrar. Cridà un esclau perquè donés farratge a aquells animals, i encarregà a Morgiana que preparés un bon sopar per al seu hoste.

Després de sopar el capità dels lladres s'esmunyí cap al pati amb el pretext d'atendre les seves mules. S'abocà a tots els bóts un per un, dient a cadascun dels seus homes:

— Així que jo tiri algunes pedres de la finestra de la meva cambra estant, fes un bon tall a aquest bót amb el ganivet que portes i surt, que jo aviat seré ací amb tu.

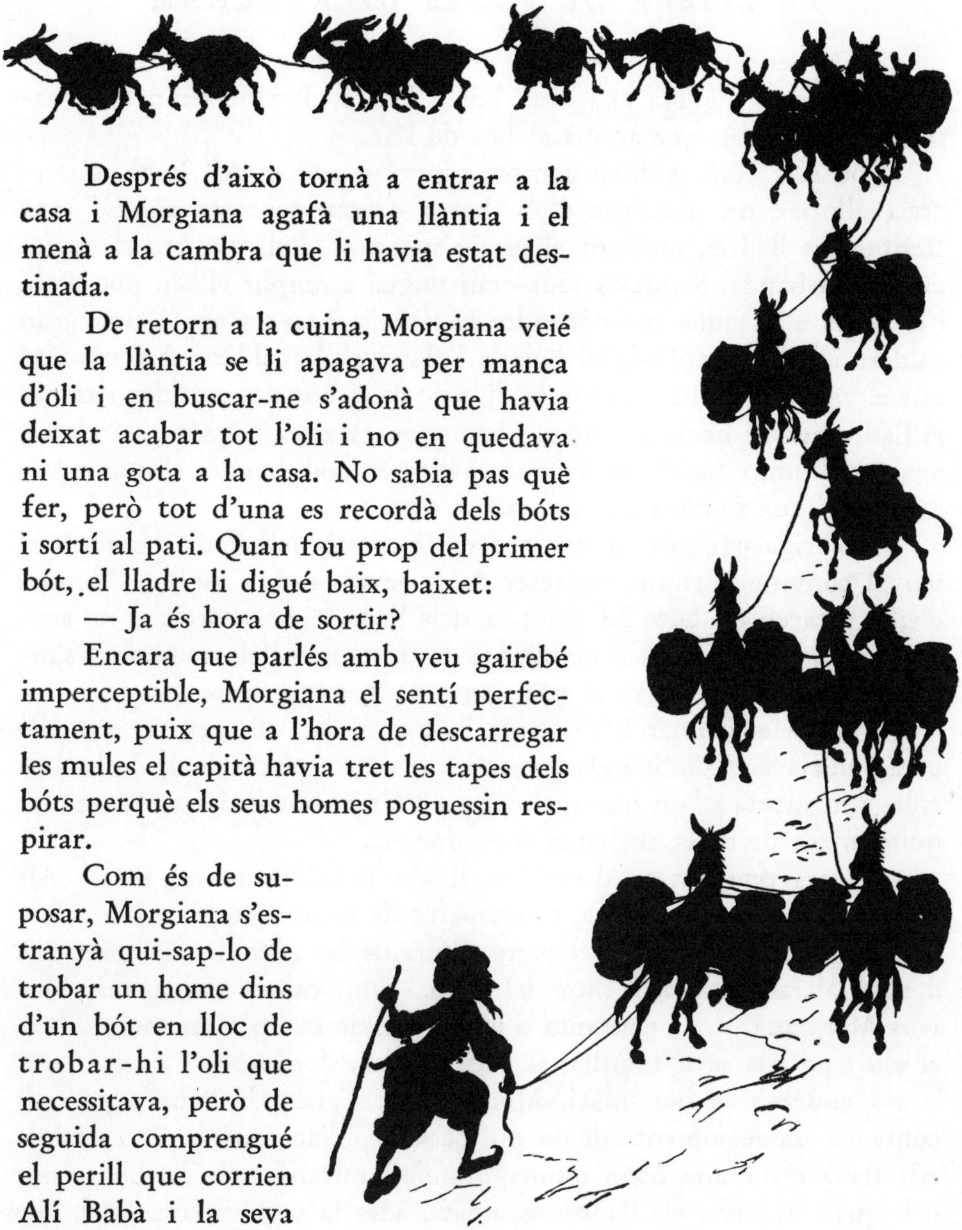

Després d'això tornà a entrar a la casa i Morgiana agafà una llàntia i el menà a la cambra que li havia estat destinada.

De retorn a la cuina, Morgiana veié que la llàntia se li apagava per manca d'oli i en buscar-ne s'adonà que havia deixat acabar tot l'oli i no en quedava ni una gota a la casa. No sabia pas què fer, però tot d'una es recordà dels bóts i sortí al pati. Quan fou prop del primer bót, el lladre li digué baix, baixet:

— Ja és hora de sortir?

Encara que parlés amb veu gairebé imperceptible, Morgiana el sentí perfectament, puix que a l'hora de descarregar les mules el capità havia tret les tapes dels bóts perquè els seus homes poguessin respirar.

Com és de suposar, Morgiana s'estranyà qui-sap-lo de trobar un home dins d'un bót en lloc de trobar-hi l'oli que necessitava, però de seguida comprengué el perill que corrien Alí Babà i la seva família i la necessitat de salvar-los ben de pressa i sense fer soroll, i, tornant a asserenar-se, respongué sense que li tremolés gens la veu:

— No encara. Però aviat ho serà.

D'aquesta manera anà d'un bót a l'altre, donant sempre la mateixa resposta fins que arribà al bót de l'oli.

Fou així com es donà compte que el seu amo, Alí Babà, que es creia allotjar un marxant d'oli, havia deixat penetrar a casa seva trenta-vuit lladres, incloent el pretès marxant d'oli que era el capità de tota la banda. S'apressà tant com pogué a omplir el seu pot d'oli, i el portà a la cuina per encendre la llàntia. Llavors agafà una gran caldera i anà a omplir-la al bót de l'oli. Posà la caldera al foc i així que el veié bullir anà a vessar-lo dins de cada bót per escaldar i matar el lladre que hi havia a dintre. Llavors entrà altra vegada a la cuina, apagà el llum, i decidí no ficar-se al llit per poder veure el que passés a través d'una finestra que donava al pati.

No trigà pas gaire a sentir com el capità dels lladres donava el senyal convingut tirant pedretes de la seva cambra estant. Algunes d'elles tocaren els bóts. El capitost dels lladres parà l'orella i no sentint ni veient que els seus companys fessin el més lleu moviment s'inquietà d'allò més i baixà al pati sense fer gens de fressa.

S'abocà al primer bót i sentí la fortor de l'oli cremat, que encara fumejava. Examinà els bóts un per un i trobà tots els de la seva colla ben morts i l'oli que mancava a l'últim bót li donà a entendre quina mena de mort els havia estat donada.

Suposà que havien descobert el seu propòsit de fer morir Alí Babà i de saquejar-li la casa, i desesperat de veure que no podia aconseguir el que volia, forçà el pany d'una de les entrades del pati que donava al jardí, saltà el mur del jardí i fugí cames ajudeu-me. Llavors Morgiana, molt contenta d'haver reeixit tan plenament a salvar el seu amo i la seva família, es retirà al seu dormitori.

L'endemà de bon matí, Morgiana prengué Alí Babà a part, li contà els esdeveniments de la nit passada i l'acompanyà a l'estable. Alí Babà restà una bona estona immòbil mirant adés els bóts, dins dels quals hi havia els lladres escaldats, adés la seva esclava fidel. No podia dir res de tan sorprès que estava. Per fi, quan s'hagué asserenat una mica, parlà així a Morgiana:

— Pots estar certa que no em moriré pas sense haver-te donat el premi que mereixes! Et dec la vida i com a penyora del meu agraïment et torno la llibertat. D'avui endavant no seràs esclava sinó lliure. I temps a venir acabaré de premiar-te com escau. Penso, com tu mateixa, que aquests quaranta lladres m'havien posat un parany per fer-me perdre. Alà s'ha servit de tu per lliurar-me dels seus perversos designis, i espero que seguirà atorgant-me la seva benvolent protecció i que haurà evitat al món moltes malvestats amb la destrucció d'aquesta raça maleïda. I ara no podem fer altra cosa sinó sepultar els cossos d'aquests bergants, veritable plaga dels homes.

Alí Babà tenia un jardí molt ample; ell i els seus esclaus hi cavaren una gran fossa, hi baixaren els lladres i tornaren a omplir-la de terra. Un cop enterrats els lladres, Alí Babà amagà els bóts de pell i les llances i portà les mules a vendre al mercat.

Mentre Alí Babà s'esmerçava en aquestes coses, el capità dels quaranta lladres tornà a la cova del bosc i rumià la manera de prendre venjança d'Alí Babà.

L'endemà al matí, així que es despertà, es disfressà de marxant i s'encaminà cap a la ciutat on llogà una cambra en un hostal. Hi anà portant teixits valuosos, i quan n'hi tingué molts d'aplegats llogà una botiga davant per davant del magatzem de Cassim que el fill d'Alí Babà havia heredat en morir el seu oncle. El fals comerciant s'enginyà per conquerir l'amistat d'aquell jove en pocs dies: l'afalagava, li oferia petits presents i el convidava a dinar i a sopar.

El fill d'Alí Babà no volgué acceptar totes aquelles fineses del fals marxant sense fer-li ell també algun obsequi, i per això confià al seu pare el desig que tenia de convidar el seu veí a menjar amb ells.

Alí Babà acceptà de molt bon grat l'encàrrec del festí, i digué al seu fill que convidés el seu amic a sopar. Després disposà que Morgiana cuinés un bon àpat.

En essent al vespre el fals marxant comparegué a la casa d'Alí Babà, acompanyat del seu jove amic i després de les salutacions de costum, digué al seu amfitrió:

—Et prego que no t'ofenguis si no em quedo a sopar. No menjo mai cap aliment que tingui gens de sal; ja veus, doncs, que no puc pas asseure'm a la teva taula.

— Això no ha pas de privar-me de la teva companyia, aquest vespre, perquè et prometo que no posaran ni una engruna de sal ni en el pa ni en els guisats que ens serveixin. No pots pas negar-me el goig de tenir-te a sopar aquesta nit — digué Alí Babà i baixà a la cuina a avisar Morgiana que no posés gens de sal en el menjar que preparava per a aquell vespre. Morgiana, que sempre estava disposada a obeir el seu amo, es contrarià en rebre aquella ordre tan estranya.

— ¿Qui és — preguntà — aquest home tan singular que no vol sal en el que menja? ¿No sap, potser, que la sal compartida per l'amo i els seus convidats cimenta per sempre més entre ells una amistat sincera?

— No t'enfadis, Morgiana — li digué Alí Babà. — És un home de bé; fes, doncs, el que et mano.

Morgiana obeí, però sense poder vèncer la seva repugnància i tot guisant se li anà avivant un gran desig de veure aquell home que no volia compartir la sal amb el seu amfitrió. Moguda per aquesta curiositat, ajudà Alí Babà a portar els plats al menjador i havent mirat el fals marxant reconegué de seguida el capità dels quaranta lladres, malgrat la seva disfressa i mirant-lo detingudament veié que duia una daga sota el vestit.

Quan hagué sorprès el pervers intent d'aquell mal home, Morgiana es tancà a la seva cambra, es posà un bell vestit de dansarina, ornat amb un cinyell d'argent que aguantava un punyal, i anà a trobar un esclau.

— Agafa el teu tamborí — li digué — i anem-nos-en a distreure el nostre amo i l'hoste del seu fill.

L'esclau obeí. Passà al davant de Morgiana tocant sense parar el tamborí fins que foren al menjador, i Morgiana dansà amb tanta gràcia i lleugeresa que tothom va admirar-se'n.

Després d'haver ballat algunes danses amb la mateixa mestria, es tragué el punyal de la beina, i començà una nova dansa de ràpids moviments i de salts prodigiosos, amb el punyal nu a la mà. Adés tocava amb la punta de l'arma el pit d'algun dels que la contemplaven, adés feia semblant de clavar-se-la ella mateixa. Però tot d'una s'atansà al fals marxant i amb gran coratge li enfonsà el punyal al mig del cor.

Alí Babà i el seu fill no pogueren reprimir un crit d'esglai, en veure el que acabava de fer l'antiga esclava.

—Ah, dissortada! —exclamà Alí Babà. —¿Com has gosat causar la meva ruïna i la de tots els meus?

—No us he pas causat la ruïna, sinó que us he salvat —respongué Morgiana, obrint el vestit del fals marxant i mostrant la daga que hi duia. —Mira quin enemic t'asseies al bell costat! Para esment en la seva fesomia i reconeixeràs tot seguit el fals marxant d'oli i el capità dels quaranta lladres. I també recorda que no es volia partir la sal amb tu. Vols encara més proves de la seva intenció perversa?

Alí Babà abraçà Morgiana amb el cor vessant d'agraïment i li digué:

—Et vaig tornar la llibertat, Morgiana, i ara et vull casar amb el meu fill, que es considerarà molt feliç de tenir per muller la que ha salvat la família.

Després demanà el parer del seu fill, que, en lloc de mostrar cap disgust, consentí de bon grat al casament, no tan sols per obeir el seu pare, sinó perquè sentia un gran afecte envers Morgiana.

Alguns dies després Alí Babà celebrà amb gran solemnitat les noces del seu fill amb la que antany fou esclava. Hi hagué un banquet esplèndid durant el qual es ballaren les velles danses del país.

Més endavant, Alí Babà portà el seu fill a la cova, i li n'ensenyà el secret. Aquest secret s'anà trametent de pares a fills, en la descendència d'Alí Babà, que es veié voltada d'esplendor i honorada de tothom perquè no fou ambiciosa i sabé fer bon ús de la seva bona fortuna.

LA VENTAFOCS

UNA vegada era un vidu que celebrà segones noces: es casà amb la dona més orgullosa i de més mal geni de tot el país, la qual tenia dues filles que se li assemblaven molt. El vidu també tenia una nena, que era ben bé com la seva mare morta, que fou una de les persones més bones que han existit.

Després del casament, la madrastra esdevingué tot seguit gelosa de les belles qualitats de la noieta que feien ressaltar els defectes de les seves pròpies filles. La convertí en l'escarràs de la casa; havia de fregar tot l'estatge i les escales, treure la pols dels dormitoris, netejar les reixes.

Les seves germanes tenien cambres tapissades, amb miralls en els quals podien veure's de cap a peus i a ella, la feien dormir sobre una vella màrfega de palla en un recambró de les golfes, on només hi havia la màrfega i una sola cadira. A la seva cambreta no tenia ni un petit mirall.

Però ella ho suportava sense gosar queixar-se al seu pare, perquè el veia doblegat del tot a la voluntat de la seva nova muller. Quan tenia tota la feina llesta, solia asseure's al peu de la llar, vora la cendra i les seves germanes per això li tragueren el motiu de "Ventafocs". Però la Ventafocs, encara que anés molt pobrament vestida, era molt més bonica i delicada que les seves germanes amb tots els seus vestits luxosos.

S'escaigué que el fill del rei donà un seguit de balls als quals convidà tot el bo i millor de la vila, i heus ací que les dues germanes grans també hi van ser convidades. ¡Quin goig i quin orgull per a elles! ¡Quina nova font de mals de cap per a la Ventafocs, que havia de preparar-los la roba fina i les randes que elles no trobaven mai del seu gust per més que la Ventafocs s'esforcés a complaure-les! No feien altra cosa sinó discutir el que portarien els dies del ball. No parlaven pas de res més.

—Jo—deia la gran,—vull portar el vestit de vellut que té uns ornaments de randa anglesa.

—I jo—seguia la petita,—penso posar-me les faldilles de seda, però les guarniré amb uns volants de brocat mostrejat de flors arran de cintura i portaré la diadema de diamants, que és força més bonica que cap de les teves coses.

Llavors la germana gran s'enfadà i discutiren una bona estona pel sol gust de contradir-se, fins que a la fi cridaren la Ventafocs, el bon gust de la qual reconeixien, i li demanaren el seu parer. Ella els el donà tan bé com sabia, i s'oferí gentilment i humilment a vestir-les i sobretot a pentinar-les. Per a això últim tenia millors mans que més d'un perruquer de molta anomenada. Finalment arribà el gran vespre i la Ventafocs esmerçà tota la seva traça al servei de les dues damiseŀles. La gran li digué amb ironia mentre ella la pentinava:

—No t'agradaria de venir al ball, Ventafocs?

—Ai, senyora!—perquè l'obligaven a dir-los sempre "senyora",—vós us burleu de mi; un plaer tan gran no és pas fet per a una pobra minyoneta.

—Tens raó; la gent esclafiria a riure quan veuria al ball una ventafocs com tu.

Qualsevol altra noia li hauria fet un pentinat ben malgirbat després d'aquestes paraules, però ja hem dit que la Ventafocs era de bon natural, i deixà els cabells de la seva germanastra ben pentinats i lluents.

Les dues germanes havien passat dos dies es pot dir sense tastar res i havien trencat una dotzena de cordons de cotilla per dia mirant d'aprimar-se la cintura. Però aquell vespre en trencaren una altra dotzena i perderen la paciència una i cent vegades abans de donar per llest el seu abillament. Quan a la fi arribà el moment tan desitjat, la Ventafocs les seguí fins a la carreteŀla, i quan la carreteŀla se les hagué emportades entre un joiós dringar de picarols, la menuda s'assegué a la cuina i es posà a plorar.

De seguida se li presentà la seva padrina, que era una fada.

—Per què plores, petita fillola? —li preguntà.

—Oh, padrina meva! voldria... voldria... —però els seus sanglots no la deixaven parlar.

—Voldries anar al ball. Oi que ho endevino?

LA FADA BUIDÀ LA CARBASSA I LI DONÀ UN COPET AMB LA VARETA MÀGICA

La Ventafocs féu que sí amb el cap.

—Doncs sigues bona minyona i encara podràs anar-hi. Corre a l'hort i porta'm la carbassa més grossa que puguis trobar.

La Ventafocs no sabia veure de cap manera quina relació podia tenir aquella ordre que li donaven amb la seva anada al ball, però com que era dòcil i amable, anà a collir la carbassa. La seva padrina la buidà i llavors li donà un copet amb la vareta màgica. La carbassa esdevingué un magnífic cotxe d'or, encoixinat amb setí de color de rosa.

— Ara vés a buscar-me la ratera del rebost, estimada fillola.

La Ventafocs la hi portà; a dins hi havia sis rates grasses i lluents.

La fada obrí la portella de filferro i així que una rata sortia la tocava amb la vareta i la rata es transformava en un valent cavall negre.

— Però com ho faré, Ventafocs, per trobar-te un cotxer?

La Ventafocs li proposà de transformar un gros ratolí negre que havia vist a la trampa dels ratolins.

— És una bona idea. Cuita: porta-me'l.

La fada el convertí en un cotxer magnífic, amb patilles i tot. Després agafà sis llangardaixos que hi havia darrera els aspres de les carbasses, i a les seves mans esdevingueren sis lacais vestits amb una esplèndida lliurea, els quals saltaren airosament a l'indret posterior de la carretel·la com si haguessin estat lacais tota la vida.

— Apa, Ventafocs: ara ja pots anar al ball.

— Però amb aquest vestit? — digué tota confosa, mirant-se la roba esparracada.

La seva padrina es posà a riure i la tocà amb la vareta màgica, i tot seguit el seu cosset vell i tan usat que podia comptar-se'n els fils es tornà de tissú d'or, tot resplendent de pedreria, les seves faldilles de llana s'allargaren i esdevingueren un vestit de nit de setí, el qual només deixava veure la punta dels seus peuets, calçats amb mitges de seda i amb les sabates de vidre més boniques que pugueu imaginar.

— Ara, Ventafocs, ja pots anar-te'n al ball; però tingues present que si t'hi quedes, encara que només sigui un instant, després de mitja nit el teu cotxe tornarà a ésser una carbassa, el teu cotxer, un ratolí, els teus cavalls, rates, i els teus lacais, llangardaixos, i tu tornaràs a ésser la noieta bruta de cendra que eres una hora abans.

La Ventafocs, joiosa com estava, no vacil·là gens a prometre que tindria molt present aquella advertència.

Quan arribà al palau, el fill del rei, a qui algú (probablement la fada) havia dit que aniria a la festa una princesa que no havia estat convidada i que ningú no coneixia, s'estava dret a l'entrada a punt de rebre-la. Li oferí la mà i l'acompanyà amb tota cortesia entremig dels seus convidats que li obriren pas murmurant els uns als altres:

—Que n'és, de bonica!

Tanmateix n'hi havia per girar el cervell de qualsevol persona que no hagués estat la pobreta Ventafocs, la qual estava tan avesada a rebre menyspreus que acollia aquell bell triomf com si només fos un somni.

Era de debò un bell triomf; fins el vell rei digué a la reina que d'ençà de la jovenesa de Sa Majestat no havia vist mai una noia tan encantadora. Totes les dames de la Cort se la menjaven amb els ulls, ella i el seu vestit, i decidiren fer-se'n fer un d'exactament igual per a l'endemà. El mateix fill del rei la tragué a ballar i la Ventafocs dansà tan graciosament que el príncep estava cada moment més admirat. Durant el sopar, que per sort fou servit molt d'hora, l'admiració li féu perdre la gana. La Ventafocs anà a trobar les seves germanes, les féu seure al seu costat i tingué amb elles tota llei d'atencions, les quals venint (com elles suposaven) d'una forastera, que era a més una gran dama, les omplien de joia.

Mentre els parlava sentí tocar tres quarts de dotze, i, després de fer una polida reverència de comiat a la reial família, tornà al seu cotxe, sempre acompanyada del príncep, que li donava la mà, i arribà sense contratemps a casa seva. La seva padrina l'esperava i li somrigué aprovant l'exactitud amb què havia seguit el seu consell. La Ventafocs li demanà permís per anar al segon ball que havia de celebrar-se l'endemà a la nit, al qual la reina l'havia convidada.

Mentre parlava van trucar les dues germanes, i la fada padrina s'esvaí, deixant la Ventafocs asseguda vora la llar, fregant-se els ulls i fent veure que estava mig endormiscada.

—Ha estat un ball deliciós, deliciós—digué la gran amb l'intent de fer-la glatir.—Hi ha vingut la princesa més bonica que mai hagi vist, i s'ha mostrat molt amable amb nosaltres dues.

—De bo de bo?—digué la Ventafocs, simulant indiferència.—Qui devia ésser?

—No ho sap ningú, i això que tots donaríem un dit de la mà per saber-ho, sobretot el fill del rei.

—Ha dit això, el fill del rei? —exclamà la Ventafocs un xic més interessada. —Oh! Que em plauria veure-la! Senyoreta Javotte, deixeu-me anar al ball demà i permeteu que em posi el vestit groc que soleu portar els diumenges.

—I ara! Què t'has pensat? ¡Deixar el meu vestit groc a una ventafocs! Et penses que he perdut el senderi?

La Ventafocs no es queixà gens d'aquell rebuf, perquè si la seva germana li hagués deixat el vestit groc s'hauria vist en un bon tràfec.

L'endemà vespre les dues damiselles es posaren uns vestits magnífics, diferents dels del dia abans, i se n'anaren a la festa. Al cap de poc la Ventafocs les seguí, encara més bonica que l'altre dia, i abillada més ricament.

"Recorda't de les dotze", foren les últimes paraules que li digué la seva padrina, i ella estava segura de no oblidar-se'n. Però el príncep es mostrava molt amable amb ella i el temps s'escolava d'allò més de pressa escoltant el seu parlar agradós.

Seien tots dos a un recó del jardí i contemplaven la lluna entre els tarongers en flor, quan sonà la primera campanada de les dotze. La Ventafocs s'alçà bruscament i fugí lleugera com una daina.

El príncep, estranyat, provà d'aconseguir-la, però tot d'una semblà que es fonia davant seu.

No veié sinó una noieta molt poc endreçada que sortia a correcuita del palau. No l'havia vista mai i, certament, en cap altra ocasió no s'hauria fixat en ella.

La Ventafocs arribà a casa d'allò més cansada, amb el vestit estripat i tota enfredorida: sense cotxe, ni lacais, ni cotxer; l'únic vestigi de la seva esvaïda pompa era una de les seves xinelles de vidre. L'altra li havia caigut del peu abans d'eixir de la sala de ball, mentre corria.

Les dues germanes arribaren aviat i no sabien parlar sinó d'aquesta estranya feta: la bella princesa havia anat al ball més bonica que mai i era l'admiració de tothom que la veia, però així que el rellotge començà a tocar les dotze s'havia alçat i havia travessat corrent la sala de ball i, cosa encara més estranya, havia desaparegut de sobte sense que ningú pogués saber com. I, tot fugint, havia perdut una de les seves xinel·les de vidre.

El fill del rei es mostrà desoladíssim fins que trobà la petita xinel·la, que es guardà a la butxaca. A cada moment la treia i la contemplava, absort. Per la manera com es comportà la resta de la vetllada tota la Cort i la reial família s'hagueren de convèncer que estava pregonament enamorat de la princesa que havia dut aquella petita xinel·la de vidre.

La Ventafocs escoltava sense dir res i girada de cara al foc. Potser era per això que estava tan vermella. Però els de casa seva no solien pas fixar-se en ella, ni se la miraven mai i ningú no observà la seva torbació. L'endemà al matí tornà a reprendre el seu treball feixuc com cada dia.

Al cap de pocs dies mogué gran enrenou per tota la ciutat un agutzil que duia a la mà una petita xinel·la de vidre. Anunciava, entremig d'estrepitosos tocs de trompeta, que per manament del fill del rei totes les dames del reialme havien d'emprovar-se aquella xinel·la, i que el príncep es casaria amb la dama a la qual anés a mida, o sigui amb la mestressa d'aquella xinel·la i de la xinel·la pariona. Princeses, duquesses, comtesses, i simples dames de la Cort, totes volgueren emprovar-se-la, però aquella era una xinel·la màgica i no s'ajustava a cap peu, i a més, encara que algú se l'hagués poguda posar, no hauria tingut la xinel·la parella que la Ventafocs servava sempre a la butxaca del seu pobre vestit de llana.

Al cap d'algun temps l'agutzil trucà a casa de les dues germanes i, tot i sabent prou bé que no eren pas la bella princesa, feren tots el esforços imaginables per encabir els seus peus grossots dins la petita xinel·la, però no cal dir que maldaren en va.

—Deixeu-me-la emprovar a mi —digué la Ventafocs del recó de la llar estant.

—Tu vols emprovar-te-la? —feren les seves germanes entre grans riallades; però la Ventafocs només somreia, bo i allargant la mà per rebre la xinel·la.

Les seves germanes no podien pas privar-la d'emprovar-se-la, perquè l'ordre deia ben clarament que *totes* les noies del reialme havien d'emprovar-se la xinel·la. No calia perdre cap probabilitat de trobar la princesa inconeguda. El príncep es moria d'enyorament i els seus pares estaven molt afligits de veure com l'amor d'aquella bella dama que ningú no podia trobar el portaria al sepulcre.

Per totes aquestes raons l'agutzil féu seure la Ventafocs en un tamboret de tres peus que hi havia a la cuina i li emprovà ell mateix la xinel·la. I és clar: era ben bé a mida del seu peuet. Llavors la Ventafocs es tragué l'altra xinella de la butxaca, se la posà i s'alçà dreta. Al contacte de les xinel·les, el seu vestit es transformà. Ja no era la pobra noia escarrassada que tothom menyspreava. Era la bella princesa que estimava el fill del rei.

Les seves germanes la reconegueren de seguida. Plenes d'astorament i un xic temeroses, se li llançaren als peus demanant-li perdó de les males estones que li havien fet passar.

Ella les féu alçar i les abraçà amb tendresa, assegurant que les perdonava de tot cor i que esperava que de llavors ençà l'estimarien molt.

L'agutzil l'acompanyà al palau i la família reial li féu contar la seva història. No se'n mostraren gens sorpresos, perquè tots creien en les fades i prou haurien volgut tenir una fada per padrina.

Pel que fa al jove príncep, direm que trobà la Ventafocs més bonica i encantadora que mai i volgué celebrar les noces tot seguit. La Ventafocs no posà mai més els peus a casa seva, però féu anar les seves germanes a palau i al cap de poc les casà amb dos nobles de la Cort, amos de grans riqueses.

EL GAT AMB BOTES

Un pobre moliner s'estava morint, i féu atansar al llit els seus tres fills per repartir-los l'herència. La tasca no fou llarga, perquè només tenia el molí, un ase i un gat. No deixà testament escrit ni féu comparèixer cap notari, el qual probablement s'hauria emportat bella part dels escassos béns que posseïa. El germà gran es quedà el molí, el segon, l'ase, i el tercer hagué de quedar-se amb el gatet, cosa que el féu rondinar hores i hores.

— Els meus germans, associant-se i treballant tots dos amb el molí i l'ase, poden guanyar-se honestament la vida — botzinava entre dents, — mentre que jo no tinc altre remei que morir-me de gana; a no ser que matés el meu gat i me'l mengés, i de la pell me'n tallés una armilla, la qual cal dir que com a abric no fóra pas gran cosa.

El gat, que l'havia escoltat atentament, se'l mirà amb un posat seriós i assenyat i li digué:

— Amo: val més que no em mateu. Us faré molt més servei viu que mort.

— Ah! Quin servei vols fer-me, tu, pobre gat? — preguntà el seu amo.

— Doneu-me tan sols un sarró i un parell de botes altes de caçaire, i aviat us convencereu que no us ha pas tocat tan mala part com això.

Tot i que el fill del moliner no posava gaire fe en les paraules del gat, no deixava pas de colpir-lo l'estrany espectacle d'un gat que parlava. I com que sempre l'havia vist d'allò més traçut per caçar rates i ratolins, pensà que no era fora de raó deixar-li provar una feina més difícil, i tenir confiança en ell, sobretot veient-se com es veia, sense poder-se refiar de ningú més.

Així que el gat s'hagué calçat les botes, féu unes quantes passes donant-se molts fums, es penjà el sarró a l'esquena, amb la corretja travessera, i s'encaminà amb gallardia cap a un vedat de conills d'allí a la vora, que ell coneixia prou bé.

Un cop allí, posà segó i ensiam al fons del seu sarró, i, ajagut, completament immòbil, esperà que algun conill jove i de carn tendra fiqués el cap dins el sarró per rosegar les menges que hi havia. Ben aviat en comparegueren uns quants, perquè els lludrigons

EL GAT DIGUÉ AL REI: — VULGUEU ACCEPTAR, MISSENYOR, AQUEST ESPLÈNDID CONILL

sense experiència abunden d'allò més en totes les conilleres. Mestre Gat féu el mort amb els ulls mig aclucats fins que veié entrar al seu sarró un conill ben gras i lluent. Llavors estirà els cordills que servien per tancar el sarró i d'aquesta manera pogué agafar-lo, i el matà sense pietat. Se sentia orgullós de la seva presa, tant, que se n'anà de dret al palau i demanà per parlar amb el rei. El portaren a presència de Sa Majestat, i després de saludar-lo amb gran cortesia, li digué:

— Vulgueu acceptar, Missenyor, aquest esplèndid conill caçat al vedat del meu amo, el marquès de Carabàs, que m'envia a oferir-lo a la Vostra Majestat.

— Digues al teu amo — respongué el rei, — que accepto de bon grat el seu present, i que l'hi agraeixo molt.

Un altre dia el gat s'amagà amb el seu sac dintre d'un camp de blat i capturà dues magnífiques perdius de la mateixa manera que havia agafat el conill. Les anà a portar al rei dient també que les hi oferia de part del seu amo, el marquès de Carabàs.

El rei n'estigué tan content que el féu acompanyar a la cuina perquè li donessin un bon refresc.

Un altre dia sentí dir que el rei volia passejar-se per la vora del riu amb la seva filla, que era la princesa més bella del món. Corregué a trobar el seu amo i li digué:

— Amo meu, si voleu fer el que jo us digui aconseguireu la vostra fortuna. Aneu-vos a banyar al riu, a l'indret que jo us indicaré, i no us captingueu de res més. Però tingueu present que ja no sou el que fins ara heu estat. Ara sou el senyor marquès de Carabàs.

El fill del moliner acceptà de seguir aquell consell, no perquè cregués en el bon resultat que el gat esperava del seu bany, sinó perquè d'un temps ençà tant li era fer una cosa com una altra.

Mentre s'estava dintre l'aigua, el rei i tota la Cort arribaren a aquell indret i tot d'una, amb un surt, van sentir cridar:

— Auxili! Auxili! El senyor marquès de Carabàs s'ofega!

El rei tragué el cap a la portella de la seva carrossa i no veié sinó el gat que tan sovint li havia dut peces de caça. No obstant, manà als seus guardes que cuitessin a socórrer el senyor marquès de Carabàs. Mentre treien l'infortunat marquès del riu, el gat s'atansà fent reverències a la portella de la carrossa i féu una llarga i trista contarella parlant d'uns lladres que havien passat per allí mentre el seu amo es banyava i se li havien emportat tota la roba, cosa que el privaria de comparèixer davant de la Seva Majestat i de la il·lustre princesa.

— Oh!, això és ben fàcil d'arranjar — respongué amablement el rei. Llavors manà a un dels majordoms de palau que tornés enrera i que portés ben de pressa vestits nous per al jove marquès que l'esperava dissimulat entre les brosses. Un cop vestit, el fill del moliner tenia tot l'aspecte d'un marquès de bo de bo. Com que era de bella fesomia i ben plantat, els vestits li queien d'allò més bé, i s'avançà a donar les gràcies al rei amb posat respectuós però no gens tímid.

Sa Majestat el rebé amb molta consideració, i, mentrestant, la seva filla el contemplava amb admiració sincera. Tan agradós el trobà, que obtingué que el seu pare el convidés a pujar a la carrossa amb

—AUXILI! AUXILI! EL SENYOR MARQUÈS DE CARABÀS S'OFEGA!— CRIDAVA EL GAT

ells, i el galant jove no es féu pregar gens, ja en podeu estar segurs.

El gat estava contentíssim de l'èxit d'aquella estratagema. Es posà a córrer com un llamp per prendre força avantatge a la carrossa del rei, i al cap d'una estona de córrer trobà uns pagesos que dallaven l'herba d'un prat.

— Bona gent — els digué amb cara molt seriosa: — el rei passarà d'ací a una estona, i si no li dieu que el prat que esteu dallant és del senyor marquès de Carabàs, faré mandonguilles de tots vosaltres.

Quan la carrossa passà per allí, el rei la féu parar i preguntà als pagesos a qui pertanyia aquell prat que llevava tan bells munts de fenc. Els segadors, amb veu tremolosa, respongueren:

— Pertany al senyor marquès de Carabàs.

— Teniu terres molt bones, senyor marquès — digué Sa Majestat al fill del moliner.

— És cert, Majestat, ben mirat no en puc dir mal.

Corrent sempre tant com podia, el gat trobà uns altres pagesos que segaven blat, xops de suor. Els escometé dient:

— El rei passarà avui perací, i si no li dieu que aquest blat és del marquès de Carabàs, de tots vosaltres en faré mandonguilles.

Els segadors s'estemordiren de debò i digueren el que el gat els havia manat i el rei felicità el marquès de posseir uns camps tan bells i fèrtils. Després es posaren novament en marxa, i feren via enllà, sempre precedits del gat que donava ordre a tothom qui trobava pel camí d'explicar al rei que tota la comarca pertanyia al seu amo. El rei estava astorat de la gran extensió de terres que posseïa el senyor marquès de Carabàs.

Finalment el gat arribà a un gran castell on vivia l'ogre, amo de totes les terres que el rei havia travessat. Els seus terrassans i servents vivien estemordits perquè sabien el seu tarannà tirànic i cruel. Això explica que no es resistissin gens a dir el que el gat volia que diguessin.

El gat s'havia fet explicar el caràcter i els costums de l'ogre, i amb les botes posades pujà, decidit, al castell i demanà per veure l'amo, dient que estava viatjant pels seus quefers, però que no havia volgut passar prop del castell d'un home tan admirat de tothom sense entrar a saludar-lo. L'ogre se'n sentí afalagat, i sortí a rebre'l tan polidament com pugui fer-ho un ogre i el pregà d'entrar a casa seva a reposar de les fatigues del viatge.

— Agraeixo molt la vostra hospitalitat, missenyor — digué el gat, — però espero de la vostra gentilesa que voldreu satisfer la meva curiositat de viatger. En terres llunyanes he sentit parlar de les vostres meravelloses qualitats, especialment del do que us atribueixen de poder-vos transformar en qualsevol bèstia: en lleó, per exemple, o en elefant.

— Això és ben cert — respongué l'ogre, — i perquè no ho poseu en dubte, ara mateix em transformaré en lleó.

El gat es trobà de sobte davant d'un enorme lleó i amb quatre salts fou dalt de la teulada del castell, i s'amagà a la canal, encara que les botes, no pas gaire adients per caminar per damunt de les teules, li feien més nosa que servei. Al cap d'una estona es donà compte que l'ogre tornava a tenir la seva forma normal i baixà cap a ell molt avergonyit, reconeixent que havia tingut una por invencible.

— Però — digué, — comprenc que transformar-se en una bestiassa enorme no sigui molt dificultós per a una persona de la vostra corpulència; el que segurament no podeu fer és convertir-vos en una bestiola petita: en rata o en ratolí, per exemple. Algú diu que sí, que ho sabeu fer; però us he de confessar que sempre ho he considerat una cosa impossible.

— Una cosa impossible? — cridà l'ogre, indignat. — ¡Ja ho veureu de seguida!

I al cap d'un moment el gat ja no veié l'ogre sinó una rateta que corria per terra.

Això era el que ell volia, i féu el que és més natural que fes un gat en aquelles circumstàncies: s'abraonà amb un salt sobre la rata i l'engolí en un tancar i obrir d'ulls. Aquesta va ésser la fi d'aquell mal ogre.

En aquell moment el rei passava per davant mateix del castell i sentí desig d'entrar-hi. El gat, sentint soroll de rodes, sortí precipitadament, i cridà dret al peu de l'entrada:

— Benvinguda sigui la Vostra Majestat al castell del senyor marquès de Carabàs.

— Oh, estimat marquès! — exclamà el rei, meravellat. — Aquest castell també et pertany? Veig que fins a l'últim moment has volgut amagar-m'ho. Quin pati més bonic! Quins marlets! Certament, ens fóra difícil de trobar en tot el reialme un castell que es pogués comparar amb aquest.

El marquès, però, només es captenia d'atendre la princesa.

L'ajudà a baixar, cedí pas al rei perquè entrés davant d'ell (car ja havia après les belles maneres de les Corts reials) i seguí Sa Majestat fins al saló d'honor on precisament feia poc que acabaven de servir un esplèndid refresc destinat a l'ogre i a uns quants amics seus. Tots s'assegueren a taula.

El rei admirava d'allò més les belles qualitats del marquès de Carabàs, i a més trobava boníssim el seu vi, del qual ja havia engolit joiosament sis o set copes. S'inclinà cap a la princesa i el fill del moliner, que es xiuxiuejaven tot de coses, i va dir:

— Si vols ser gendre meu, marquès, és cosa que només depèn de tu.

Es casaren, doncs, l'endemà al matí i prengueren possessió del castell de l'ogre i de tots els béns que abans li pertanyien.

El gat esdevingué un gran personatge i ja no li calgué empaitar rates per guanyar-se la vida. Però, així i tot, encara ho feia alguna vegada per pur divertiment.

EL VESTIT NOU DE L'EMPERADOR

Fa qui-sap-los anys, hi havia un emperador que tenia tanta de taleia pels vestits nous, que hi despenia tots sos cabals.

Tant se li'n donava dels seus soldats o del teatre, o de cavalcar per les boscúries, si no era per lluir els seus vestits nous. Tenia un vestit per cada hora del dia; i la gent, en lloc de dir, com esdevé tractant-se de qualsevol rei o emperador: — És a la cambra del Consell, — deien sempre, en aquest cas: — L'emperador és a la seva cambra d'abillatge.

La vida era d'allò més joiosa a la gran ciutat on vivia: exèrcits d'estrangers venien a visitar-la cada dia; i, entre ells, una vegada, comparegueren dos estafes.

Ells es feren passar com a teixidors, i digueren que sabien de teixir les més belles teles que hom pugui imaginar. No solament les colors i el mostrejat eren d'una bellesa mai no vista, sinó que els vestits fets d'aquelles teles tenien la qualitat peculiar d'esdevenir invisibles en front de qualsevol persona que no fos a posta per al càrrec que tenia, o bé fos curta de gambals d'una manera que hom no podia comportar.

— Deuen ésser esplèndids, aquests vestits — pensà l'emperador. — Tot duent-los, seré capaç de descobrir quins homes del meu reialme ocupen indegudament llurs càrrecs. Distingiré la gent assenyada dels ximplets. Sí; no tinc més remei que comandar que teixeixin per a mi un poc d'aquesta tela.

Pagà als dos estafes un munt de moneda, a l'avançada, per tal que poguessin començar llur obra tot seguit.

Ells pararen dos telers, i feren veure que filaven; però no tenien cap cosa damunt la llançadora. A la primeria demanaren una pila de seda de la més fina, i fil d'or del més purificat, i posaren una i altra cosa dins llurs maletes, mentre anaven treballant amb els telers buits fins a qui sap quina hora de la nit.

— M'agradaria de saber com aquests filadors se les van havent amb llur tela — pensà l'emperador.

Però se sentí una mica colpit en reflexionar que qualsevol que fos estúpid, o bé inepte per al lloc que ocupava, no podria veure'n res. Ell creia, certament, que, quant a ell, no li calia tenir-ne temences; però tanmateix pensà que enviaria de primer algú altre per veure com anava la cosa. Tothom sabia, dins la ciutat, quin poder meravellós tenia la tela, i tothom es delia per a veure com era de ximple el seu veí.

— Enviaré mon vell i fidel ministre cap als teixidors — pensà l'emperador. — Ell és l'home escaient per a veure el posat de la tela, perquè és home de seny deixondit i ningú no compleix els seus deures millor que ell.

Així, doncs, el bon ministre capblanc anà dins la cambra on els dos estafes seien, treballant amb els telers buits.

— El Cel em valgui! — pensà el vell ministre, obrint els ulls de bat a bat. — Ai, si no puc veure absolutament res! Però tindré gran compte de no dir-ho.

Tots dos estafes li demanaren que tingués la bondat d'acostar-se una mica més, i li preguntaren si no li semblava d'un bell mostrejat i de colors delitoses.

Li assenyalaren el teler buit, i el pobre ministre mirà de fit a fit amb tota la força que pogué; però no aconseguí veure cap cosa, perquè, naturalment, no hi havia cap cosa a veure.

— Cels piadosos! — pensà. — És possible que jo sigui un ximple? Mai no m'ho hauria pensat, i cal que ningú no se n'assabenti. ¿No sóc escaient per al lloc que em fou confiat? Mai no diré que no puc veure la tela.

— Bé, senyor: que no ens dieu res, de la tela? — digué el que feia veure que filava.

— Oh! És una formosor! Un encant! — digué el vell ministre, tot mirant a través de les seves ulleres. — Quin mostrejat, i quines colors! Diré a l'emperador, per ma fe, que la tela m'ha plagut una cosa de no dir.

— Ens delecta de sentir-vos-ho — feren els filadors. I després anomenaren totes les colors i descriviren en detall l'especial mostrejat.

El vell ministre parà gran esment a les coses que digueren, per poder repetir-les quan retornés al palau i veiés l'emperador.

Després els teixidors seguiren demanant més diners, més seda i més or, per poder continuar filant; però tot anà a raure a la butxaca llur: ni un cap de fil no anà a raure dins el teler. Ells, doncs, continuaren, igual que sempre, filant amb els telers buits.

L'emperador no trigà gaire temps a enviar un altre fidel funcionari per veure com la tela anava avançant, i si estaria llesta aviat. Li esdevingué igual cosa que al ministre: vinga mirar i mirar; però, com que no hi havia sinó el teler buit, no pogué veure absolutament res.

— No us apar que és una bella peça de tela? — digueren tots dos estafes, mostrant i explicant el bell mostrejat, les belles colors, que era impossible de veure, perquè no existien.

— Massa conec que no sóc un ximple! — pensà l'home. — Així és que dec ésser inepte per a l'alta posició que m'ha estat conferida. Ho trobo d'allò més estrany, ça com lla. Però, tanmateix, hom ha de mirar que ningú n'hegui esment.

Així és que lloà la tela que no veia, i els assegurà que l'embadalien les belles colors i l'originalitat del dibuix.

— És verament encantadora! — digué a l'emperador.

Tota la gent de la ciutat parlava d'aquella esplèndida tela.

Aleshores que sí que a l'emperador el temptà el gust que tindria de veure-la mentre encara era al teler.

Per tant, acompanyat d'una colla de cortisans selectes, entre els quals hi havia els dos fidels funcionaris que ja havien vist abans la tela imaginària, anà a visitar aquells dos estafes tan murris que anaven treballant, tan de valent com havien fet sempre, amb els telers buits.

— És magnífica! — digueren ensems els dos honrats funcionaris. — Repareu, Majestat, quin dibuix! Quines colors!

I assenyalaren el teler buit, perquè es creien que els altres veien la tela, ben segur.

— Déu meu! — pensà l'emperador. — No veig absolutament res!

Això és terrible! Sóc un ximple? Sóc inepte per a la corona imperial? Ah! No podia esdevenir-me cosa pitjor.

— Oh! És una bellesa! — digué l'emperador. — ¡Li dono la meva aprovació més alta!

I mogué el cap amb satisfacció, tot mirant el teler buit. Res no l'hauria pogut decidir a reconèixer que no veia cap cosa absolutament.

Tot el seguici mirà i tornà a mirar; però no veié altra cosa que els altres que havien mirat. Tanmateix, però, tots exclamaren, amb Sa Majestat:

— És una bellesa!

I li aconsellaren que es posés un vestit fet d'aquella prodigiosa tela en l'avinentesa d'una gran processó que precisament estava a punt de celebrar-se.

— És magnífica! Sumptuosa! Excel·lent! — digueren, l'una boca darrera l'altra: tothom n'estava igualment enamorat.

L'emperador donà a cadascun dels bergants un orde de cavalleria per a posar-se al trau i el títol de Cavallers teixidors.

Els estafes vetllaren tota la nit, en la vigília del dia que havia de celebrar-se la processó, i encengueren setze candeles perquè la gent pogués atalaiar que delerosos estaven de deixar enllestit el nou abillament de l'emperador.

Feren veure que treien la tela del teler. La tallaren desplegada en l'aire, amb unes tisores d'allò més grosses, i l'anaren embastant amb agulles per les quals no havien passat cap fil. A la fi digueren:

— Ara ja està a punt el vestit nou de l'emperador!

L'emperador, amb els seus cortisans de més enlairada categoria, anà cap al vestit personalment; tots dos estafes aixecaren un braç en l'aire, així com si estiguessin agafant alguna cosa, i digueren:

— Veieu? Aquí hi ha les calces; aquí hi ha el gec; aquí hi ha el mantell... — I així per l'estil. — Tot tan lleuger com una teranyina. Hom pensaria que no porta res al damunt, però justament això és la gràcia.

— Sí — digueren tots els cortisans. Però no pogueren veure cap cosa, perquè no hi havia cap cosa a veure.

—PERÒ SI NO PORTA RES AL DAMUNT! —DIGUÉ UNA NOIETA

—¿Voldrà vostra imperial Majestat plaure's graciosament a llevar-se els vestits que porta — digueren els impostors, — de manera que li puguem posar els nous vestits, aquí davant del gran mirall?

L'emperador es llevà tot el seu vestit, i els impostors pretengueren anar-li donant l'una peça de roba darrera l'altra, de les pertanyents al vestit que havien pretès fer. Pretengueren estrènyer-li quelcom contra la cintura i nuar-li quelcom: era el ròssec, i l'emperador donà voltes i més voltes en front del mirall.

— Quin posat tan bell que fa Sa Majestat amb el vestit nou! Com li escau! — exclamà tota la gent del voltant. — ¡Quin dibuix i quines colors! És un vestit sumptuosíssim!

— A fora està esperant el tàlem que ha d'aixoplugar la testa de vostra Majestat a la processó — digué el mestre de cerimònies.

— Bé, estic a punt del tot — digué l'emperador. — ¿No m'escau d'allò més bé, el vestit?

I donà un tomb altra vegada en front del mirall, de manera que semblés estar considerant les grans coses que duia.

Els camarlencs que havien d'agafar el ròssec es decantaren, feren veure que l'alçaven de terra amb totes dues mans, i anaren caminant amb llurs mans en l'aire. No gosaven deixar traspuar que no podien veure absolutament res.

Aleshores l'emperador anà fent sa via en la processó sota el tàlem sumptuós, i tothom deia, pels carrers i per les finestres:

— Que bell que és el nou vestit de l'emperador! ¡Quin ròssec tan esplèndid! I tot li escau ajustadíssim!

Ningú no volia que traspués que no podia veure cap cosa, perquè aleshores no hauria estat apte per al seu lloc, o bé hauria estat un ximple.

Cap dels vestits que abans havia dut l'emperador no havia tingut tant d'èxit.

— Però si no porta res al damunt! — digué una noieta.

— Oh! Escolteu la innocent! — digué son pare. I l'una persona féu saber a l'altra allò que la noieta havia dit.

— ¡No porta res al damunt: un infant diu que no porta res al damunt!

—Però si és que no hi porta res, al damunt! —cridà al capdavall tota la gent.

L'emperador es recargolà, perquè conegué que era veritat; però pensà que "la processó, ara, havia de seguir el seu curs" i es mantingué més enravenat que mai, i els camarlencs anaren agafant en l'aire el ròssec invisible.

RIP VAN WINKLE

Tothom qui hagi remuntat el riu Hudson, encara que només sigui una vegada, ha de recordar per força les muntanyes de Kaatskill. Són una estribació isolada dels Apalatxes. S'alcen a ponent del riu i llurs altes cimes torregen dominant la regió. El pas de les diverses estacions de l'any, els canvis de temps, fins el lliscar de les hores, modifiquen visiblement els matisos i la forma d'aquelles muntanyes, i les bones dones del país les consideren com uns baròmetres que no enganyen mai. Quan el temps és clar i segur, les veuríeu d'un to mig blau, mig purpuri, i llurs siluetes poderoses es destaquen llavors ben retallades contra el pàl·lid cel del capvespre. Però de vegades, sota un cel límpid i serè, hi ha als cims un embolcall de boira grisa que tot d'una el ponent abranda com un nimbe de glòria.

Al peu d'aquelles muntanyes d'ensomni s'arrecera un poblet i la primera cosa que en veu el vianant en arribar, són els lleus fumerols que s'alcen lentament i les teulades de fusta tosca que lluentegen entre els arbres, a l'indret on els colors blavencs de les terres altes es fonen en la tendra verdor del pla. És un poblet molt antic, fundat per algun colonitzador holandès en els temps primerencs d'aquella província, quan pujà al govern el bon Pere Stuyvesant (que al cel sigui) i encara hom pot veure-hi algunes cases dels primitius cultivadors, unes cases de maons grocs vinguts d'Holanda, amb finestres enreixades i façanes ventrudes i penells al cim de la teulada.

En aquell poble, precisament en una de les cases que ara us deia (la qual els anys i el mal temps havien atrotinat de mala manera) vivia un home ingenu i incapaç de fer mal a ningú, que es deia Rip Van Winkle. Això s'esqueia en els temps en què tota aquella contrada pertanyia encara a la Gran Bretanya. Rip Van Winkle descendia dels famosos Van Winkle que tant es distingiren durant l'època cavallerívola de Pere Stuyvesant, amb el qual prengueren part al setge del fortí de Cristina. Però no es pot pas dir que aquell bon home hagués heretat el tarannà bel·licós dels seus avantpassats. Tinc per cosa certa que no passava de ser un home senzill i inofensiu, veí servicial com no n'abunden, i temoregament sotmès a la seva dona que l'escridassava tot sovint. Potser era això darrer el que li havia donat la gran mansuetud que posseïa i que tant contribuí a la seva popularitat immensa; perquè els homes que a casa estan sotmesos a la tirànica disciplina d'una dona geniüda són els més inclinats a mostrar-se obsequiosos i conciliadors amb tothom quan surten al carrer. No hi ha dubte que el caràcter d'aquests homes esdevé flexible i malleable dins la fornal abrandada de les tribulacions domèstiques. Una reconvenció conjugal té més eficàcia que tots els discursos del món per a inculcar la paciència i la resignació en les calamitats duradores.

És, doncs, evident que una dona busca-raons i cridanera pot considerar-se, des de certs punts de vista, com una gràcia que cal agrair i si compartim aquest criteri haurem de reconèixer que els motius d'agraïment de Rip Van Winkle eren realment abundosos.

Totes les comares del poble li tenien gran simpatia, i quan hi havia raons domèstiques es posaven sistemàticament de la banda d'ell, tal com solen fer les dones, i sempre que en sortien a parlar en les seves enraonies del capvespre, donaven tota la culpa a la senyora Van Winkle. Les criatures del poble xisclaven entusiasmats així que el veien. Rip Van Winkle assistia als seus jocs, els feia joguines, els ensenyava de fer volar estels i de jugar a bales i els contava inacabables rondalles d'esperits i bruixots i de pells roges. Quan sortia a vagarejar pel poble una tropa d'infants l'envoltava tot seguit. Se li penjaven a la roba, se li enfilaven a coll-i-be i li feien mil entremaliadures sense por que s'enfadés mai i no hi havia un sol gos que el lladrés en tota la rodalia.

Però la tara més grossa de Rip Van Winkle era la seva invencible aversió a tota mena de treball profitós. No és pas que li manqués assiduïtat o perseverança; perquè prou era capaç de passar-se tot un dia a la vora del riu, assegut en una roca humida, amb una canya de pescar llarga i pesant com una llança de tàrtar a les mans, sense impacientar-se gens encara que en tot el sant dia no tingués ni l'encoratjament d'una sola picada. De vegades agafava l'escopeta i trescava hores i hores amunt i avall de les carenes, a través de boscos i aiguamolls, per matar només quatre esquirols o algun colom feréstec. No es negava mai a ajudar els veïns per pesada que fos la feina que li encomanessin, i ningú no li passava al davant quan s'esqueia de desgranar blat-de-moro o d'alçar parets de pedra seca; les dones del poble també el feien servir per portar encàrrecs o per alliberar-se d'un munt de petites tasques que els seus marits no haurien tingut la gentilesa de voler enllestir. Dit en poques paraules: Rip Van Winkle estava disposat a fer qualsevol treball que se li presentés mentre no tingués res a veure amb els seus propis negocis. Però atendre les obligacions de cap de casa i captenir-se de la seva granja era per a ell una empresa impossible.

I més, encara: a peu i a cavall sostenia que tot el treball que s'esmercés en la seva granja fóra treball perdut, perquè era el bocí de terra més improductiu i malagraït de la rodalia i tot hi anava de gairell, i hi aniria igualment malgrat tots els esforços que fes per evitar-ho. Les cledes sempre queien a trossos; la vaca, o bé s'esgarriava o bé entrava a la feixa de les cols; les males herbes s'afanyaven més a sortir en els seus camps que en cap altre bocí de terra; i sempre es posava a ploure quan ell es disposava a sortir a treballar el seu patrimoni. Per totes aquestes raons, encara que d'ençà que ell en tenia cura les seves terres s'havien reduït, de quartera en quartera, fins que no foren sinó uns pobres camps de patates i de blat-de-moro, era l'home que tenia la granja més mal acondicionada de tot aquell veïnat.

Els fills de Rip Van Winkle feien joc amb la seva granja. Creixien esparracats i feréstecs com si no fossin de ningú. El seu noi Rip, un bordegàs que era tret per tret la imatge del seu pare, prometia d'heretar íntegrament el tarannà patern al mateix temps que la seva roba vella. Generalment se'l veia córrer com un pollí darrera la seva mare, engavanyat dins unes calces que Rip Van Winkle havia deixat per velles, i que s'afanyava a recollir-se amb una mà, talment com una dama elegant es recull el ròssec del vestit els dies de pluja.

Però, amb tot, Rip Van Winkle era un d'aquells feliços mortals inconscients i benignes que no s'amoïnen mai per res, que mengen indistintament pa blanc o bru, el que els costi menys esforç d'adquirir, i que s'estimarien més quedar-se amb gana després d'haver comprat menjar amb un sol penic que treballar per guanyar una lliura. Si ningú no s'hagués preocupat d'ell, Rip Van Winkle hauria deixat escolar la vida bo i xiulant pels carrers, sense cap ombra de recança; però la seva dona l'eixordava contínuament retraient-li la seva mandra, la seva despreocupació que portava llurs fills a la ruïna. No callava mai, ni de nits ni de dies. Qualsevol cosa que fes o digués el seu home, li provocava un torrent d'eloqüència desmanegada. Però Rip Van Winkle només tenia una manera de respondre a tots els discursos de la seva dona. Arronçava les espatlles, brandava el cap mirant el sostre i no deia paraula i això li valia un nou xàfec d'invectives. Havia de recular fins a ésser fora de casa, al carrer, que és el lloc que realment pertany a un marit bajà.

L'únic simpatitzant que tenia a casa era el seu gos, que es deia Wolf, i al qual escridassaven tant com al seu propi amo, perquè la senyora Van Winkle els considerava tots dos com a companys de mandra i tenia gran esquírria contra Wolf, que, segons ella, era la causa que el seu home es perdés tan sovint muntanyes enllà. És ben cert que en tots els caires de l'esperit d'un gos noble, aquella bèstia era la més valenta de les que hagin mai rastrejat per les boscúries; però ¿quin coratge aguantaria sense defalliment el pànic sempitern i atuïdor que inspira la llengua de certes dones? Així que travessava el llindar de la porta el seu bell coratge es fonia, la cua li penjava lamentablement o se li encongia entre cames, i hauríeu pogut veure'l com s'esmunyia pels recons amb el posat d'un condemnat a la forca, mirant de reüll la senyora Van Winkle a punt de fer un salt cap a la porta, rabent i amb udols planyívols, al més petit senyal de llossa o de mànec d'escombra que observés.

A mesura que passaven els anys de matrimoni, tot s'anava empitjorant per a Rip Van Winkle; un caràcter agre no s'endolceix mai quan la persona que el té comença a envellir-se i una llengua reganyosa esdevé més mordaç com més ha servit. És l'única eina punxant que amb el temps no s'esmussa.

Durant una bella temporada, quan la seva dona el treia de casa, Rip Van Winkle tingué el consol d'aplegar-se a una mena d'assemblea perpètua dels savis, filòsofs, i altra gent desocupada del poble, que celebrava les sessions en un banc posat al bell davant d'un hostalet misèrrim, però vistent de lluny estant gràcies a un retrat molt llampant de Sa Majestat el rei Jordi III. Allí passaven els dies ensopits i interminables de l'estiu asseguts a l'ombra, i parlaven, sense interessar-s'hi gens, de coses que el veïnat feia córrer o bé contaven històries avorrides, sense suc ni bruc. Però valia tots els diners d'un estadista ric escoltar les profundes discussions que suscitaven aquells homes quan un full de diari endarrerit, abandonat per algun viatger que travessava el poble, els arribava per atzar a les mans. ¡Amb quina serietat escoltaven les noves llegides amb èmfasi per Derrick Van Brummel, el mestre d'estudi, un homenet petit i viu que no s'intimidava ni davant la paraula més imposant del diccionari, i com deliberaven amb aire saberut sobre fets que havien esdevingut mesos enrera!

Les opinions d'aquella junta eren d'allò més influïdes per Nicolau Vedder, un patriarca del poble, propietari de l'hostalet, a la porta del qual seia tot el sant dia sense moure's a penes, si no era per evitar els raigs del sol i romandre a l'ombra d'un gran arbre, de manera que els veïns podien saber quina hora era pels seus moviments, tan exactament com si miressin un rellotge de sol. És veritat que poques eren les vegades que se'l sentia parlar. No feia sinó fumar contínuament amb la seva pipa. Però els seus partidaris (tots els homes importants tenen els seus) el comprenien d'allò més bé i interpretaven les seves opinions sense por d'errar-se.

Si el que es llegia o la cosa de què es parlava no era del seu gust, se'l veia fumar amb energia, llançant seguit, seguit, breus i furioses pipades; però si el tomb de la conversa mereixia la seva aprovació, aspirava el fum calmosament, amb fruïció visible, i quan l'exhalava es formaven al seu damunt uns lleus i plàcids nuvolets; i alguna vegada es treia fins i tot la pipa dels llavis i assentia amb el cap, demostrant així la seva completa aquiescència, mentre el fum olorós brollava de la pipa i li emboirava la cara.

Però arribà un dia que aquella assemblea ja no fou el port arrecerat de Rip Van Winkle. Quan més embrancats estaven en llurs disquisicions, la seva dona compareixia entremig d'ells, talment una ventada, i escometia tots els concurrents sense gens de respecte. Ni tan sols Nicolau Vedder no s'escapava de la llengua mordaç d'aquell gallimarsot terrible que, sense cap mirament, l'acusava d'engandulir cada dia més el seu marit.

El pobre Rip quasi es desesperava. L'únic recurs que tenia per evitar els quefers de la granja i els crits de la dona era agafar l'escopeta i anar-se'n cap al bosc. De vegades s'asseia al peu d'un arbre i compartia les provisions del sarró amb Wolf, el seu company de penes i fatigues.

—Pobre Wolf! —li deia. —La mestressa et fa menar una vida ben desagradable; però no tinguis por, pobret Wolf: mentre jo visqui tindràs sempre un amic al teu costat!

Wolf, llavors, remenava la cua i esguardava el seu amo amb ulls pensívols. Si és cert que els gossos poden compadir-se alguna vegada, estic convençut que aquell gos sentia envers Rip Van Winkle la mateixa pietat que ell inspirava al seu amo.

Una vegada, ja entrada la tardor, Rip Van Winkle vagarejava pels boscos com de costum. Feia un dia tebi i tan bonic que Rip Van Winkle arribà sense adonar-se'n als cims més alts de les serres de Kaatshill. Caçava esquirols, que era la caça que més li agradava. Tot el dia havia fet retrunyir aquelles silencioses afraus amb els trets de la seva escopeta, i cap al tard encara no s'havia mogut d'aquells paratges i estava tan cansat que s'ajagué al bell cim d'una carena, coberta d'herbes muntanyanes, no gaire lluny d'un avenc. Mirant entremig dels arbres veia milles i milles de terra baixa atapeïdes de boscos. Veia l'Hudson majestuós, enllà d'enllà, que lliscava en silenci, adés reflectint un núvol vermell, adés la vela d'una barca tardana; ronsejant, a moments, en les recolzades plenes d'herba i perdent-se a la fi entre serralades blavoses.

A la banda oposada veia una pregona vall, solitària i feréstega, on hi havia una escampadissa de bocins de roca caiguts dels penyalars, que semblaven sempre a punt d'esfondrar-se. Els raigs del ponent no podien arribar al fons d'aquella vall ombrívola. Rip Van Winkle contemplava pensatiu el paisatge sense adonar-se que s'anava fent fosc. Les muntanyes allargaren a les valls llurs grans ombres blaves, i llavors Rip Van Winkle es donà compte que ja no tenia temps d'arribar al poble abans d'ésser negra nit i el cor se li encongí de pensar en l'arribada que li faria la seva dona.

Quan començava a baixar sentí una veu que el cridava: "¡Rip Van Winkle! Rip Van Winkle!", però per més que mirà a tot volt només pogué veure un corb que volava a grans cops d'ala entre les muntanyes. Es convencé que aquell crit havia estat una il·lusió de la seva fantasia, però així que s'hagué orientat per reprendre la baixada, la mateixa veu ressonà en el silenci del vespre:

— Rip Van Winkle! Rip Van Winkle!

Wolf sentí que se li eriçava el pèl del llom; lladruquejà entre dents i s'atansà, tot arrupit, fins a tocar el seu amo, els ulls sempre fits al fons de la vall. Una vaga basarda s'apoderà de Rip Van Winkle; mirà anguniosament cap a l'indret on esguardava Wolf, i veié una forma estranya que ascendia penosament roques amunt, encorbat sota el gran pes d'alguna cosa que duia a l'esquena. Rip se sorprengué de veure un ésser humà en aquell paratge solitari, on no solia anar mai ningú; però, suposant que devia ésser algú del seu veïnat que necessitava ajut, s'apressà a baixar penyes avall per auxiliar-lo.

Vist de la vora, l'inconegut encara tenia l'aspecte més estrany. Era un home vell, no gaire alt, i ample d'espatlles. Tenia els cabells espessos i enredats i la barba grisenca. Portava l'antic vestit holandès: un gec de llana estretament cenyit a la cintura i unes polaines amplíssimes, guarnides amb diversos rengles de botons al llarg de la cama, i amb llaços a l'indret dels genolls. El que duia a l'esquena era una grossa garrafa, que semblava plena de licor, i el vell feia senyals a Rip perquè anés a ajudar-lo. Per bé que aquell home li fes més por que goig, Rip accedí de seguida, com ho solia fer sempre que algú el necessitava; i rellevant-se l'un a l'altre, pujaren amb la càrrega fins a dalt de tot d'un estret esvoranc, que era probablement el llit d'un torrent de muntanya. Mentre pujaven, Rip sentia de tant en tant un soroll llarg i pregon, que ressonava com un tro llunyà. Semblava eixir d'una fondalada tan estreta que més aviat era una esquerda entre penyes altíssimes, cap a la qual menava aquell aspre corriol. Rip s'aturà una estona a escoltar i deduí que aquell soroll devia ésser produït per les tempestes de trons que sovint es congrien al cim de les muntanyes i que no solen durar gaire. Travessaren el fondal fins a arribar a una mena de petit amfiteatre voltat de penyasegats que només deixaven veure un trosset del cel blau i de celístia, i aquell bocí de cel era encara clapejat per la negra taca dels arbres que coronaven el cim. Rip i el seu company no s'havien dit res en tot el camí, perquè, si bé és cert que Rip no arribava pas a entendre de què diantre servia traginar una garrafa de vi o de licor al cim de l'esquerpa muntanya, aquell desconegut era un home estrany i misteriós que inspirava basarda, i un no gosava a dir-li res.

Dins l'amfiteatre l'esperaven més coses singulars. Al bell mig, en un bocí aplanat, uns homes d'aspecte grotesc jugaven a bitlles. Anaven vestits segons una moda forastera i estrafolària. Els uns duien armilles curtes, d'altres llargs gecs amb coltells penjats al cinyell, i quasi tots portaven calces amplíssimes, per l'estil de les del vell que guiava Rip. Fins els rostres d'aquells homenets eren grotescos. Eren unes cares amples, barbudes, on amb prou feines es veien els ulls minúsculs i porcins; unes cares que consistien en un nas immens aixoplugat sota un barret blanc com un terròs de sucre, ornat amb una roja ploma de gall. Tots duien barba de diverses formes i colors. El que semblava llur capitost era un vell de pell colrada, ferreny i robust. Pareu esment en com anava vestit: duia una armilla tancada, un sabre curt i ample penjat al cinyell, un barret de copa coronat d'una airosa ploma, mitges vermelles i sabates de taló alt ornades amb roses. Aquells homenics van recordar a Rip les figures d'un quadre de l'escola flamenca que Dominie Van Shaick, el rector del poble, tenia penjat a l'entrada. Era un quadre que havia vingut d'Holanda durant l'època de la colonització. El que estranyava més a Rip Van Winkle era veure com aquella gent, que evidentment es divertien, no perdien ni un instant llur expressió seriosa i observaven un rigorós silenci. Eren la colla de jugadors més poc alegre que mai hagués vist. Només se sentia el rodolar de les boles que ressonava per aquelles afraus amb el so amenaçador d'una tronada.

Quan veieren Rip i el seu company abandonaren el joc tot d'una i giraren devés Rip llurs cares sorrudes i apagades. L'esguardaren amb una mirada tan fixa i inexpressiva que el pobre home sentí que les cames li flaquejaven. El seu company omplia uns grans flascons amb el vi de la garrafa i donà a entendre a Rip que ell mateix havia de servir els jugadors. Rip obeí, tremolant de basarda; aquells homes engoliren el vi sense dir paraula i tornaren al joc.

Rip anà perdent la por de mica en mica. Fins i tot s'atreví, quan veié que ningú no l'observava, a tastar la beguda que tenia una aroma semblant al de vi holandès de bona marca. Era bastant aficionat a beure i aviat cedí a la temptació de traguejar un altre cop. Tantes visites féu al flascó que el cap se li enterbolí, els ulls li començaren a fer pampallugues i es quedà adormit com un soc.

En despertar-se era al cim de la carena des d'on havia vist per primera vegada l'home de la vall. Es fregà els ulls — feia un matí brillant i assolellat.

Els ocells saltironaven i piulaven entre els matolls i l'àliga planava molt enlaire respirant la brisa muntanyenca.

— No és pasací que he passat tota la nit — pensà Rip Van Winkle. I repassà totes les coses que li esdevingueren abans d'adormir-se. Aquell home estrany que duia una garrafa de vi, la fondalada, aquell recés esquerp entre les roques, la colla desmenjada que jugava a bitlles, el flascó.

— Oh, aquell flascó, aquell maleït flascó! ¿Quina excusa donaré a la senyora Van Winkle?

Anà per recollir l'escopeta, però en lloc de la seva escopeta ben untada i lluent, trobà un fusell rovellat i amb la culata corcada, bo

RIP FÉU TANTES VISITES AL FLASCÓ QUE EL CAP SE LI ENTERBOLÍ

talment per tirar al foc. No hi havia dubte que aquells jugadors tan eixuts i seriosos li havien fet una mala passada. L'havien embriagat i després li robaren l'escopeta. I Wolf tampoc no hi era: potser s'havia allunyat encalçant una perdiu o un esquirol. El xiulà, cridà el nom del gos als quatre vents. Els ecos repetien els xiulets i els crits, però el gos no compareixia.

Llavors decidí tornar a l'indret fins a on havia anat la nit passada per demanar el gos i l'escopeta al primer d'aquells homes que

— OH, AQUELL MALEÏT FLASCÓ! — DIGUÉ RIP. — ¿QUINA EXCUSA DONARÉ A LA SENYORA VAN WINKLE?

veiés. En alçar-se se sentí les juntures del ossos d'allò més entumides.

— Tantmateix la muntanya no és un bon llit per a mi, i si de resultes d'aquesta feta agafo reuma, ja et dic jo que m'esperen forces gentileses de la senyora Van Winkle.

Li costà bastant d'arribar a la vall. Trobà el llit del torrent per on el seu company i ell havien pujat, però, cosa molt sorprenent, ara hi escumejava un gran doll d'aigua que saltava roques avall, omplint la vall de murmuris. Ell, però, s'enginyà a enfilar-se per una de les vores, obrint-se camí entre un atapeïment de beços, sassafrans i avellaners silvestres, entrebancant-se amb els abriülls que amb els seus rebrots i tiges entortolligades formaven una mena de xarxa a través del camí.

A la fi arribà a l'indret del fondal on la roca s'obria i formava el petit amfiteatre, però ara Rip Van Winkle no veia sinó un impenetrable mur sobre el qual es precipitava un torrent d'escuma que queia en un llac on el bosc no deixava arribar gens de claror. El pobre Rip es veié, doncs, obligat a deturar-se. Tornà a xiular el seu gos, s'esgargamellà cridant-lo; només li respongué el grallar d'un vol de corbs que s'esbargien al voltant d'un arbre mort, suspès dalt d'un cingle assolellat. Segurs en llur alçària, semblaven mofar-se de les perplexitats d'aquell pobre home que cridava. Què caldria fer? S'acostava el migdia i encara no havia esmorzat. Li sabia greu donar per perduts el gos i l'escopeta i temia d'haver-se de presentar a la seva dona; però no podia pas deixar-se morir de fam en aquelles muntanyes. Brandà el cap, es penjà el fusell rovellat a l'espatlla i, amb cor trasbalsat i anguniós, reprengué el camí de casa seva.

Pels afores del poble trobà més d'una persona, però no cap de coneguda, i això l'estranyà força, perquè estava segur d'haver fet coneixença amb tota la gent de la rodalia. Els seus vestits també eren diferents dels que ell estava avesat a veure al seu poble. Tothom que trobava semblava tan sorprès com ell mateix i els vianants feien un gest instintiu: es passaven lentament la mà per la barba així que el veien. De tant veure fer aquell moviment, Rip també es passà la mà per la barba. Com li havia crescut! Era llarga, llarga i li penjava pit avall.

Ja era a les primeres cases del poble. Un estol de criatures que no havia vist mai l'envoltava mofant-se d'ell i assenyalant amb el braç estirat la seva barba grisa. Els gossos, que també li eren del tot desconeguts, ell lladraven amb insistència. Fins el poble era canviat: era més gran, més ple de gent. Hi havia rengles de cases que ell no havia vist mai i aquelles que li havien estat sempre familiars no es veien enlloc. Els noms escrits a les portes de les cases eren forasters; totes les cares que s'abocaven a les finestres eren també cares forasteres; tot era foraster. Rip Van Winkle sentí que el cap li rodava: es veu que ell i tot el que el voltava havien estat embruixats. Estava ben segur que aquell era el seu poble del qual havia eixit el dia abans. Allí hi havia les muntanyes Kaatskill i l'Hudson argentat, que lliscava igual que sempre, i les carenes i les muntanyoles que se sabia de cor. Rip estava perplex, desorientat.

— El flascó d'aquesta nit m'ha ben desbaratat el cap! — pensava.

Hagué de voltar força estona abans de trobar la seva pròpia casa. S'hi acostava tot cautelós, preparant-se a sentir d'un moment a l'altre l'espinguet de la senyora Van Winkle. Va trobar la casa enrunada: el sostre ensorrat, les finestres fetes estelles, les portes fora dels bastiments. Un gos que s'assemblava molt a Wolf vagarejava per aquells voltants mig mort de gana. Rip el cridà:

— Wolf! Pobre Wolf! Vina, Wolf!

Però el gos començà a grunyir reganyant les dents i s'allunyà. Fou una punyida molt dolorosa per a Rip.

— Ni el meu gos no em coneix! — sospirava.

Entrà dins de la casa, que la senyora Van Winkle havia tingut sempre molt ben endreçada. És un mèrit que cal reconèixer-li. Ara la casa era buida, desolada; semblava inhabitada de temps ha. La tristor de la seva llar silenciosa vencé la por que moments abans el dominava. Cridà ben fort la dona i els fills. La seva veu ressonà un moment per les cambres solitàries, i tot romangué altra vegada en silenci.

Sortí corrent amb l'esperança de trobar els seus vells amics de l'hostal, però els amics i l'hostal també havien desaparegut. Ara hi havia una casa de fusta bastant gran i deslloriga da. Les finestres semblaven obrir-se desmesuradament. Algunes d'elles s'havien fet malbé i les havien apedaçades amb barrets vells i roba espellifada. Sobre la porta hi havia un cartell que deia: "Hotel de la Unió, de Jonatan Doolittle". En lloc de l'arbre frondós que abans aixoplugava l'antic hostalet holandès, ara s'enfilava, molt tes, un gran màstil punxegut, coronat d'una mena de gorra de nit vermella. Una mica més avall voleiava una bandera, amb estrelles i ratlles estranyament barrejades. Rip no podia entendre com s'havien obrat aquelles transformacions. Només trobà una cosa que no havia canviat i era la cara del rei Jordi sota la qual havia fumat tantes pipes. Era la mateixa cara vermella de sempre. Però només la cara no havia canviat. La resta del quadre havia sofert estranyes metamòrfosis. L'antiga casaca roja era blava i amb randes; una espasa substituïa el ceptre reial; un barret ocupava el lloc de la corona daurada i al peu del quadre es llegia amb lletres grosses: "General Washington".

Com de costum, hi havia força gent vora l'entrada, però Rip no tenia present d'haver vist mai ningú dels que es trobaven allí. Fins el tarannà d'aquella gent semblava canviat. Tots tenien un aire atrafegat, inquiet i discutidor que contrastava d'allò més amb la flema i la mandrosa beatitud que sempre havien regnat en aquella entrada. Era inútil que busqués el savi Nicolau Vedder, el de l'ampla cara amb sotabarba, que fumava una pipa darrera l'altra en lloc de prendre part en les enraonies vagaroses. Tampoc no hi era Van Brummel, el mestre d'estudi, oferint als seus amics les noves endarrerides d'un vell periòdic. En el lloc que ells solien ocupar, un pobre diable esprimatxat i de cara de pomes agres, que portava les butxaques plenes de prospectes, feia una arenga vehement, on cada dos per tres es repetien les paraules: dret dels ciutadans, eleccions, membres del Congrés, llibertat, el turó de Bunker, els herois del 76, i moltes més que resultaven un perfecte galimaties per al desorientat Van Winkle.

Les seves barbes grises, l'escopeta rovellada, el vestit esparracat de Rip i el seguici de dones i criatures que li anaven al darrera, cridaren aviat l'atenció d'aquells polítics de taverna. S'amuntegaren al seu volt, examinant-lo de cap a peus amb el més gran interès. L'orador intentà prendre'l a part i li preguntà:

— Per qui voteu?

Rip se'l mirava, incapaç d'entendre el que li havia dit. Un homenet atrafegat s'alçà de puntetes i li preguntà a cau d'orella "si era federal o demòcrata". Rip s'esforçava d'entendre'ls, quan un vell setciències que portava un barret punxegut s'obrí pas a cops de colze i es plantà davant de Van Winkle, un braç a la cintura, l'altre estintolat sobre el bastó. Rip sentí talment que els ulls i el barret punxegut d'aquell home se li clavaven cos endins mentre el vell setciències preguntava:

— ¿Quin mòbil us ha impulsat a comparèixer a les eleccions amb un fusell a l'espatlla i una tropa de gent darrera vostre? ¿Què preteneu, armant un motí dins del poble?

—Ai, senyors meus! —exclamà Rip amb aire planyívol; —sóc un home de bé, veí d'aquest poble i súbdit lleial del Rei, que Déu guardi!

De seguida s'armà una gran cridòria:

—Un conservador! Un conservador! És un espia! És un emigrat! Apallisseu-lo! Morin els conservadors!

L'home del barret punxegut hagué de maldar qui-sap-lo per restablir l'ordre; finalment, quan hi hagué una mica de silenci, es girà al foraster amb les celles d'allò més arrufades i li preguntà què anava a fer allí i qui cercava. Rip Van Winkle insistí que no tenia intenció de causar cap dany a ningú i que havia anat allí per retrobar els seus veïns que acostumaven a estar asseguts davant de l'hostal.

—Està bé. Qui són els teus veïns? Com es diuen?

Van Winkle rumià uns moments i al capdavall digué:

—Què s'ha fet de Nicolau Vedder?

Ningú no podia respondre-li. Al capdavall, un vellet digué amb veu feble i trencada:

—Ha dit Nicolau Vedder? Fa ben bé divuit anys que el van enterrar. Hi havia un bocí de fusta escrit damunt la seva tomba, però el temps la va corcar i ara ja no hi és!

—I què s'ha fet de Brom Dutcher?

—Brom Dutcher va allistar-se com a soldat així que es declarà la guerra; alguns diuen que va morir a la batalla de Stony Point, d'altres creuen que es va ofegar al peu de la muntanya que s'anomena Nas d'en Ton. No sé qui té raó..., però el fet és que no va tornar al poble.

—I què en sabeu de Brummel, el mestre d'estudi?

—També va anar a la guerra; arribà a ésser un gran general de l'exèrcit i ara és del Congrés.

Rip se sentí d'allò més aclaparat en assabentar-se dels canvis que havien sofert els seus amics. Es veia sol, abandonat, diferent de tothom. A més l'intrigava molt que parlessin sempre de períodes de temps, i de coses incomprensibles per a ell: la guerra, el Congrés,

Stony Point. No tingué esma de demanar noves dels altres amics seus.

—No hi ha ningú que conegui Rip Van Winkle? —digué, ple d'angúnia.

—Rip Van Winkle? —digueren dos o tres alhora. —No és gaire lluny. És allí recolzat al tronc de l'arbre, com sempre.

Rip mirà on li assenyalaven i veié un home exactament igual que ell, tal com era quan pujà a les muntanyes; tenia tot l'aire d'ésser un gandulàs i també anava amb la roba esparracada. Rip ja no podia estar més desorientat. Dubtà de la seva pròpia identitat, de si era ell o bé una altra persona i enmig dels seus dubtes l'home del barret punxegut li preguntava qui era i com es deia:

—No ho sé, qui sóc. L'únic que puc dir-vos és que no sóc jo... sóc algú altre... sí... sóc algú altre... algú que s'ha esmunyit al meu lloc, dintre dels meus vestits... Ahir mateix encara era jo, però vaig adormir-me dalt de les muntanyes i m'han canviat l'escopeta, i tot és canviat, i jo també sóc un altre i no em pregunteu més com em dic, ni qui sóc!

Els espectadors d'aquella escena es miraven mútuament, brandaven repetidament el cap, es feien l'ullet amb molta intenció o bé és posaven el dit al front d'una manera molt significativa. També es rumorejava que fóra convenient prendre-li l'escopeta i subjectar-lo per evitar possibles desgràcies, i aquesta suggestió decidí l'important personatge del barret punxegut a amagar-se entre la gent amb molta lleugeresa. En aquell bell instant una dona jove, fresca i bonica, s'obrí pas entre la multitud, per donar una ullada a l'home de la barba grisa. Duia a coll una criatura grassona que degué espantar-se en veure aquell home estrany, perquè esclatà tot d'una en un plor.

—Aquest vellet no t'ha de fer por, Rip! Apa, no ploris. La teva mare no vol que ploris, sents?

El nom de l'infant, el posat de la mare, la cantarella de la seva veu, tot despertava en Rip Van Winkle un seguit de recordances.

—Voleu dir-me el vostre nom, bona dona? —li preguntà.

—Judit Gardenier.

—Com es deia el vostre pare?

—Pobre home, es deia Rip Van Winkle, però ja fa vint anys

que sortí a caçar amb l'escopeta i mai més no se sentí parlar d'ell... El seu gos tornà tot sol a casa. No se sap si prengué mal amb l'escopeta o bé si els indis el capturaren. Jo era molt petita, llavors.

Rip només volia fer una darrera pregunta, però no es decidia a parlar. Finalment digué en veu molt baixa:

— On és la vostra mare?

— També l'he perduda, però no fa pas molt temps que és morta. Li vingué un cop de sangs de resultes d'una discussió que tingué amb un marxant vingut de Nova Anglaterra i de la feta es va morir.

Aquesta nova, almenys, li duia una mica de pau al cor. No pogué reprimir-se més i abraçà estretament la seva filla i l'infantó:

— Sóc el teu pare! — digué. — Sóc Rip Van Winkle, que un dia fou jove i ara és vell i xacrós! ¿Ningú no reconeix el pobre Rip Van Winkle?

Tothom estava astorat i una dona encongida pels anys se li atansà i se'l mirà una estona fit a fit, posant-se la mà al front a guisa de pantalla.

— Ben cert, és Rip Van Winkle. Benvingut sigueu, ara que heu tornat al veïnat. ¿On diantre us heu ficat, aquest vint anys que heu estat fora?

Rip no hagué de contar una història molt llarga, ja que els vint anys es reduïen per ell a una sola nit. Els veïns se l'escoltaven, incrèduls però indulgents; es miraven els uns als altres amb la llengua decantada cap a una galta, i aquell presumit personatge que, un cop passada la por, havia tornat al primer rengle, i contemplava Rip Van Winkle amb menyspreu, començà a brandar el cap, cosa que imitaren la major part dels badocs.

Tot d'un plegat veieren el vell Pere Vanderdonk que a poc a poc travessava un carrer. Pere Vanderdonk descendia de l'historiador del mateix nom, gràcies al qual sabem els esdeveniments d'aquella província. Pere Vanderdonk era l'home més vell del poble i sabia fil per randa les fetes meravelloses i les velles tradicions de la rodalia. Reconegué tot seguit Rip Van Winkle i afirmà que no hi havia cap raó per dubtar de la veritat de la seva història. Els assegurà que era un fet reconegut pel seu avantpassat, l'historiador, que les muntanyes de Kaatskill havien estat sempre habitades per éssers misteriosos. També era un fet comprovat que el gran Hendrick Hudson, primer descobridor del riu i del país, anava cada vint anys, amb la seva tripulació del "Mitja-Lluna", a fer una estada en aquelles muntanyes. Allí podia tornar a veure els indrets on acomplí tantes proeses i contemplar a través dels temps la ciutat i el riu que duien el seu nom. Acabà dient que el seu pare els havia vist jugar a bitlles en una fondalada, vestits amb l'antiga indumentària holandesa, i que ell mateix, un capvespre d'estiu, havia sentit el rodolar de les boles, molt semblant al so dels trons llunyans.

Per acabar d'una vegada aquesta història us diré que el grup s'anà desfent i tothom tornà a ocupar-se de les eleccions. La filla de Rip s'emportà el seu pare a casa seva, una caseta confortable i ben amoblada. Fou molt ben rebut pel seu gendre, que era un dels minyons que vint anys endarrera solien enfilar-se-li a coll-i-be.

Quant al fill gran, l'hereu de Rip Van Winkle, que no era altre sinó el jove que li indicaren els veïns mentre jeia sota un arbre i que no podia assemblar-se més exactament al seu pare a l'edat de vint-i-cinc anys, treballava a la granja del seu cunyat; però tenia una forta inclinació a captenir-se de tot el que es volgués mentre no fos la seva feina.

Rip tornà als seus costums, a les seves passejades vagaroses. Al cap de poc havia retrobat bona part dels seus íntims d'altre temps, però, naturalment, els anys els havien malmenat d'una manera llastimosa, i Rip trobava més agradable de conviure amb la nova generació que pujava i entre la qual esdevingué molt popular.

Ara ja no tenia obligació de treballar; havia assolit aquella edat privilegiada en què hom pot estar ociós del matí al vespre sense que ningú trobi res a dir-hi, i aprofitant aquest privilegi no es movia del banc instal·lat a la porta de l'hostal on tota la clientela el venerava com a un dels patriarques del poble. Allí podia passar hores i hores sense fer res, absolutament res, i si alguna vegada tenia ganes d'enraonar no li faltava mai un estol de jovenets que l'escoltessin amb la boca badada, plens d'admiració envers ell, que havia esdevingut una crònica vivent dels vells temps "d'abans de la guerra".

Fins al cap de molt temps Rip no pogué estar al corrent de tots els termes que abans eren totalment desconeguts i que ara sortien a cada conversa i també li costà extraordinàriament d'entendre els estranys esdeveniments que havien tingut lloc durant la seva misteriosa dormida. Hi havia hagut una guerra revolucionària — el país havia trencat el jou de la vella Anglaterra — i ara ell, Rip Van Winkle, en lloc d'ésser súbdit de Sa Majestat Jordi III, era un ciutadà lliure dels Estats Units.

Rip no havia sentit mai gran interès per la política. Els canvis que sobrevenien als estats i als imperis no l'impressionaven gens. Només tenia motius per queixar-se d'una mena de despotisme sota el qual havia gemegat anys i anys: el despotisme de la seva dona. Sortosament, aquell despotisme era acabat. Ja no l'oprimia el jou del matrimoni; podia entrar i sortir de casa quan li abellia sense témer la tirania de la senyora Van Winkle. Així i tot, sempre que algú l'anomenava davant d'ell, brandava el cap, arronçava les espatlles i alçava els ulls al cel. No se sap del cert si es condolia ell mateix per les antigues sofrences, o bé si volia expressar la joia de veure-se'n alliberat.

Solia contar la seva història a cada foraster que arribava a l'hostal del senyor Doolittle. Els primers temps variava cada vegada un detall o altre, i això devia ser perquè encara no s'havia deixondit completament de la llarga dormida. Per fi, la història es concretà definitivament tal com jo us l'he contada i tots els veïns, homes, dones i criatures, la sabien de cor. Naturalment, no faltà qui sostingués que tot allò no eren sinó divagacions de Rip, que havia romàs sense ús de raó una pila d'anys, i que, per bé que ara estigués guarit, no se sabia estar d'enfilar-se pels núvols quan es tractava d'aquelles contarelles. Però la majoria dels vells holandesos se'l creien a ulls clucs. Encara avui dia, si anéssiu allí un estiu i fes una tronada cap a la banda de les muntanyes de Kaatskill, segurament trobaríeu qui us contés que Hendrick Hudson i els seus mariners estan jugant a billes darrera alguna fondalada; i tots els marits bajans de la contrada, quan troben la vida massa insuportable, donarien qualsevol cosa per poder beure ni que fos un glopet del flascó de Rip Van Winkle.

CAPUTXETA VERMELLA

Una vegada hi havia en un poblet una noieta tan bonica com us pugueu imaginar. La seva mare l'estimava amb deliri i la seva àvia, que vivia en un poble veí, es passava tot el sant dia enyorant-la. La bona dona havia fet una caputxa vermella per a la seva néta i esqueia tant a la menuda, que d'ençà que l'estrenà tothom la coneixia per Caputxeta Vermella.

Un dia la mare de Caputxeta Vermella havia fet coques. Cridà la seva nena i li digué:

—Posa't la caputxa i vés a casa la teva àvia a preguntar-li com es troba, perquè he sabut que aquests dies no ha estat gaire bé. Porta-li una coca i aquest pot de mantega.

Caputxeta Vermella se n'anà tot seguit. Havia de travessar un bosc i tot caminant entre les brosses es topà amb Compare Llop, que es delia per menjar-se-la, però no gosava fer-ho tement que se n'adonessin uns llenyataires que treballaven bastant a la vora.

Així, doncs, s'acontentà preguntant-li:

— On vas, nena?

Caputxeta Vermella, que no sabia com era de perillós aturar-se a escoltar el Llop, respongué sense malfiança:

— Me'n vaig a veure la meva àvia i li porto una coca i un pot de mantega que m'ha donat la mare.

— Viu molt lluny, la teva àvia? — digué el Llop.

— Oh, sí, viu molt lluny. Veus aquell molí? Doncs, més enllà d'aquell molí comença el poble i la primera casa que es troba en arribar-hi és la casa de la meva àvia.

El Llop corregué tot el camí sense aturar-se, mentre que la nena s'entretingué arreplegant avellanes, empaitant papallones o fent ramells de petites flors bosqueroles. El Llop arribà amb quatre salts a la porta de la velleta i amb la pota trucà: *pam, pam.*

— Qui hi ha? — preguntà l'àvia de dins estant.

— La vostra néta, Caputxeta Vermella, que us porta una coca i un pot de mantega de part de la mare — contestà el Llop, amb una veueta prima, prima.

L'àvia velleta que aquell dia no s'haviat llevat perquè es trobava malament, cridà:

— Gira el pom i empeny tu mateixa la porta.

El Llop aconseguí girar el pom i entrà a la casa, s'enfilà d'un bót sobre el llit i devorà la pobra dona en un instant. Llavors baixà a tancar la porta i es ficà al llit vestit amb un estrenyecaps i una camisa de dormir de l'àvia, esperant el moment que arribaria Caputxeta Vermella.

Ja començava a ensopir-se quan sentí: *pam, pam* a la porta. Era Caputxeta Vermella que trucava.

— Qui hi ha?

Caputxeta Vermella s'espantà de sentir aquella veuassa ronca, però pensà que la seva àvia es devia haver refredat i tenia ronquera, i respongué:

— Sóc la vostra néta, Caputxeta Vermella. Us porto una coca i un pot de mantega que m'ha donat la mare.

El Llop procurà fer una veu molt suau i digué:

— Gira el pom i empeny tu mateixa la porta.

Caputxeta Vermella obrí la porta i avançà cap al llit de la seva àvia. El Llop, no traient sinó l'estrenyacaps de sota els llençols, digué a la nena:

— Deixa la coca i el pot de mantega sobre la tauleta de nit i vina a colgar-te amb mi.

Caputxeta Vermella es despullà i es colgà entre els llençols. ¡Que estranya s'havia tornat la seva àvia!

— Quins braços més grossos tens, àvia!

— Són per poder-te abraçar millor, menuda.

— Àvia: quines cames més grosses!

— Són per córrer més rabent.

— Àvia: quines orelles més grosses!

— Són per sentir-hi més, menuda.

— I quins ulls més grossos, àvia!

— Són per veure't millor.

— Àvia: i quines dentasses!

— Són per menjar-te tot seguit!

I, dient aquestes paraules, aquell Llop malvat s'abraonà sobre la pobra Caputxeta Vermella i la devorà sense gota de llàstima.

HANSEL I GRETHEL

Una vegada hi havia un pobre llenyataire que tenia dos fills petits: un nen que es deia Hansel i una nena que es deia Grethel. La mare d'aquells infants havia mort i el llenyataire tenia una altra muller i vivien tots plegats en una caseta al llindar d'un bosc de moltes milles de llargada. El llenyataire era tan pobre que a casa seva la minestra anava sempre escassa, i una vegada que hi hagué mala collita a tota la comarca passava dies sencers sense poder donar un bocí de pa als seus fills. Això el feia sofrir molt i en ser a la nit el desvetllava. Un vespre, quan ja feia estona que s'havia ficat al llit i estava cansat de tant donar tombs pel llit sense poder adormir-se, es girà cap a la seva dona i li digué, d'allò més trist:

—No sé pas què fer! ¡Haurem de veure morir de fam els nostres fills! ¿Com podré mantenir-los gaire temps més si amb el que guanyo no n'hi hauria prou per a nosaltres dos, encara que fóssim sols?

—Saps què hem de fer, marit meu? —respongué la muller.— Portem-los demà mateix al bosc. Podem sortir de casa de bon matí i quan siguem ben endins de la boscúria encendrem foc i els donarem un bocí de pa a cadascun. Mentre ells menjaran i estaran distrets, nosaltres ens esmunyirem sense que ens vegin. Tots sols no sabran pas tornar a casa i ens els haurem tret de sobre per sempre més.

—Això no ho faré pas mai! —exclamà el marit.— ¿Com pots ni tan sols suposar que jo sigui capaç de deixar els meus fills tots sols al mig del bosc, perquè alguna salvatgina els trobi i se'ls mengi?

—És que potser val més que ens morim tots quatre? —digué la muller.—Doncs ja pots començar a basquejar-te pels taüts, perquè no crec pas que aguantem gaire temps les privacions d'aquests últims dies.

I no el deixà en pau fins que a la fi el llenyataire, vençut per la seva insistència, consentí a abandonar els infants al mig del bosc.

—Ai! Com els trobaré a faltar, els pobres fillets meus! —deia, tot apesarat.

Els dos nens, que no s'havien pogut adormir de mal de cor, havien sentit les paraules de llur madrastra. Grethel plorava desconsoladament.

—Oh Hansel! Què farem al bosc? —digué al seu germà.

—No t'amoïnis, Grethel, i no ploris. Ja sabré endegar les coses perquè no ens passi res de mal.

I així que els semblà que els seus pares dormien, Hansel s'alçà del llit, es tirà el gec a l'espatlla, perquè feia força fred, va córrer sense fer soroll el forrellat de la porta i sortí a fora. Feia una lluna molt clara i els còdols blancs que hi havia per terra brillaven com monedes d'argent. Hansel s'ajupí a collir-ne tants com li'n cabien a les butxaques i quan les tingué ben plenes se'n tornà al costat de Grethel i li digué, abans d'anar-se'n al seu llit:

—No tinguis por, germaneta. Dorm sense temença, que Déu no ens abandonarà.

L'endemà, a punta de dia, la madrastra entrà a la cambra dels nens per desvetllar-los.

—Hansel! Grethel! Lleveu-vos de seguida, gandulassos! Heu de venir amb nosaltres al bosc, a fer llenya.

Els tallà una llesca de pa a cadascun i els la donà bo i dient:

—Això és per dinar. No us ho mengeu abans d'hora perquè no tindreu res més, avui.

Grethel es guardà totes dues llesques dins del seu davantal perquè Hansel no podia dur la seva en cap de les butxaques que eren atapeïdes de còdols; i al cap de poca estona emprengueren tots plegats el camí del bosc.

Quan foren un tros lluny, Hansel començà a parar-se fent veure que mirava a casa seva; ho repetí tantes vegades que a la fi el seu pare hagué de dir-li:

—Hansel, vols dir-me què mires, cap enrera? Afanya't i procura no quedar-te tan rerassagat.

—És que hi ha el meu gatet blanc a la teulada de casa i estic segur que vol dir-me adéu —contestà Hansel.

— No siguis beneit! — féu la madrastra. — El que tu prens pel gat no és sinó la xemeneia emblanquinada que brilla perquè el sol hi toca.

Però en realitat Hansel no mirava el seu gat; el que feia cada vegada que es girava era treure's un còdol de la butxaca i deixar-lo caure pel corriol que seguien.

Quan foren al cor del bosc, el pare els digué que arrepleguessin llenya seca.

— Us encendré un bon foc i estareu calents mentre jo treballo.

Hansel i Grethel obeïren, i quan hagueren amuntegat un bon feix de branquillons, el seu pare encengué el foc. Aviat s'alçaren unes belles flames roges i llavors la madrastra digué:

— Ara, el millor que podeu fer és ajeure-us no gaire lluny del foc per reposar. El vostre pare i jo anirem un tros enllà a tallar arbres. Quan estarem llestos, ja us vindrem a buscar.

Hansel i Grethel s'assegueren a la vora del foc, i quan els semblà que era prop de migdia es menjaren les llesques de pa. No tenien gens de por. Sentien cops de destral i estaven convençuts que el seu pare no s'havia allunyat gaire. Però els cops que sentien no eren pas de la destral, sinó d'una branca que el seu pare havia penjat a un arbre sec i que el vent feia topar ara una banda, ara a l'altra. Estaven tan cansats de la llarga caminada i feia tanta estona que s'esperaven, que sense donar-se'n compte es van quedar profundament adormits.

En despertar-se ja era negra nit i Grethel, abraçada al seu germà, plorava bo i dient:

— Com ho farem, ara, per sortir d'aquest bosc?

Hansel l'aconsolava i li deia:

— La lluna eixirà aviat i ja veuràs que de pressa trobarem el camí de casa.

Al cap de pocs minuts la lluna ja feia una claror d'allò més bonica i Hansel donant la mà a la seva germana anà seguint els còdols que havia tirat pel camí i que brillaven com monedes d'argent noves de trinca. Van caminar tota la nit i finalment a punta de dia arribaren a la porta de casa seva i trucaren.

Els sortí a obrir la madrastra, que els rebé amb un bon regany.

— Ah, dolents! Només sou bons per fer-nos passar ànsia. ¿Què heu fet tantes hores al bosc? Ens crèiem que ja no tornaríeu més.

Però llur pare estava content de bo de bo, perquè el turmentava qui-sap-lo de pensar que els seus fills eren perduts al cor del bosc.

Passat algun temps tornà a haver-hi gran misèria en tota la contrada i una nit els infants sentiren com la madrastra deia a llur pare:

— Estem altra vegada a les acaballes. Només ens queda mig pa; ja em diràs què farem quan s'acabi. Jo sóc del parer de treure'ns els infants del damunt. Els portarem més lluny que l'altra vegada perquè no sàpiguen tornar, i, sense haver de mantenir-los, nosaltres dos encara trobarem la manera de no morir-nos de gana.

Però el seu home no ho veia tot tan planer i pensava: "Preferiria mil vegades partir-me l'últim rosegó de pa amb es meus fills."

I, no obstant, consentí novament a perdre'ls. És clar que intentà negar-s'hi, però la seva muller no volgué escoltar cap raó i no parava de renyar-lo i de lamentar-se, i com que és difícil de trobar excusa per no cedir en una cosa quan un hi ha cedit la primera vegada, el llenyataire es resignà a portar els dos nens bosc endins.

Hansel i Grethel, que havien seguit tota la conversa, esperaren que el pare i la madrastra estiguessin adormits. Llavors Hansel baixà del llit amb l'intent de collir alguns còdols com la primera vegada, però aquella nit la madrastra havia tancat la porta amb pany i clau i no pogué sortir de casa. Malgrat aquest contratemps, provà d'aconsolar la germaneta:

— No ploris, Grethel! — li deia. — Dorm confiada. Ja veuràs com Déu ens ajudarà.

L'endemà, abans que claregés, la madrastra els féu saltar del llit i els donà a cadascun una llesca de pa, més minsa que la del primer dia. Hansel agafà la seva i se l'engrunà a la butxaca i mentre anaven cap al bosc es parava de tant en tant per tirar una engruna al camí.

— Hansel, per què et pares a mirar endarrera?

— Estic mirant el meu colom que em fa adéu amb el caparró.

— No siguis beneit! — li digué la madrastra. — El que veus no és el teu colom, sinó el sol que fa brillar la xemeneia.

Però Hansel no deixava pas de girar-se de tant en tant a tirar una molla de pa.

Aquell dia arribaren a un indret del bosc on els dos nens no havien estat mai i la madrastra els encengué una gran foguera i els digué:

— Asseiu-vos ací, a la vora del foc, i reposeu. Si us ve son podeu fer una dormideta. El vostre pare i jo ens n'anirem a serrar arbres i cap al tard, quan haurem acabat la feina, us vindrem a recollir.

Pels volts de migdia Grethel donà la meitat del seu pa a Hansel que havia escampat el seu pel camí i havent dinat s'ajagueren a terra i dormiren d'una sola tirada fins ben entrada la nit. La fredor i la humitat de la nit els despertaren. Hansel, per aconsolar la seva poruga germaneta, li digué:

— La lluna eixirà aviat, i podrem veure les engrunes de pa que jo he tirat pel camí i, seguint-les, arribarem a casa.

La lluna prou s'alçà i brillà amb tot l'esclat, però enlloc no es veien les engrunes. Els milers d'ocells que viuen pels boscos se les havien menjades totes. Hansel anava dient:

— No hi fa res. També el trobarem, el camí.

Però després de caminar tota la nit i tot l'endemà es trobaren encara en ple bosc, voltats d'arbres i més arbres; defallien de gana, perquè només havien pogut trobar unes quantes móres entre les bardisses i estaven tan cansats que tot d'una no pogueren caminar més; s'ajagueren al peu d'un arbre i tornaren a adormir-se. En despertar-se ja era el tercer dia que anaven perduts per aquells paratges i seguiren caminant hores i hores sense poder eixir d'aquella inacabable arbreda. Hansel preveia que si no trobaven aviat algú que els auxiliés es moririen tots dos de gana i de fatiga. Pels volts de migdia encara caminaven i tot d'una van sentir un cant d'ocell tan bonic que es pararen a escoltar-lo. El que cantava era un bell ocell blanc, posat en una branca tendra. Els dos nens el veien d'allò més bé.

Aviat obrí les ales i emprengué el vol; però els infants el seguiren i no es deturaren fins que el veieren posar-se a la teulada d'una caseta boscana. Era una casa tot ella de pa blanc i de dolçaines i els vidres de les finestres eren de sucre transparent.

—Entrem-hi, Grethel! Ja s'ha acabat de patir gana! Jo pujaré a menjar-me un tros de teulada i tu pots començar una de les finestres. Quina sort hem tingut de trobar aquesta casa! —exclamà Hansel.

En un tancar i obrir d'ulls fou a la teulada i en tastà un tros mentre Grethel mossegava un dels vidres de sucre. Al bell instant s'oí una veueta molt prima que deia de dins de la casa estant:

—*Pam, pam; pam, pam;* qui truca a la porta?

I els infants respongueren amb la boca plena:

—És el vent, és el vent, que és fill del cel.

Hansel trobà la teulada molt bona i n'arrencà un bell bocí. Grethel ja havia trencat un dels vidres rodons de la finestra i s'asseia a l'esglaó de l'entrada per menjar-se'l amb més comoditat, però la porta s'obrí i sortí de la casa una dona vella, vella, que caminava amb crosses. Hansel i Grethel s'esglaiaren tant que el que tenien a les mans els caigué a terra tot de sobte, i això que la dona vella, vella no semblava pas enfadada, perquè els digué:

—Com us ho heu fet per venir ací, tots dos sols? Entreu a casa, estimats nens. Quedeu-vos amb mi i no us en penedireu.

I tot parlant els agafà, un amb cada mà, i els féu entrar a la caseta de dolçaines. La taula estava parada. Hi havia llet, bunyols, sucre, pomes i nous i en el recambró hi havia dos llits tan flonjos que Hansel i Grethel es cregueren a la glòria quan s'hi hagueren estirat al bell damunt.

La dona vella, vella els feia molt bons tractes, però en realitat era una mala bruixa que s'enginyava per caçar infants. Per atreure'ls havia bastit aquella casa de dolçaines, i quan podia arreplegar un infant el matava i el coïa per dinar. Les bruixes tenen els ulls vermells i no hi veuen gaire, però, en canvi, tenen un nas molt fi com totes les bèsties feres, i això els permet flairar els infants d'un bon tros lluny.

Abans que Hansel i Grethel arribessin a la caseta, la bruixa havia rigut entre ella, bo i dient:

—Ara me'n vénen dos que no se m'escaparan pas de l'urpa.

Tota la nit pensà en l'àpat que faria i a punta de dia els pujà

LA PORTA S'OBRÍ I SORTÍ DE LA CASA UNA DONA VELLA, VELLA, QUE CAMINAVA AMB CROSSES

a veure. Donava goig de veure'ls bo i adormits, amb llurs galtones fines i rosades.

—Que bons seran! —mormolà la bruixa entre dents. Se'ls contemplà una estona i després aferrà amb les seves mans nuoses el petit Hansel i el tancà en una gàbia amb porta enreixada, sense fer cas dels crits desesperats del noiet.

Després despertà Grethel amb quatre batzegades i li cridà per deixondir-la:

—Alça't, mandrosa, i vés-me a buscar aigua, que vull coure alguna cosa per engreixar el teu germà. Mira-te'l, l'he tancat dins de la gàbia i quan estarà ben grassó me'l menjaré.

Grethel es posà a plorar, però no en tragué res i de totes maneres hagué de fer el que la bruixa li manava. A l'hora de dinar el seu germà tenia preparats uns plats abundosos i exquisits, però ella hagué d'acontentar-se xuclant una pota de cranc.

Cada matí la bruixa s'atansava a la gàbia i cridava al petit Hansel:

—Treu el dit per la reixa. Vull veure si t'engreixes gaire.

Però Hansel li allargava un os i la bruixa, com que no hi veia gaire, es creia de bo de bo que palpava el dit del noiet engabiat i es meravellava de veure que no s'engreixava gens ni mica.

Passades quatre setmanes i veient que Hansel estava prim com al primer dia, la bruixa perdé la paciència.

—Grethel! —cridà molt irada. —Vés a buscar aigua. Tant se me'n dóna que Hansel estigui magre com gras. El mataré i el couré avui mateix, i bona nit i bona hora.

Pobra petita Grethel! ¡Com patia i amb quins plors demanava que no li fessin anar a buscar aquella aigua que havia d'ésser per a coure el seu germà!

—Déu meu, ajudeu-nos! — exclamava entre plors. — Més m'hauria estimat que les feres del bosc ens haguessin fet a trossos. Almenys hauríem tingut el consol de morir tots dos junts.

Però la bruixa li cridà amb un regany:

—No en treus res de fer aquesta comèdia. ¡Fes el que t'he dit i clou el bec!

Grethel hagué d'omplir d'aigua la caldera, i també hagué d'encendre el foc.

— Primer de tot courem una fornada — digué la bruixa. — Ahir vaig pastar i el forn deu començar a ésser calent. Enfila't, Grethel, i veges si el foc està a punt per enfornar la pasta.

Empenyia la noieta cap a la porta del forn, d'on sortien unes flames que feien feredat, amb l'intent de tancar-la a dins del foc i deixar que es cogués per poder-la devorar al mateix temps que Hansel. Però Grethel li endevinà la intenció i tingué una bona pensada. Digué:

— No sé pas com fer-ho per mirar si el forn és prou calent. No sé com s'hi entra.

— La porta bé és prou ampla, capsigrany! ¿No veus que jo i tot podria entrar-hi?

I digué aquests últims mots de puntetes, amb el cap dins del forn. Grethel aprofità l'ocasió per desfer-se de la bruixa: donant-li una forta empenta la féu caure de cap al mig del foc roent. Llavors abaixà la portella de ferro i passà el baldó. ¡Quins udols feia la bruixa, tot cremant-se! Grethel fugí corrents per no apiadar-se'n i al cap de pocs moments d'aquella vella, vella, que els havia fet patir tant, només en quedà un munt de cendra.

Grethel corregué amb quatre salts fins al costat de Hansel i li obrí la gàbia cridant:

— Hansel, ja estem salvats; la bruixa és morta! — I Hansel sortí de la gàbia amb la mateixa joia amb què ho faria un ocell presoner que un dia es trobés la porta oberta. Se sentien tan feliços que es llançaren l'un als braços de l'altre i romangueren una estona estretament abraçats.

Després tafanejaren tota la casa de la bruixa, sense haver de témer cap regany ni cap amenaça. A totes les cambres hi havia baguls plens de perles i de pedres precioses.

— M'agraden més que els còdols — digué Hansel, omplint-se'n les butxaques. I Grethel responia tirant-ne a grapats a dins del seu davantal:

— Jo també me n'emportaré unes quantes a casa.

— Ens n'haurem d'anar, Grethel, que ja és hora de sortir d'aquest bosc encantat — digué Hansel, i caminaren bosc enllà plens d'alegria, però al cap de dues hores de camí es trobaren a la riba d'un gran llac.

— No el podrem travessar, perquè no veig cap pont enlloc — observà Hansel.

— Ni cap barqueta, tampoc — digué Grethel. — Però ara ve nedant un ànec blanc. Li demanaré que ens ajudi. — I cantà aquesta cançoneta:

Anedó, bon anedó,
t'esperem Hansel i Grethel.
No veiem barca ni pont:
ens voldràs portar a l'esquena?

I l'ànec nedà dòcilment fins a la riba perquè els nens poguessin muntar-li al damunt. Hansel s'enfilà i digué a la seva germaneta:

— Asseu-te darrera meu, Grethel.

Però la nena li respongué:

— No, Hansel; fóra una càrrega massa feixuga per a l'ànec si ens havia de dur tots dos alhora. Valdrà més que ens faci travessar el llac en dos viatges.

Així ho féu molt gentilment el bon ocell i arribats a l'altra banda els dos infants es posaren de bell nou a caminar i no trigaren a ser a un bosc que no els era del tot desconegut. A la fi veieren la seva casa i es posaren a córrer. Entraren esbojarrats i saltaren al coll de llur pare, que no havia passat dia sense penedir-se d'haver abandonat els seus fills; feia poc que la seva muller s'havia mort i ell es trobava ben sol, cada dia enyorant més la mainada. Grethel deixà anar les puntes del seu davantal i les perles i les pedres precioses rodolaren per terra. Hansel buidà alegrement les seves butxaques i es féu una bella escampadissa de colors brillants. Les tribulacions s'allunyaren per sempre més d'aquella casa i el llenyataire visqué molts anys ple de goig sense separar-se mai més dels seus fills.

I darrera la porta hi ha un fus; el conte és acabat. Amén, Jesús.

EL QUE FA EL VELL DE CASA SEMPRE ESTÀ BÉ

Ara us contaré una rondalla que em van explicar quan era petit. Cada vegada que hi he pensat m'ha semblat que es tornava més bonica, perquè amb les rondalles passa com amb els vells: es tornen més bons com més anys passen; i això és una cosa deliciosa.

Ja deveu haver estat a pagès, naturalment! Doncs bé: ja haureu vist alguna vella masia amb sostre de palla, i al damunt tot de molses i joncs ben espessos. Hi ha un niu de cigonya a la carena del sostre, perquè sense la cigonya no faríem pas res. Les parets de la casa són inclinades, i les finestres baixes, i una d'elles fins es pot obrir i tot. El forn surt paret enfora com un cosset grassó. El saüc creix damunt l'estacada, i sota el seu brancatge, a dos pams de la tanca, hi ha un bassiol amb un ànec i uns quants aneguets, vora un vell salze nuós. També hi ha un gos guardià, que lladra a tothom qui passa.

Doncs bé: en un indret camperol hi havia una masia com aquella, i hi vivia una parella de jaios: un pagès i la seva muller. Per bé que eren amos de ben poca cosa, encara podien prescindir d'una de llurs possessions: un cavall, que s'endegava per viure de l'herba que trobava a la rasa del camí ral. El vell pagès el menava a la vila, i sovint els seus veïns l'hi manllevaven, i prestaven algun servei a la vella

— UN CAVALL DEU COSTAR MÉS QUE UNA VACA — DIGUÉ EL PAGÈS; PERÒ, SI US PLAU, CANVIAREM

parella a canvi d'aquell manlleu. Però després van pensar que valdria més que venguessin el cavall o bé que el baratessin amb alguna cosa que els pogués ser més útil. Però què seria?

— Tu ho sabràs millor que jo, avi — digué la muller. — Avui és dia de fira: vés, doncs, cap a la vila i desfés-te del cavall per un bossot de diners, o bé fes un bon canvi. Tant se val el que facis, que jo ho trobaré ben fet.

I la velleta li posà el mocador al coll, perquè ell no ho hagués de fer; i el va lligar amb doble nus, perquè fes més patxoca. Després li allisà el barret a tot volt, amb el palmell de la mà, i li féu un petó. Així, doncs, es posà en camí, damunt el cavall que havia d'ésser venut o canviat per una altra cosa. Sí, el vellet ja sabia prou el que es feia.

El sol escalfava i no es veia ni un núvol. Pel camí hi havia una gran polseguera, car molta gent que anava a fira hi passava dalt d'un carro o cavalcant o bé a peu. No es veia enlloc una ombra per resguardar-se de la forta solellada.

Entre els vianants hi havia un home que menava una vaca a la fira. Era una vaca de les més boniques que hi pugui haver.

— VOLEU CANVIAR? — PREGUNTÀ EL PAGÈS A L'AMO DE L'OVELLA

"Deu tenir una llet de primera — pensà el pagès. — Seria un bon canvi: la vaca pel cavall."

— Ei, vós, l'amo de la vaca! — cridà. — ¿Voleu parlar un xic amb mi? Penso que un cavall deu costar més que una vaca, però no em fa pas res: ça com lla, a mi em faria més servei una vaca. Si us plau, canviarem.

— Ben cert que em plau — digué l'amo de la vaca. I van fer canvis.

La cosa estava, doncs, endegada, i el pagès hauria ben pogut tornar enrera, car ja havia fet el negoci que volia, però com que d'un bell principi havia decidit d'anar a fira, pensà que igualment s'hi podria arribar, mal que fos només per donar-hi una ullada; i així anà cap a la vila amb la seva vaca.

Menant la vaca pel ronsal, caminava amb pas viu, i al cap de poc atrapà un home que duia una ovella. Era una ovella bonica i grassa, ben coberta de llana.

— M'agradaria de tenir-la — es digué entre ell el pagès. — Trobaria abundor d'herba en la nostra cleda, i a l'hivern la podríem fer

— US DONARÉ L'OVELLA A CANVI DE LA VOSTRA OCA, I ENCARA US DIRÉ "GRÀCIES"

estar a la cambra amb nosaltres. Potser seria més pràctic de tenir una ovella en comptes d'una vaca.

— Voleu canviar? — digué adreçant-se al vianant.

L'amo de l'ovella hi vingué bé tot seguit, i van fer canvis. Així, el nostre pagès seguí camí enllà amb la seva ovella.

Aviat va veure un altre home, que s'atansava al camí ral, venint d'un camp, i que duia sota el braç una gran oca.

— Porteu un ocell ben feixuc. Té un munt de plomes i de greix, i faria força goig lligat amb un cordill al bassiol de casa. Així la dona sabria per qui guardar els bocins sobrers. Quantes vegades l'he sentida que deia: "Si tinguéssim una oca!" I ara potser en podrà tenir una; sí, si és possible, ella en serà mestressa. Voleu canviar?

Us donaré l'ovella a canvi de la vostra oca, i encara us diré "gràcies".

L'altre no hi tingué res a dir; així, doncs, van baratar, i el nostre pagès es quedà l'oca.

Amb tot això ja era molt a prop de la vila. Cada vegada hi havia més gent al camí ral; tot eren empentes d'homes i de bèsties. Passaven molt arran de les cledes, i en ser a la tanca del peatge, fins es fica-

— VOLEU CANVIAR? — DIGUÉ EL PAGÈS A L'AMO DE LA GALLINA

ren al camp de patates del que cobrava el dret d'entrada, on la seva única gallina s'estarrufava, lligada per una pota, perquè així no calia témer que fugís i es perdés, en veure aquella gentada. "*Cloc, cloc!*" feia la gallina. El que volia dir amb allò no us ho sabria pas explicar; però així que el nostre vellet va veure-la, pensà: "¡És la gallina més bonica que he vist en ma vida! Vaja: fa més goig que la lloca que té el senyor Rector. En bona fe que em plauria de ser amo d'aquesta gallina. L'aviram sempre s'enginya per trobar un gra o altre: gairebé es mantenen soles. Penso que faria un bon negoci si me la volien donar a canvi de l'oca."

— Voleu canviar? — digué al que cobrava el dret d'entrada a la vila.

—Canviar? —contestà l'altre. —Ben mirat, em penso que no seria cap mala idea.

I així van fer canvis, i el cobrador de la vila obtingué l'oca i el pagès la gallina.

I heus ací que ja havia fet un bell munt de negocis, camí de la vila, i el vellet tenia calor i estava cansat. Li convenia un traguet d'aiguardent i menjar alguna cosa, i aviat va ésser davant de l'hostal.

—QUÈ US EN DONARIA? MIREU: AQUESTA GALLINA

Estava a punt d'entrar-hi quan eixí l'hostaler i es van trobar a la porta. L'hostaler portava a l'esquena un sac ple.

—Què hi porteu? —preguntà el pagès.

—Pomes podrides —contestà l'hostaler. —Tot un sac ple: n'hi haurà ben bé prou, avui per avui, per donar menjar a tota la trepa dels porcs.

—I ara! Malaguanyades! M'agradaria que la dona en pogués veure aquest munt. L'any passat la pomera vella que tenim vora el paller de fenc només va fer una poma, i la vam guardar a l'armari fins que va ésser ben podrida i feta malbé. "Així i tot, ja és alguna cosa", digué la vella de casa; però ací en podria veure un bell piló: tot un sac ple. Sí, creieu que em plauria que ho pogués veure.

— I què me'n donaríeu, d'aquest sac? — preguntà l'hostaler.

— Què us en donaria? Mireu: aquesta gallina.

I així li donà la gallina i recollí les pomes, i les portà a la sala on hi havia el taulell de les begudes. Va deixar el sac dret, amb molt de compte, al costat de l'estufa, i després anà a asseure's a taula. Però l'estufa era encesa i ell no se n'havia adonat. Al menjador hi havia molts forasters: tractants de cavalls i d'altre bestiar i també dos an-

— VAJA: ARA SÍ QUE T'HAURÉ DE FER UN PETÓ — EXCLAMÀ LA MULLER

glesos, i aquests dos anglesos eren tan rics que l'or els sobreeixia de les butxaques, i també feien juguesques (la gent sempre suposa que els anglesos en fan).

Hiss-s-s! hiss-s-s! Què hi havia vora l'estufa? ¡Les pomes es començaven a rostir!

— Què és això?

— Doncs mireu... — digué el nostre pagès.

I contà la història del cavall que havia canviat per una vaca, i després tots els altres negocis, fins arribar a les pomes.

— Vaja, la vostra dona us ben pentinarà, quan arribeu a casa! — van dir els anglesos. — Ja us podeu amanir!

— Què dieu? Que em puc amanir? — digué el pagès. — No farà

altra cosa sinó besar-me i dir: "El que fa el vell de casa sempre està bé."

— Fem una juguesca? — digueren els anglesos. — Hi posarem l'or a cabassos: si voleu, tot un quintar!

— Ja n'hi haurà prou amb una fanega — digué el pagès. — Jo només puc jugar-hi la fanega de pomes; i, a més, també m'hi poso jo en la juguesca, i la meva muller i tot: i ja us asseguro que es fer bona mesura.

— Fet! — van dir els altres.

I així quedà la juguesca. Van treure a fora el carro de l'hostaler, i hi van pujar els anglesos i també el pagès i les pomes podrides, i feren camí enllà, i aviat van arribar a la petita masia del pagès.

— Bona nit, jaia!

— Bona nit, jaiet!

— Vaja; ja hem fet el canvi!

— Sí: bé prou saps el que et fas — digué la vella, i li posà els braços al coll, sense fer cap cas dels forasters i sense adonar-se del sac.

— M'han donat una vaca a canvi del cavall — digué ell.

— Ai, gràcies a Déu! — féu ella. — ¡Quina llet més rica que tindrem ara, i a taula formatge i mantega! Ha estat un canvi dels bons!

— Sí, però després he baratat la vaca per una ovella.

— Ai, això encara és millor! — digué la vella. — Sempre penses en tot, tu. Precisament tenim prou herba per a una ovella. Llet i formatge d'ovella, i mitges de llana i fins gecs de llana! ¡Com atines en tot!

— Però després he donat l'ovella a canvi d'una oca.

— Si és així, enguany menjarem de bo de bo oca rostida. Sempre penses alguna cosa per dar-me gust. Que n'és, d'agradable! Farem pasturar l'oca, la pota lligada amb un cordill, i abans d'arribar a Sant Miquel ja serà molt més grossa.

— Però és que he canviat l'oca per una gallina — digué l'home.

— Una gallina, dius? *Això* sí que ha estat un bon canvi! — contestà la dona. — La gallina pondrà ous i els covarà, i aviat tindrem pollets; tindrem tota una gallinerada! Oh, això era precisament el meu desig.

— Sí, però després he canviat la gallina per un saç de pomes podrides.

— Vaja: ara sí que t'hauré de fer un petó — exclamà la muller. — Bon marit! I ara et vull contar una cosa. Has de saber que aquest matí, així que has estat fora, ja he començat a rumiar com et podria donar quelcom de ben agradable, aquest vespre. He pensat que podria fer bunyols amb herbes saboroses. Tenia ous i porc fumat, però em faltaven les herbes. Me n'he anat, doncs, a casa el mestre (perquè sé que allí en tenen), però la seva dona és molt mesquina, encara que tingui aquell aire tan manyac. Li he demanat que em deixés unes quantes herbes. "Deixar!", m'ha respost. "A l'hort no tenim pas ni un bri, ni tan sols una poma podrida. Ja et dic que ni una poma podrida no et podria deixar." Però ara sóc jo que puc deixar-ne *a ella:* deu pomes, o tot un sac, si convé. N'estic d'allò més contenta: ¡em fa riure de bo de bo! — I tot seguit va fer un bes ben fort al vellet.

— Ens agrada, això — van dir alhora els dos anglesos. — Sempre costa avall i sempre feliços: els diners que ens cal pagar no són pas gens malaguanyats.

Van pagar, doncs, una fanega d'or al pagès, al qual la dona no havia pas renyat, sinó besat.

I heus ací que aquesta és la rondalla que us deia. Me la van contar quan era petit, i ara us l'he contada a vosaltres, i així sabreu que "el que fa el vell de casa sempre està bé".